情境教育研究

Research on Situational Education

王玉娟 ◎ 著

华东师范大学出版社
·上海·

图书在版编目(CIP)数据

情境教育研究/王玉娟著. —上海:华东师范大学出版社,2024. —ISBN 978 - 7 - 5760 - 5548 - 1

Ⅰ. G420

中国国家版本馆 CIP 数据核字第 2025TB0625 号

情境教育研究

著　者　王玉娟
责任编辑　吴　伟
特约审读　李　鑫
责任校对　郑海兰
装帧设计　郝　钰

出版发行　华东师范大学出版社
社　　址　上海市中山北路 3663 号　邮编 200062
网　　址　www.ecnupress.com.cn
电　　话　021 - 60821666　行政传真 021 - 62572105
客服电话　021 - 62865537　门市(邮购)电话 021 - 62869887
地　　址　上海市中山北路 3663 号华东师范大学校内先锋路口
网　　店　http://hdsdcbs.tmall.com

印 刷 者　昆山市亭林印刷有限责任公司
开　　本　787 毫米×1092 毫米　1/16
印　　张　18
字　　数　307 千字
版　　次　2025 年 1 月第 1 版
印　　次　2025 年 1 月第 1 次
书　　号　ISBN 978 - 7 - 5760 - 5548 - 1
定　　价　68.00 元

出 版 人　王　焰

(如发现本版图书有印订质量问题,请寄回本社客服中心调换或电话 021 - 62865537 联系)

序一
中国情境教育研究的新成果

李吉林老师创建了中国特色的情境教育学说，构建了中国儿童情境学习范式，不仅影响了中国，也引起了国外学界和同行的关注与赞誉。情境教育汇聚中华文化智慧，回应世界教育改革潮流，根植中国大地，又走向世界、融入世界。我们永远怀念李老师，她将自己的青春年华，将自己的一生献给教育，献给孩子，精神不朽，生命永在。

情境是课改的关键词。课程改革要求以核心素养为导向，切实改变育人方式，注重关联，突出实践，引导学生从符号世界走向生活世界，让情感伴随学习，在实践中学，在课程的综合地带激发创新思维和精神。学习方式变革促进育人方式变革，学习方式本质是育人方式。其间，情境无处不在，一切都会镶嵌在情境之中，学习也会发生在情境中。因为情境，课程改革发生重大转型，呈现鲜活的样态，而且洋溢着生动的景象和美好的气象。

情境是时代话语。世界本身就是一个偌大的情境，这一情境更具宏大性、深刻性。人们打开边界，也放开眼界和心界，沟通、协商、对话、共生、共长，伙伴关系得以再次重构，伙伴精神更加弘扬。在人类命运共同体精神的关照下，教育会像一艘大船，从确定性的群岛出发，在不确定的海面上航行，互助合作，携手迎接风浪，培养勇敢的舵手和水手，以责任之心和超强本领驶向更美好的彼岸。教育的大情境创造着大未来。

情境是属于人的，人是情境的主语。人这一情境，让人更具鲜活性、美好性，更具创造性和生命力。情境教育最终让学生把自己化为情境，将自己更自然、更深刻地融入生活、融入世界，也会把自己当作方法更自觉、更积极地学习；当然也会营造进步的文化，让自己在知识中、学习中、创造中站立起来，成为担当民族复兴大任的时代新人，成为世界的主人，为人类的文明进步作出贡献。

《情境教育研究》作者王玉娟老师有幸在李吉林老师身边工作、学习多年，是李吉林老师的最后一批徒弟，情境教育滋养了她，提升了她。她以详实的资料为基础，采取叙事探究、扎根研究等方法，对李吉林老师及其团队多年的实践进行研究，系统阐述情境教育思想形成和发展历程，帮助我们再次认识情境教育、发现情境教育，对中国特色的情境教育研究作出了新探索，取得了新成果。阅读这本书，我们不仅能了解到情境教育的发展历程，更能从中获得启发，思考如何将这一教育理念融入自己的教学实践中去。无论是对于教育研究者还是广大一线教师而言，本书都不可多得，应该好好读一读。

学者的眼光只有投向教育理论和实践的田野，投向深植大地的改革、实验和研究，投向本土的同时又能眺望世界教育改革的前瞻和未来的呼唤，才会有源远流长的研究生命。中国情境教育犹似一个闪亮的路标，指引着教育教学改革的新航程。希望这本书能够成为连接过去与未来的桥梁，引领更多人走向教育的新境界。我们期待更多像李吉林这样富有创新精神的教育家涌现出来，创建中国自己的教育学、课程论、教学论，为中国乃至世界的教育事业贡献智慧与力量。

成尚荣

序 二

李吉林老师在基础教育领域深耕一辈子,开创了独具特色的情境教育,其深厚的积淀和卓越的贡献为无数教育工作者指明了方向。她的弟子王玉娟博士追随她的研究脚步,在情境教育的道路上积极探索和创新,取得了新的研究成果,可喜可贺!

情境教育是一种以真实或模拟的情境为基础,通过优化环境,引导学生在统一和谐的环境中主动学习,获得整体发展的教育。这一理念不仅符合现代教育的发展趋势,更是对传统教育模式的一次深刻革新。本书系统阐述情境教育的理论基础、形成背景以及发展历程,为我们展示了本土教育思想在中国大地上的生长与发展过程,以及其所产生的深远影响。在今天素养导向课程改革的背景下再次重新认识情境教育,意义非凡。

情境教育的核心理念是将情感活动与认知活动相结合,让儿童在情境中通过学、做、思等实践活动自主获取知识并创造知识。这一观点我非常赞同。我们现在正处于一个变革丛生的"乌卡时代"。面对变幻莫测的世界,如果我们还是坚持"讲授主义"教育观,通过系统地讲授学科知识,让学生掌握学科知识后,再试图去发展能力,那就是对教育的误解。

《义务教育课程方案(2022年版)》将"聚焦核心素养,面向未来"作为义务教育课程遵循的基本原则之一,确立了新的培养目标:"义务教育要在坚定理想信念、厚植爱国主义情怀、加强品德修养、增长知识见识、培养奋斗精神、增强综合素质上下功夫,使学生有理想、有本领、有担当,培养德智体美劳全面发展的社会主义建设者和接班人。"此次课程改革体现的理念之一是,把孩子创造知识、探究世界的过程转变为今天的教和学的过程。

面向未来急剧变化和高度不确定的情境,为了适应新课程改革的要求,教育不能只关注学生对现成知识的掌握,还要关注学生适应变化并拥抱"不确定性"的态度、善于解决真实情境中复杂问题的高级能力、勇于承担个人选择后果并履行他人和社会义务的责任感。情境教育在培养学生以上素养方面具有独特的优势。情境为学生提供了丰富的学习背景和实践机会，使他们能够在具体的环境中发现问题、思考问题并解决问题，主张在实践中不断创新。整个过程不仅培养了学生的学科素养，还发展了其跨学科素养。

本书深入研究了情境教学法模型、情境教师成长模型及情境教育基本模式等。这些研究不仅为教育工作者提供了宝贵的实践经验，也为研究者提供了丰富的研究素材。通过这些研究，读者可以更准确地把握情境教育的理论精髓和操作要义。

《情境教育研究》不仅是一本理论著作，更是一本实践指南。它为教育工作者提供了丰富的理论支持和具体的实践指导，具有很高的理论和实践价值。我相信，这本书将对我国方兴未艾的素养导向课程改革产生积极影响，推动情境教育在中国乃至全球范围内的普及和发展。

衷心祝愿王玉娟博士在情境教育研究领域取得更丰硕、更辉煌的成果！

是为序。

张华

杭州师范大学教育科学研究院院长

2024 年 11 月 27 日

目录

导言   1

  一、研究依据   1
    （一）研究缘起   1
    （二）研究意义   3
  二、研究现状   3
    （一）关于情境教学的研究   4
    （二）关于情境教育的研究   12
    （三）关于情境课程的研究   22
    （四）关于李吉林成长因素研究   23
    （五）总结与反思   26
  三、相关概念的界定   26
    （一）情境   26
    （二）情境教学   29
    （三）情境教育   30
    （四）情境课程   31
  四、研究目标及方法   32
    （一）研究目标   32
    （二）研究方法   32

第一章 李吉林的成长故事   35

  第一节 家庭生活：精神源流的最初河床   37

一、母亲教给她自尊、坚强和勤奋　　　　　　　　　37
　　二、叔叔给予她最初的艺术熏陶　　　　　　　　　　39
　　三、奶奶的善良培养了她悲悯仁慈的情怀　　　　　　40
　　四、大自然培育了她对生活的无限热爱　　　　　　　41
第二节　求学历程：为梦想启航奠基　　　　　　　　　　42
　　一、小学：在资助中求学　　　　　　　　　　　　　43
　　二、中学：沐浴师爱成长　　　　　　　　　　　　　44
　　三、女师：成长的摇篮　　　　　　　　　　　　　　46
第三节　初登讲坛：情境教育的萌芽　　　　　　　　　　50
　　一、"学生上了第一课"　　　　　　　　　　　　　　50
　　二、"在小学里读大学"　　　　　　　　　　　　　　52
　　三、机会垂青有准备的头脑　　　　　　　　　　　　54

第二章　情境教学的探索　　　　　　　　　　　　　　57

第一节　情境教学的探索历程　　　　　　　　　　　　　59
　　一、"情境教学"名称的由来　　　　　　　　　　　　59
　　二、情境教学的实践探索　　　　　　　　　　　　　63
　　三、情境教学的理论概括　　　　　　　　　　　　　71
第二节　情境教学法研究　　　　　　　　　　　　　　　73
　　一、情境教学法的研究对象及方法　　　　　　　　　73
　　二、情境教学法的模型构建　　　　　　　　　　　　77
　　三、情境教学法要素分析　　　　　　　　　　　　　80
第三节　情境教学法个性特征及应用关键　　　　　　　　95
　　一、个性特征　　　　　　　　　　　　　　　　　　95
　　二、应用关键　　　　　　　　　　　　　　　　　　99

第三章 情境教育的构建   103

第一节 情境教育探索历程   105
    一、从语文学科的改革走向整体教育改革   105
    二、情境教育的课程建构   107
    三、情境教育的学习范式的提出   112

第二节 情境教育理论概括   113
    一、情境教育基本模式   113
    二、情境教育基本原理   116
    三、情境课程的操作要义   117

第三节 情境教育基本观念   119
    一、情境观   120
    二、儿童观   123
    三、教师观   125
    四、教学观   127

第四节 情境教育特征   129
    一、对"静听课堂""主知主义"等传统教育模式的超越   129
    二、具有浓厚的女性主义特色：关注情感、情境   129
    三、秉持折衷主义立场   130
    四、来源于实践，并在实践中不断修正完善   131

第四章 情境教育学派的形成   133

第一节 情境教育核心团队的形成研究   135
    一、情境教育研究团队的壮大历程   136
    二、情境教育核心教师成长阶段及影响因素模型构建   145
    三、情境教育教师成长共性分析   156

第二节 情境教育研讨会研究   159
    一、情境教育发展五阶段   159

二、研讨会的专家群体及其影响　　161
　　三、情境教育团队的吸纳与思考　　168
第三节　情境教育推广研究　　173
　　一、情境教育推广历程概述　　174
　　二、情境教育推广兰州个案研究　　180
　　三、情境教育推广的若干启示　　186

第五章　情境教育形成的背景及渊源　　189

第一节　情境教育产生地的文化背景　　191
　　一、勤劳坚韧，吃苦耐劳　　191
　　二、乐善好施，兼济他人　　192
　　三、重教兴学，教育之乡　　193
第二节　情境教育产生的时代背景　　195
　　一、改革的大潮，引领变革的方向　　195
　　二、压抑的现状，萌生变革的欲望　　197
第三节　情境教育形成的理论渊源　　199
　　一、哲学基础　　200
　　二、各类科学理论　　204
　　三、当代语文专家思想的吸纳　　216

第六章　情境教育的中国经验　　219

第一节　文化自信：从传统民族文化寻根　　221
　　一、以中华优秀传统文化为根基　　221
　　二、以本土教育实践为境脉　　223
　　三、将世界先进文化"中国化"　　224
第二节　坚持"立德树人"的价值导向　　225
　　一、立德树人的理论内涵　　226

二、情境教育"立德树人"的根本遵循　　228
　第三节　行政和民间团体的协同推进　　229
　　一、行政推动　　229
　　二、学术专家及学术团体的互动与互进　　231
　　三、热心媒体的传播　　233

结语：为了中国特色的本土教育理论　　235

参考文献　　237

附录A：访谈提纲　　247
附录B：研讨会发言专家及内容　　250

后记　　273

导言

一、研究依据

(一) 研究缘起

1. 时代呼唤"扎根中国大地"的教育学

作为一门近代学科,教育学从20世纪初至今,在中国已走过百年历程。从最初通过日本学习德国,到学美国、苏联,而后学西方各国,到现在全面引入西方的教育理论流派的学说和观点,主要以"引进""借鉴"为发展起点,其"发展离'根'离'土'……长期地保留着'舶来品'这一从降生之日起就带有的'胎记'。"[①]

能真正为中国教育发展服务的教育,必须植根于中国本土文化和实践之上。习近平总书记在全国教育大会上指出,要坚持扎根中国大地办教育。"扎根中国大地"意味着我们要从固有的优秀传统文化中寻根,从现实复杂的"中国难题"出发,面向未来,解决中国教育实践中的特殊问题。只有立足民族传统,扎根中国土地的教育理论才有旺盛的生命力,才能屹立于世界教育理论之林。

从古至今,我国广大教育工作者基于本国的教育发展需要,在教育实践中做出了诸多建设性的尝试,创立了一些适合我国国情的有本土特色的教育理论,为我国的教育改革和发展作出了不可磨灭的贡献。例如,著名教育家李吉林老师穷其一生所创立的情境教育,从产生到发展到成熟,是中国基础教育不断成长的典范,也是中国基础教育改革的一个缩影。它的成功,对创建中国特色教育理论,具有相当的典范意义。"现在的根,深扎在过去。"对已有的具有本土特色的情境教育理论的产生,及其如何对我国乃至世界的教育改革和发展作出不可磨灭贡献的追问,为当代中国特色教育理论的

---

① 叶澜.中国教育学发展世纪问题的审视[J].教育研究,2004(7):8.

本土创生提供方法论上的支持和借鉴。

2. 中国基础教育改革与发展呼唤优质教育

近年来,随着我国社会的巨大发展和人民生活水平的提高,人们不再满足于"有学上",都希望子女能"上好学"。然而,沉重的学业负担、巨大的升学压力让广大群众迫切呼唤快乐高效的优质教育。

2000年联合国教科文组织召开了"世界全民教育论坛",会议明确提出:世界教育的发展目标应从全民教育向全民优质教育转变。这标志着现代教育进入了以追求优质为特征的时代,发展优质教育成为各个国家教育改革的目标,享受优质教育成为全世界人民普遍的理想追求。

进入新时代以来,习近平同志为核心的党中央,从党和国家事业发展全局的高度,对新时代教育发展提出了更高的要求。2016年9月13日,中国学生发展核心素养研究成果大会在北京师范大学举行,会上公布了中国学生发展核心素养总体框架及基本内涵。至此,我国基础教育走进素养目标时代。2019年2月,中共中央、国务院印发了《中国教育现代化2035》,其中第二项战略任务就是"发展中国特色世界先进水平的优质教育";2021年7月,中共中央办公厅、国务院办公厅印发《关于进一步减轻义务教育阶段学生作业负担和校外培训负担的意见》(以下简称"双减"),对我国教育生态进行重大调整,促进义务教育高质量发展。

"情境教育是对素质教育的一种有效的、成功的探索。而李吉林老师则是我国素质教育的一面鲜艳的旗帜。"[1]她"把教材教活了,把课堂教活了,把孩子们教活了,把教学过程的育人功能充分地体现出来。"[2]2014年,情境教育被评为首届基础教育国家级教学成果特等奖。无疑,情境教育抓住了素养培育的真谛,探索出一条儿童快乐高效学习的途径,是我国优质教育范式之一。挖掘发现优质教育范式的内涵和特质,以更好地服务社会,造福万千基础教育儿童是每一个基础教育人的担当和使命。

3. 个人经历引起的研究兴趣

作为一名土生土长的南通人,"李吉林""情境教育"在我的耳畔回响很多年。真正走近李吉林老师,是在硕士研究生阶段:跟随老师参加情境教育研讨,阅读情境教育专

---

[1] 柳斌.再谈李吉林老师的"情境教育"[J].人民教育,2009(5):32.
[2] 柳斌.再谈李吉林老师的"情境教育"[J].人民教育,2009(5):32.

著,观看情境教学课堂……最后,以"特级教师李吉林情境教学中的价值引导探究"为毕业论文选题,完成过程中得到了李吉林老师的大力支持。当时她放下手头繁忙的工作,接受我的访谈,毫无保留地提供情境教育研究所的资料,还给我签名赠书……她对后辈晚生的尊重和鼓励,温暖着我,激励着我。

硕士毕业后,我被李吉林老师借调到情境教育研究所,跟随她学习、研究、实践八年多。亲身体验到情境课堂的魅力,亲眼目睹情境教育给学生、教师所带来的变化,我被深深地吸引,学习、实践、研究……沉醉其中,不可自拔。最后有幸成为李吉林老师的最后一批弟子。进一步研究、传承情境教育是本人毕生的志愿。

(二) 研究意义

吴康宁在《教育研究应研究什么样的"问题"》一文中,从教育理论发展或教育实践改善是否迫切需要及研究本人有无研究的欲望和热情这两大维度,将研究的问题分为"异己的问题""私己的问题""炮制的问题"和"联通的问题"四种类型[1]。对照分类标准,本书所研究的问题和本人的探究意愿相符,适合本人的探究能力,尤为重要的是,本书所探究的问题对教育理论的发展有丰富深化的作用,是教育实践中迫切需要解释和解决的问题。具体说来,研究意义如下:

1. 完整呈现李吉林情境教育产生和发展的经过,有助于展现中国特色教育的自主探索之路,揭示中国本土教育学发展的历程。

2. 系统整理、研究李吉林情境教育,解析其立德树人的内涵和特质,对于全面深化素质教育,引领深化基础教育改革,丰富我国本土教育理论研究成果具有重大意义。

3. 情境教育的发展过程也是李吉林老师的成长过程,通过研究情境教育的发展,可以发现儿童教育家李吉林老师的成长规律和所具有特质,为我们今天"造就一批杰出的教育家"提供借鉴。

二、研究现状

为了让我们的研究"站在巨人的肩膀"上,我们对已有的文献进行了梳理。

---

[1] 吴康宁.教育研究应研究什么样的"问题"——兼谈"真"问题的判断标准[J].教育研究,2002(11):8—11.

(一) 关于情境教学的研究

"情境教学"是学者专家研究的热点话题。在"中国知网"中以"情境教学"为关键词,截至2024年5月共搜得一万九千余篇相关论文。

图1清晰地呈现了以"情境教学"为关键词的文章发表年度趋势。知网上能查到的以"情境教学"为关键词的第一篇文章发表于1982年,至今已有39年的历史。其研究总体呈上升趋势,2019年达到顶峰。可见,"情境教学"是我国教育领域的重要教学范式,引起诸多一线教师和科研工作者的持续关注。

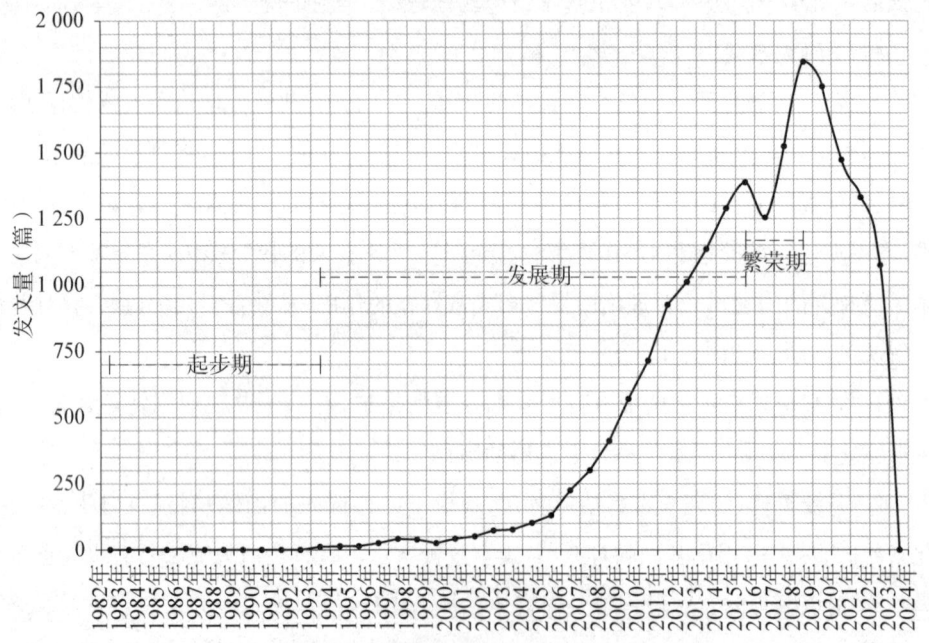

图1 情境教学发表年度趋势图

1. 情境教学的发展阶段

纵观情境教学整体趋势,可以将它的发展分为三个时期:起步期、发展期以及繁荣期。

起步期(1982年—1993年)。这一时期李吉林老师已经完成了情境教学的第一轮实验,撰写了《情境教学特点浅说》①《从整体出发,着眼儿童的发展——第一轮实验的

---

① 李吉林.情境教学特点浅说[J].课程·教材·教法,1987(04):15—18.

回顾》①《情境教学的探索过程及其理论依据》②《情境教学的理论与实践》③四篇文章,回忆了情境教学的探索历程,总结出情境教学的特点以及理论依据。其他学者的研究主要集中在如何将情境教学思想运用于语文、数学、音乐和历史少数学科,对情境教学的理论鲜有研究。崔金赋是第一个对情境教学进行理论思考之人,撰写了《试论情境教学的新美育观》《情境教学的功能及运用原则》和《论情境教学的理论基础》三篇文章。

发展期(1994年—2016年)。这一时期李吉林老师完成了从情境教学到情境教育的拓展,从"儿童—知识—社会"三个维度建构情境教育④,从"意境说"中汲取理论滋养⑤,发现情境教育的独特优势⑥。其他研究者则主要从如何将情境教学思想运用于各科教学的维度展开研究,相比于上一时期,这一时期所拓展的学科范围加大,年段也涉及小学、初中、高中,甚至职校等。

繁荣期(2017—2019年)。这一时期李吉林老师进一步总结反思,构建了儿童情境学习范式⑦。而其他研究者一部分围绕着"核心素养""主题式教学""翻转课堂"等热门关键词谈情境教学,一部分进入情境教学的实践应用反思阶段,研究情境教学运用的"现状""存在问题"以及教学策略等。此阶段的情境教学不仅应用于基础教育,也拓展到职业院校基础护理学专业、普通高校等领域。

2019年7月,李吉林老师因病逝世,引起全国教育界的哀痛和纪念,许多杂志发表纪念李吉林老师及其思想的文章,但是随后,发表的相关文章数量下降。

进一步探究"情境教学"的研究单位、层次以及领域,发现情境教学引起诸多高校(尤其是师范大学)以及中小学教育工作者的研究兴趣,"基础教育与中等职业教育"和"基础研究(社科)"是主要的研究领域,占研究总量的近80%。情境教学这项来自基础教育领域的教学改革,引起了诸多高校老师和学生的关注。在学术期刊上,发文量

---

① 李吉林.从整体出发,着眼儿童的发展——第一轮实验的回顾[J].江苏教育,1987(23):2—5.
② 李吉林.情境教学的探索过程及其理论依据[J].江苏教育,1987(23):11—13.
③ 李吉林.情境教学的理论与实践[J].人民教育,1991(05):27—33.
④ 李吉林.情境教育:促进"儿童—知识—社会"的完美建构[J].全球教育展望,2003,32(04):37—42.
⑤ 李吉林."意境说"给予情境教育的理论滋养[J].教育研究,2007(02):68—71.
⑥ 李吉林.情境教育的独特优势及其建构[J].教育研究,2009,30(03):52—59.
⑦ 李吉林.中国式儿童情境学习范式的建构[J].教育研究,2017,38(03):91—102.

排名前四的研究单位为"华中师范大学"(139篇)、"西南大学"(104篇)、辽宁师范大学(95篇)、"上海师范大学"(85篇)。李吉林老师所在的"江苏省南通师范第二附属小学"以及"情境教育研究所"也是研究的主阵地。位居硕士论文数量前三的研究单位为华中师范大学(125篇)、西南大学(92篇)、辽宁师范大学(86篇)。上海师范大学的郭开平教授、张寄洲教授各指导了四篇硕士论文,其学生分别从语文学科和数学学科对情境教学进行了研究,其中郭开平教授指导的硕士生祝辉所撰写的硕士论文《情境教学研究》,截至2024年5月已被下载近12 000次,被引用近247次,位居下载次数和被引次数榜首,产生了较大的影响。但研究结果显示,该领域研究至今无一篇博士论文。

2. 情境教学研究内容

(1) 情境教学的理论研究

情境教学以建构主义、情境认知、多元智力、专业技能等多种理论为基础,强调教学的情境性、真实性,注重学习者的参与、合作以及教师等成人的指导作用[1]。情境教学学习理论包括情感理论,刺激—行为理论,学习迁移理论和强化理论[2]。情境教学之所以具有巨大的教学魅力,是因为基于"好奇心的诱发性、情感的感染性、感知的直观性、思维的启发性、活动的参与性"这几种心理特征。[3]

"认知学徒"和"抛锚式"是建构主义理论下的两种情境教学模式[4]。提供丰富有意义的情境、营造以学习者为中心的学习环境、体现教师的"支架"作用,是中小学实施情境教学的操作特征[5]。美国情境教学主要运用以下几个策略:以问题为本的教学策略、利用多重背景策略、利用学生的差异性策略、导向自我定向学习策略、合作学习策略、应用可信的评价方法策略[6]。

诸多学者对李吉林情境教学进行了专门研究。

郝京华和裴娣娜从教学论角度进行了研究。郝京华论述了情境教学的教学论意义,认为李吉林老师创设的语文情境教学,不仅为语文教学的改革提供了一种可借鉴

---

[1] 罗晓静.“情境教学”理论及其课堂实践探讨[J].上海青年管理干部学院学报,2010(3):28—31.
[2] 蔡子亮.情境教学的学习理论研究[J].许昌师专学报,1998(S1):192—193.
[3] 车丽.情境教学的心理特征浅析[J].普教研究,1995(4):41.
[4] 杨绍文.建构主义理论下的情境教学探究[J].荆州师范学院学报,2003(4):112—114.
[5] 向晶.中小学情境教学课堂操作研究[D].上海:上海师范大学,2004.
[6] 李钰.美国学校情境教学的策略与实践[J].教学与管理,2003(13):77—79.

的范式,也为教学理论的建设提供了有益的启示,对现代教学论体系改革和教学方法改革都具有重要启示。① 裴娣娜认为,李吉林老师情境教学构建了以"情"为中介的教学认识进程新模式,揭示了现代教学认识的主体性、实践性和文化性的基本特征,是一个有中国特色的教育实验研究范式。②

郭亨杰和林崇德从心理学角度进行了研究。郭亨杰将情境教学的心理学内涵概括为"缩短心理距离、激发探究动机、提供成功机会、培育心理素质、情绪促进认知"5个要点③。林崇德等认为,情境教学通过教学实践解决了促进儿童智能及心理品质发展这一心理科学的重要理论问题。并从以下方面对情境教学作了心理学诠释:情境教学强调主客观的统一、情绪情感的作用、把形象思维与抽象思维统一起来、在教学中认知与社会认知的结合、发展智力是教学工作的重要任务、语言与思维的辩证关系、儿童社会性与道德的培养,情境教学强调"播种的快乐",它是心理健康教育的一种重要形式,情境教学强调把儿童心理发展年龄特征作为教育工作的出发点,强调全面发展与因材施教统一④。

王敏、薛飞和韩苾璇分别以"李吉林情境教学观探索"⑤"小学语文情境教学设计最优化研究"⑥和"李吉林小学语文情境教学模式"⑦为硕士论文题目,对李吉林老师的情境教学观、教学设计和教学模式进行了研究。

研究者们还从其他方面进行了研究。如柳夕浪认为,情境设计是素养教学的必然选择。李吉林认为情境教学重在通过创设情真意切的场景,构造一种"情景交融"的意境,将语言学习与观察想象、审美感受等融为一体,反映出中国语文学习的特点,更有利于学生修习涵养。⑧ 殷明认为,具身认知理论不仅为我国的情境教学提供了理论基础,从哲学层面和认知层面解释了情境学习理论的合理性和作用机制,更为创设不同

---

① 郝京华.情境教学的教学论意义[J].教育研究与实验,1998(02):13—17+71—72.
② 裴娣娜.情境教学与现代教学论研究[J].课程·教材·教法,1999(1):5—8.
③ 郭亨杰.试论情境教学的心理学内涵——对李吉林《小学语文情境教学》的初步研究[J].中国教育学刊,1998(5):51—55.
④ 林崇德,罗良.情境教学的心理学诠释——评李吉林教育思想[J].教育研究,2007(2):72—76.
⑤ 王敏.李吉林情境教学观探索[D].济南:山东师范大学,2009.
⑥ 薛飞.小学语文情境教学设计最优化研究[D].苏州:苏州大学,2014.
⑦ 韩苾璇.李吉林小学语文情境教学模式研究[D].锦州:渤海大学,2015.
⑧ 柳夕浪,张珊珊.素养教学的三大着力点[J].中小学管理,2015(9):7—10.

的情境教学提供了思路;情境教学则为具身认知理论的科学性、合理性提供了佐证。实感具身、实境具身和离线具身三种具身类型为情境教学的设立提供了多方面的路径。① 王奥轩则根据李吉林老师教学片段对这三种具身类型下的情境创设路径进行了解读。② 蒋晖阐述了在情境教学理念下,从情境与文本相融合,情境与学生相亲近,情境与创新相联系,情境与互动相和谐四个方面构建小学语文的做法。③

在李吉林情境教学研究中,有些学者发出了不同的声音。如龚郑勇认为,李吉林老师所提出的"情境教学"中"情境"指向的是课本取向,缺少对学生批判精神的培养,教师提供的情境会限制学生可能性的情境想象,而过度强调情境影响对内心精神成长的关注。从本质上讲,"情境教学"仅是一种教学辅助手段的更新,而非教育观念的突破。④ 孔凡成和唐锋卢两位学者也提出了不同看法。尤其是孔凡成,在三年左右时间撰写至少七篇研究李吉林情境教学的文章(知网中查到六篇),分别为《小学语文情境教学目标定位失误问题研究——关于对李吉林小学语文情境教学实验研究之三》《对小学语文情境教学中"情境"的反思——关于李吉林情境教学实验系列研究之四》《小学语文情境教学中阅读教学实践失误——关于李吉林情境教学实验系列研究之五》《小学语文情境教学法和语境教学法比较谈——关于李吉林语文情境教学实验系列研究之六》《从情境到语境——语文情境教学理论与实践的思考》和《情境教学研究的发展趋势》。六篇文章内容有交叉重叠,主要概括起来包括三个方面。第一,他认为核心概念"情境"不妥当,是指一种人为优化的典型环境,是虚拟情境。有必要将其完善为"人活动其中的并能对人引起情感变化的具体的自然环境或具体的社会环境"。并在文中竭力推行"语境"义⑤。第二,他认为李吉林情境教学中的教学目标定位较为混

---

① 殷明,刘电芝.身心融合学习:具身认知及其教育意蕴[J].课程·教材·教法,2015,35(7):57—65.
② 王奥轩.具身认知:情境教学的理论基础——基于李吉林小学语文教学片段的思考[J].基础教育研究,2017(11):33—36.
③ 蒋晖.情境教学理念下小学语文本真课堂构建策略思考[J].语文教学通讯·D刊(学术刊),2015(2):25—26.
④ 龚郑勇.对"情境教学"的反思——兼及教学技术的价值观错觉[J].教学与管理,2017(34):46—49.
⑤ 孔凡成.对小学语文情境教学中"情境"的反思——关于李吉林情境教学实验系列研究之四[J].钦州师范高等专科学校学报,2004,19(2):97—100.

乱。不仅包括语文知识和能力,还包括思维能力培养、审美教育、思想教育等,其核心则是思想教育。并认为情境教学要想继续发展,教学目标就必须回归到言语能力培养这一根本目标上来[①]。第三,他认为情境教学方法在实践中容易造成"花盆效应"、带来人工雕凿之痕有"作秀"之嫌、弱化情境教学理论的使用范围。通俗地说,就是情境教学人为创设的情境习得的知识技能可迁移性差,教师为了制造气氛滥用情境,而且对教师的基本素质要求过高,难以普适。[②] 2005年,他认为情境教学研究出现了"高原现象",有待深化。并提出了研究建议:研究方法在定性研究基础上,突出定量研究;现状研究加强史的研究;研究内容要将基础研究和应用研究、横向拓展和纵向深化相结合,在原点辐射研究的基础上,强化多点聚焦研究;在跟踪热点的前提下,加强纵深发展研究[③]。来自同一学校的唐锋卢的观点与此如出一辙,在此不再赘述。[④]

(2) 情境教学的应用研究

如何将情境教学思想应用到各科教学实践是教师们研究的主要方向。以"情境教学"为关键词搜索的第一篇论文来自湖北宜都县的陈光全老师,他将情境教学思想用以教学《别了,我可爱的中国》一文。而今,情境教学产生了较大影响,各个学科都在自己的领域不断发展和完善着这一教学方法的理论和实践。据知网收录的文献,情境教学的应用涉及幼儿园、小学、初高中、大学以及职业院校;涉及的科目既有语文、英语、思想品德、政治历史等文科,其中语文还细化为作文、古诗词、文言文、散文、记叙文等多方面,也有数学、物理、化学、计算机、地理、生物等理科,还包括音乐、体育、美术等艺体学科以及酒店管理、基础护理学等专业。研究的范围几乎全方位全覆盖。

有效情境的创设是情境教学得以成功开展的保障。情境创设要遵循一定的原则,不同的学科、不同的学段所需遵循的原则同中有异。诸如需要遵循创新、适量和求实原则;[⑤]注重个性化、美感性、整体性、以情优教的原则[⑥];要关注问题性、适度性、参与

[①] 孔凡成. 小学语文情境教学目标定位失误问题研究——关于对李吉林小学语文情境教学实验研究之三[J]. 伊犁教育学院学报,2004,17(4):76—80.
[②] 孔凡成. 从情境到语境——语文情境教学理论与实践的思考[J]. 伊犁教育学院学报,2003,16(2):70—75.
[③] 孔凡成. 情境教学研究的发展趋势[J]. 教育评论,2005(1):45—48.
[④] 唐锋卢. 关于情境教学法的反思[J]. 甘肃教育学院学报(社会科学版),2003,19(2):80—84.
[⑤] 李总兴. 中学语文情境教学初探[D]. 福州:福建师范大学,2006.
[⑥] 蒋传武. 情境教学在初中记叙文阅读教学中的运用[D]. 上海:华东师范大学,2007.

性、全体性、情感性和生活性等原则[1]……创设情境的关键是促进学生的意义建构,[2]即无论哪种原则,情境创设都要考虑两个维度,一个维度是学生,所创设的情境须符合学生的认知水平[3],关注学生的主体意识,关注学生的层次性和差异性[4];另一个维度是教材,创设的情境要服务于知识。教材中教学目标的落实是硬道理,情境的创设不是为了追求表面的热闹,而是为了成为新知识学习的助手。[5] 其他原则都是从这两个维度出发,为这两个维度服务。比如趣味性原则和参与性原则是为了更好地服务学生维度,整体性和科学性原则是为了更好地展现知识。

　　情境在教学中的作用已得到大家的承认,特别是在提高教学质量、激发学习兴趣、激励学生参与、优化师生关系以及提高学生的口头语言表达能力方面成效显著,[6][7][8]还利于增强学生的情感体验[9],任务情境可以促进寻找真理能力的提升。[10]研究创设有效情境,开展高效情境教学的策略对广大一线教师有实质性的帮助。情境教学既需要具有战略性、指导性的策略,如教育领导部门要加强宣传力度,积极组织教师培训,加强对情境教学的理论学习和经验指导,增加对教学设施配备的投入,改善落后的教学环境[11]。教师要树立正确的学生观,以学生为中心,既了解学生的特点和需要,同时还要具有引导性[12]。情境创设要直观、整体、连贯和有趣,[13]关注情境作用的全

---

[1] 周志远.数学情境教学中的情境创设方法及实践[D].华中师范大学,2008.
[2] 周奇.情境创设与意义建构[J].教育学术月刊,2002(3):179—181.
[3] 王春妮.小学数学情境教学有效性研究[D].济南:山东师范大学,2017.
[4] 蒋淑莲.高中数学情境教学的实践与探索[D].上海:上海师范大学,2006.
[5] 郭振南.小学语文情境教学的研究[D].长春:东北师范大学,2010.
[6] 李俊红.数学教学情境创设的理论与实践探索[D].昆明:云南师范大学,2005.
[7] 林艳莉.课程理念下高中数学情境教学的实践和认识[D].福州:福建师范大学,2007.
[8] 陶娟.初中数学情境教学有效性研究[D].上海:华东师范大学,2010.
[9] 徐安文.生物学课堂教学情境及其创设[J].生物学教学,2008,33(3):14—16.
[10] 韩琴,卫晓萍.任务情境教学对发展初中生批判性思维能力的实验研究[J].教育理论与实践,2014(10):64—66.
[11] 曹海燕.情境教学与小学口语交际研究——以鄂尔多斯小学为例[D].呼和浩特:内蒙古师范大学,2013.
[12] 郝玲.呼和浩特市新城区小学语文情境教学运用现状研究[D].呼和浩特:内蒙古师范大学,2014.
[13] 恽慧.小学英语课堂情境创设有效性的实践研究[D].南京:南京师范大学,2014.

面性、全程性、发展性,关注情境的真实性和可接受性。教师可以从学科与生活的结合点、学科与社会的结合点入手,利用问题探究、认知矛盾来创设教学情境。① 还可以借助"教学发展史实、联系具体事物、巧用寓言故事、实验"等方法创设情境②。情境实施要注重认知因素和情感因素相结合。

  情境教学策略还应注重方法和步骤,具有可操作性。首先是创设情境的途径研究。李吉林将创设情境的途径归纳为"实物演示""图画再现""音乐渲染""生活展现""表演体会"和"语言描述"六种。研究者们在这些途径的基础上增加了"视频展现""问题引入""实践落实"③以及"活动创设"④"想象创设""推理创设"⑤等途径。如何结合教材创设情境?创设情境前研究教学目的、教学内容,了解学生实际认知状况和生活经历,筛选课程资源⑥;实施情境教学时,结合学科特点和教师个人特长,利用多种方式创建多元化的情境课堂,如教学小学古诗词可以利用音乐渲染,画意转换,真情品读吟诵⑦。在高中小说教学中可以通过人物扮演、故事情节叙述、环境创设引导、学生体验⑧。初中数学可以创设游戏、悬念、问题、猜想等情境,可以挖掘数学史料、重视纠错型情境等⑨。

  新基础教育课程改革轰轰烈烈地开展,改变了原有课堂的生存样态,情境教学成为广大一线教师青睐的重要教学方式。然而,在几乎"无情境不课堂"的现状下,情境教学的课堂应用出现了偏差。有的教师为"情境"而"情境",扰乱了文本内容;随"意愿"设"情境",偏离了文本中心;灌输"情"而忽视"境",脱离了文本实际;强调"境"而忽视"情",曲解了文本情感。⑩ 有的教师情境创设的目的不够明晰,手段单一,频繁使用

---

① 耿莉莉,吴俊明.深化对情境的认识,改进化学情境教学[J].课程・教材・教法,2004(3):72—76.
② 李宏钧.浅谈情境教学[J].黔东南民族师专学报,2000(6):69—70.
③ 季华.论情境教学在初中思想品德课中的运用[D].苏州:苏州大学,2010.
④ 陈美琴.高中情境作文教学的实践研究[D].杭州:杭州师范大学,2011.
⑤ 马雪松.初中文言文阅读情境教学研究[D].呼和浩特:内蒙古师范大学,2012.
⑥ 周志远.数学情境教学中的情境创设方法及实践[D].武汉:华中师范大学,2008.
⑦ 梁小涵.小学语文古诗词情境教学实践研究[D].长春:东北师范大学,2011.
⑧ 王胜利.情境教学在普通高中语文小说教学中的应用[D].大连:辽宁师范大学,2011.
⑨ 高育梅.初中数学情境教学的有效性研究[D].上海:上海师范大学,2009.
⑩ 周静.初中语文情境教学研究[D].上海:华东师范大学,2009.

多媒体,情境创设脱离学生实际,流于热闹的形式,缺乏创新意识。[1]"泛滥""误用"的情境教学不利于教育深入发展,研究者应时刻保持应有的敏感,对其局限性进行反思。情境教学过高的教师要求阻碍了情境教学的进一步推进,有些情境留有"阶段感""附加感",显得不自然真实。[2] 教学情境主要由教师创设,教师的主观色彩会主导学生的理解力,"优化了的教学环境"使得学生成为复制作者思想感情的工具[3]。情境教学的实施效果不易评估[4],对学习能力迁移上的作用值得商榷。[5] 在诸如数学等理科中,不仅要关注课堂的"情境化",还要重视"去情境化",通过去情境化,使学生既获得抽象概括的知识,又能掌握相应的数学思想方法[6]。

(二) 关于情境教育的研究

关于情境教育的研究,主要集中在两个方面,一方面是将情境教育思想运用于各科教学。此类研究主要来源于一线教师,内容与"情境教学"在各科教学中的应用大同小异,在此不再赘述。另一方面,是高校教师、各科研单位对情境教育展开的理论研究。内容主要集中在以下几个方面。

1. 情境教育的价值与意义

现代社会日新月异,人类发展出现诸多新挑战,李吉林老师探索的教学过程、教育过程的种种生动经验及其体现出的思想回应了当代人类教育中的困惑和危机[7],生动地阐明了教育改革的要义,引领了教育改革的方向[8],在继承着中国优秀教育传统的同时,挑战着中国传统教育的弊端。[9] 带有鲜明的时代特征和浓郁的时代气息。[10] 从

---

[1] 郝玲.呼和浩特市新城区小学语文情境教学运用现状研究[D].呼和浩特:内蒙古师范大学,2014.
[2] 周志欣.中学语文情境教学研究[D].西安:陕西师范大学,2012.
[3] 杜亚群.小学语文课堂情境教学的观察与思考[J].语文学刊,2014(10):162—163.
[4] 詹萍萍.中国语文情境教学研究[D].重庆:西南大学,2016.
[5] 刘琳.语文"情境教学"的现实与理想[D].福州:福建师范大学,2007.
[6] 潘胜洪.数学情境教学中的去情境化问题初探[J].扬州教育学院学报,2008(03):76—79.
[7] 朱小蔓.情境教育与人的情感性素质[J].课程·教材·教法,1999(01):8.
[8] 陶西平.新时代教育改革的壮丽画卷——从情境教学到情境教育[J].中国教育学刊,2016(10).
[9] 陶西平.情境教育对中国传统教育弊端的挑战[J].人民教育,2013(Z3):10—12.
[10] 田慧生.情境教学——情境教育的时代特征与意义[J].课程·教材·教法,1999(7):18—21.

总体上看,这一理论体系蕴涵的时代特色集中体现在三个方面:注重情感因素,通过"育人以情",实现育人目标的有机整合;强调主动发展,通过情境创设,开辟学生生动活泼、主动发展的现实途径;立足本土,注重实践,丰富了有中国特色的教育理论与实践。

情境教育从课堂教学改革到严肃、持续性的实验研究,再到形成思想理论体系的过程,是中国基础教育改革开放后探索的历史缩影,是散发出中国本土芬芳的素质教育的典范[1],具有重要的理论价值和现实意义。其理论价值在于它不是停留在情境教育的方法上,而是运用教育学、心理学的理论探讨儿童认知的规律。把儿童的注意、观察、思维、想象以及非智力因素都调动起来,在教学中促进儿童智能的发展,这在课程教学理论中具有重要的意义。其现实意义在于对落实新课程改革、推进素质教育有着重要的意义[2]。

情境教育既总结了小学语文的教学规律,又概括了教育的一般规律,带有普遍性。[3] 其实践操作对小学教育有极大的普适性,其观念思想对高等教育、成人教育如何实现素质教育也极富启发意义。[4] 该理论从中国传统教育、传统思维和传统文艺中,汲取大量的营养,最终形成了一个体系科学、理论缜密的教育流派[5]。其突出特点和重要贡献之一,就在于突破和超越了理性至上、知识本位的教育传统……在情境领域的创造性探索,成功地解决了长期以来学生素质发展中认知与情感、逻辑思维与形象、动脑与动手等发展不协调、不平衡的问题,把德育、智育、美育融会于情境之中,在教学生学会求知的过程当中学会做人,为素质教育的成功实施作出了可贵贡献。[6]

李吉林情境教育思想不仅含有"中国元素",具有"中国特色",而且含有"人类元素",具有"世界意义"。[7] 它贯穿了以人为本、以儿童发展为本的新理念。重视彰显儿童的个性,强调发掘儿童的潜能,尊重儿童的自主意识,激发儿童的创造精神。这正是

---

[1] 顾明远.李吉林和情境教育学派研究[M].北京:教育科学出版社,2011:114.
[2] 顾明远.李吉林和情境教育学派研究[M].北京:教育科学出版社,2011:74—75.
[3] 顾明远.李吉林和情境教育学派研究[M].北京:教育科学出版社,2011:135.
[4] 朱小蔓.情境教育与人的情感性素质[J].课程·教材·教法,1999(01):8.
[5] 程然,赵晓梅.论情境教育的中国特色[J].江苏教育研究,2016(Z4):3—8.
[6] 柳斌.重视"情境教育",努力探索全面提高学生素质的途径——在全国"情境教学—情境教育"学术研讨会上的讲话[J].课程·教材·教法,1997(03):3—6.
[7] 吴康宁."李吉林情境教育探索"再理解[J].课程·教材·教法,2018,38(03):4—8.

当代世界儿童教育的中心话题,[①]实现了对教育过程人文、艺术的把握,实现了对传统知识观的超越,实现了对工具理性教学观的理性批判,解决的是一个世界性难题。在这个层面上,李吉林的情境教育思想也具有世界意义[②]。

2. 情境教育的特色与实质

从情境教学的探索,到情境教育的构建,以及情境课程的开发,是李吉林教育思想从实践到理论,又从理论回到实践的深化过程。这一思想是一个理论与实践高度统一的教育思想;强调认知与情感的协调发展,智力与非智力因素的整体开发;是开放的,不断发展的教育思想。[③] 这一思想揭示了学习活动的本质,即只有主体积极学习才构成教学活动的真正意义。[④]

(1) 关于核心概念的解读

情境教育的核心概念是情境。[⑤] 以"情"为经,将被淡化了的情感、意志、态度等心理要素重新确定为语文教学的有机构成,将学生的兴趣、特长、志向、态度、价值观等作为人的素质的重要方面摆在语文教学应有的位置上;以"境"为纬,通过各种生动、具体的语言环境的创设,拉近了语言学习与学生现实的距离,使死的语言成为活的生活,为学生的主动参与、主动发展开辟了现实的途径。[⑥]

许多专家从不同角度对核心概念进行了解读。

余文森从认知角度对教学情境进行了界定。教学情境就是以直观的方式再现书本知识所表征的实际事物或者实际事物的相关背景。显然,教学情境解决的是学生认识过程中的形象与抽象、实际与理论、感性与理性以及旧知与新知的关系和矛盾。[⑦] 吴刚也从认知角度进行了深入阐述:我们为什么要用情境?人类的认知发展,都会经历从动作思维,到布鲁纳所说的肖像思维,再到抽象思维的过渡,那么情境实质

---

① 田慧生.情境教学——情境教育的时代特征与意义[J].课程·教材·教法,1999(07):18—21.
② 裴娣娜.基于变革性实践的创新——对李吉林情境教育思想的再认识[J].课程·教材·教法,2009,29(06):12—16.
③ 顾明远.李吉林和情境教育学派研究[M].北京:教育科学出版社,2011:163.
④ 顾明远.李吉林和情境教育学派研究[M].北京:教育科学出版社,2011:115.
⑤ 成尚荣.中国情境教育的原创性——李吉林理论与实践研究的求真品格[J].中国教育学刊,2016(10):8—12.
⑥ 田慧生.情境教学——情境教育的时代特征与意义[J].课程·教材·教法,1999(07):19.
⑦ 顾明远.李吉林和情境教育学派研究[M].北京:教育科学出版社,2011:256.

上是介于动作思维和肖像思维之间,使得你在最初接触某种材料的时候,马上能够浸润进去。没有这样一种浸润,就无法提升到抽象思维这个层次。情境与心智、世界之间构成了一种同构关系,也就是说用情境来营造一个有条理的或者优化的事件、图像、片段。但是营造这个片段的同时,也在建构着人类内在的世界,所以情境在我们的学习当中是必然的、必须的要素。① 两位学者都认为,情境为认知活动提供了背景,是从抽象走向抽象的桥梁。

李亦菲从学习条件、学习过程和学习结果三个角度对"情境"进行了定义:作为学习条件,情境是连接"文本"与"生活"的纽带;作为学习过程,情境是"情感"与"认知"的对象;而作为学习结果,情境是"知识"与"精神"的载体。

郭亨杰从心理学角度解读了情境。他认为,情境教学具有"形真、情切、意远、理蕴"的特点,其中情切和理蕴更触及情境本质,也更富含心理学意味。不能触发人的情感的情境难以称之为情境,没有理念、没有思想蕴含其中的情境也不能成为情境,尤其成不了育人所需要的情境,因为任何教育影响都需使人动情明理才算初见成效。② 他认为,真切的情感和富有理念是情境的本质。鲁洁认为,"情境"可以产生更强的学习动力,可以使人获得更好的学习智慧的一种时空和主客体的条件或者是一种结构。所谓"情境"实际上就是把人的学习需要、学习动机充分地调动起来了,以使他更好地学习,获得学习的智慧,③并认为"教育过程就是师生共同建构情境的过程"。吴康宁进一步解读,创设情境与造场的意思差不多。教师的任务就是造场,造一个能够把学生的潜能挖掘出来,能够把他的善良的天性、智慧的性象挥发出来的场。④

还有专家认为,情境是一个综合的场景。吴刚给"初始情境"作了如下界定:"情境是唤起、联结和重建概念的经验意义的场景模式,且蕴含知识、实践可能性和意义,符号、语言、声音、图像、视频、空间布陈等都是组成场景模式的一部分"。2008年,日本学者场正美先生在李吉林情境教育国际论坛上的发言中指出:情境教育的"情境"是综合的,综合了多种类型的经验,多种认知世界的模式,多种表征的工具概

---

① 顾明远.李吉林和情境教育学派研究[M].北京:教育科学出版社,2011:135.
② 顾明远.李吉林和情境教育学派研究[M].北京:教育科学出版社,2011:210.
③ 顾明远.李吉林和情境教育学派研究[M].北京:教育科学出版社,2011:186.
④ 丁锦宏,陈怡,奚萍.换一个角度透视情境教育——一项关于"情境教育研究"的元研究[J].教育研究与评论,2011(002):32—48.

念符号,孩子们在这种综合的情境中迸发出超乎意料的创造力。在这里,情境是师生共同建构的,能激发儿童动机潜能的,蕴含多维度要素的综合场域。吴功正在追溯情境教育的古典美学渊源后,认为"情境"是一个复合词,包括"情"和"境",和"意境"意义相似,是在创造和欣赏中,由作者和接受者共同完成,这个过程离不开想象和情感。

郝京华认为,李吉林情境教育的"情境"是一种人化的环境、美化的环境、情化的环境、简化的环境和优化的环境。朱小蔓认为,"童真""童趣"且具有审美化特征的情境让儿童享受审美的愉悦,同时又由于情境与儿童的生活经验相关联,促进了儿童主体的觉醒①。

王灿明综合了诸多专家的研究,专门撰文对李吉林情境教育之情境的意涵、特征和建构进行了探析,文中认为,情境的内涵是富有教育内涵的生活空间和多维互动的心理场,也是情景交融的教育场域和理寓其中的靶向情境。②

(2) 情境教育具有本土特色

从情境教学到情境教育、情境课程,再到形成了自己的理论体系,情境教育具有中华文化脉络传承的本土化特征,其"本土化"主要体现在以下两方面。

首先,情境教育学派理论扎根于中国文化。李吉林教学思想受中国古代文论"意境说"的影响,是从中国源远流长、博大精深的文化和教育理论的土壤中生长起来的、具有浓郁的中国特色的教育理论,积蓄了中国的学统、根系和脉络,同时又博采、融汇中西,形成了具有中国特色的情境教育理论。其过程渗透着中华优秀传统文化的审美价值,交织着当代中国日益强盛的爱国情怀,遵循了语文教育的规律,构建了具有中国特色的情境教育的理论框架和操作体系。它以"境"、以"场"、以"象"的方式进行教与学,以"感性""感悟""顿悟"来学习的方式正是中国具有优势的教育文化传统。③ 李吉林老师从古代文论中汲取情境教育的理论营养,展示了她对中国优秀传统文化的高度自信。这种自信值得我们每一个人学习。④

---

① 朱小蔓.情境教育与儿童学习[J].课程·教材·教法,2009,29(06):21—23.
② 王灿明.情境:意涵、特征与建构——李吉林的情境观探析[J].教育研究,2020,41(09):81—89.
③ 朱小蔓.情境教育与儿童学习[J].课程·教材·教法 2009,29(06):21—23.
④ 王湛.让教育与生活走得更近——对李吉林情境教育的三点认识[J].人民教育,2018(2):75.

其次,情境教育实践源起于中国本土,源起于我国小学语文教学中的问题与出路的真实想法,它是在中国大地上土生土长发展起来的,用于解决目前中国基础教育中存在的一些问题是行之有效的①,同时具有中国特色、中国风格和中国品格②。这给我们的教育改革带来一大启示,深化教育改革要坚定对中华优秀传统文化的自信,发掘和弘扬有利于发展素质教育的传统文化资源,总结和推广本国优秀经验,讲好中国故事,走好中国道路③。

(3) 情境教育是符合教育规律的教育思想

通过30年的不懈实践和探索,中国的情境教育达到了足以回应世界的理论高度。④

情境教育具有"情真意切"的特征;上通理论,下连实践,"顶天立地";把原本属于不同范畴、不同类型的诸多东西都兼收并蓄进来,"融通整合"起来;总是在不断出新、不断发展,是一种"有理性"的思想,一种"生长的思想"。⑤ 它直指教育的本质,并把教育本质形象化、具体化与情境化。把知识还原或置于特定的情境中,有助于有意义学习和有效学习的开展。将知识情境化,再现语言文字(符号图表)所表征的实际事物及其相关背景,有助于解决学生认识过程中的形象与抽象、实际与理论、案例与观点、感性与理性以及已知与未知、旧知与新知的关系和矛盾,这是促进学生有意义学习和有效教学的认知条件;将儿童置于或引入特定的情境中,有助于激发学生的学习热情,唤起学生的求知欲,诱发学生进入教材的欲望,让学生在迫切要求的状态下进入学习,这是促进学生有意义学习和有效教学的心理条件;将学生置于知识产生的真实的问题情境中,学生将经历类似于专家解决问题的探索过程,这就能有效地促使学生主动探索、自己思考和解决问题,从而实现对知识的主动建构。

情境教育在开放的、复杂的汇聚系统中找到了一条成功之路,把儿童的学习情绪

---

① 柳斌.重视"情境教育",努力探索全面提高学生素质的途径[J].人民教育,1997(3):6—8.
② 成尚荣.中国情境教育的原创性——李吉林理论与实践研究的求真品格[J].中国教育学刊,2016(10):8—12.
③ 王湛.让教育与生活走得更近——对李吉林情境教育的三点认识[J].人民教育,2018(2):74—75.
④ 吴刚.情境教育与优质教学[J].课程·教材·教法,2009,29(06):23—27.
⑤ 吴康宁.李吉林教育思想基本特征与情境教育研究拓展空间[J].课程·教材·教法,2009,29(06):16—20.

调动起来了,把大脑的发动机给发动了。日本名古屋大学的场正美高度评价了李吉林老师提倡培养儿童创造性思维的观点,认为儿童的创造性应置于思考的首位。情境教育很好地揭示了"情境—言语的获得—文化的重新建构—思维发展和实践力形成"之间的关系。[1]

不断为学生提供获得成功的机会,使学习成为乐事是情境教学的又一大特色。情境教学提供机会,让学生达到四种发现:发现美、发现自己表达力的进步、发现自己学习上的潜力、发现自己的创造性。[2]

(4) 情境教育的四大特点:真、美、情、思

李吉林老师数十年与儿童朝夕相处,深刻地认识到了应试倾向存在的弊端。她从"意境说"中概括出"真、美、情、思"四个特点,并创造性地运用到小学教育中。

情感是情境教育理论的生长点,"情本体"是李吉林老师儿童教育思想的基石。[3] 情感是学习的一部分,有助于提高学习能力,给予大脑新异的刺激,学习的社会性要求唤起情感。情感本身具有一种情境前提特性,必须在一定情境氛围中才能产生;作为非智力因素中的重要成分,情感对学生的学业成就及个人未来成就的影响大于智力因素;以道德敏感性为基础的道德情感体验能力是学生品德形成的重要心理基础。[4] 情境教育的实践者在培养学生情感上作了许多可贵的探索。以陶情冶性为创新突破口,抓住儿童发展的动因——情感,探索出诸多激起儿童强烈情感体验的途径;初步确定了语文教学中情感教育的内容,突出了情感体验的社会性内涵;强调在语感训练中,渗透性地进行思想情感教育,探索了语文教学中情感培养的特性与方法;主张"以感受美去激发爱",注意到审美教育与情感培养之间的关系,[5]并提出克服缺少情感课堂的改进措施,即以教师的真情实感激发学生的情感;新的情感和既有情感的结

---

[1] 王亦晴.走向世界的中国情境教育——"李吉林情境教育国际论坛"综述[J].教育研究,2009,30(03):109—110.

[2] 郭亨杰.试论情境教学的心理学内涵——对李吉林《小学语文情境教学》的初步研究[J].中国教育学刊,1998(05):51—55.

[3] 叶水涛.教育实践的"中国智慧"——李吉林情境教育理论的创建[J].中国教育学刊,2010(8):73—77.

[4] 翁文艳.情境教育中情感要素的心理学分析[J].华中师范大学学报(人文社会科学版),1998(S2):166—169.

[5] 马樟根.李吉林与情境教育[M].北京:人民教育出版社,2007:232—242.

合;综合运用影响人情感的各种手段。① 情境教育以一个'情'字贯穿活动全过程,弥补了教学认识论的一大块缺陷。② 李老师用春风化雨般的"情"滋润学生的自然成长;以春色撩人般的"情"启迪学生自主成长;以春诵夏弦般的"情"促进学生自由成长;以春笋怒发般的"情"推动学生自觉成长③。

李吉林老师在发现小学语文教育的一些弊端后,向中国古典美学中寻求解决门径。在古典美学中发现和发掘了情境(意境)论,经过长期的实践、消化、吸收、整合,建构出了独立完整的情境教育论,实现了古典美学和现代教育学跨学科的现代性转化。④ 并以美学为独特思维中心的理论框架,从生理到心理,从感性到理性,从情感到思想三个层面上展开审美活动,体现了她由美学依据而形成的美学观:使教学与教育像艺术那样吸引学生。⑤ "美"是情境教育方法论与目的论的统一。择美构境、以美启智,是李吉林儿童教育思想的显著特色,也是情境教育理论独到的方法论。⑥

其他学者也关注到情境教育"真、美、情、思"四大元素,并进行了深入论述。吴康宁认为,"真实的世界"中一种是"现实的"成分,一种是"理想的"成分;"追求美"包括美的成分,也包括丑的成分,对于丑的揭露、批判与拒斥,也是追求美的一条重要途径;注重的"情"不仅包括师生之情,还包括生生之情。突出的"思",不仅包括正思,也包括反思。李庆明认为,"真美情思"是李吉林情境学习论的主要范畴。叶水涛认为,"美"是情境教育方法论与目的论的统一,"真"是情境教育的价值论,"情"是情境教育理论的本体性建构。王灿明教授团队通过实证研究,证明真美情思是情境教育促进儿童创造性思维发展的内在机制。

"为儿童研究儿童"是情境教育的根概念。这一根概念彰显了情境教育理论的深

---

① 郝京华.情境教学的教学论意义[J].教育研究与实验,1998(02):16—17.
② 顾明远.李吉林和情境教育学派研究[M].北京:教育科学出版社,2011.
③ 胡金波.情境教育:探求儿童学习的秘密[J].人民教育,2015(14):75—78.
④ 吴功正.坚守文化自信,扩容传统美学——李吉林情境教育论的启示[J].中国教育学刊,2018(8):69—72.
⑤ 马樟根.李吉林与情境教育[M].北京:人民教育出版社,2007:248—255.
⑥ 叶水涛.教育实践的"中国智慧"——李吉林情境教育理论的创建[J].中国教育学刊,2018(8):73—77.

刻性、前瞻性和高格调。① 其核心是教育的重大问题——儿童的学习与发展,其实质在于通过优化学习境脉,唤起学生情感以激发"学习投入";以情境为中介,通过互动与活动重构学生与社会生活及世界意义的关联,以增进学科理解。② 围绕为了儿童"快乐高效学习,全面发展"这一核心,李吉林老师坚持探索,这让我们深深地感受到:儿童能否快乐、高效学习,不仅是方法问题,也不仅是教育学、教学论的问题,它是与教师的内心世界紧密相连的。有对儿童真挚的爱,才会努力寻求使他们快乐高效学习的方法;有对儿童真挚的爱,才会产生萌发智慧的灵感;有对儿童真挚的爱,才有深沉的育人、树人的使命感。③

(5)情境教育是理论与实践相结合的研究范式

李吉林老师研究的需要、冲动来自于实践,研究的问题是真正来自于实践中间。她不仅提出问题,而且在实践了一段时间后又发现了更深层次更高层次的问题,然后进入到第二阶段的实践。问题的答案不是从书上找,而是从自己的实践中找,这是一种不同范式的研究。最宝贵的是在研究当中,不仅用了自己的理性思考,运用了一种认知的东西,而且是将自己的整个生命、情感投入进去研究。④ 这种范式研究下的情境教育既是实践体系又是理论体系。它回答了什么是理论、理论是怎么诞生的问题,⑤辩证地融会了实证主义研究范式和人本主义研究范式,所遵循的是一边探索实践,一边总结提高为核心的认识路线,贯彻了马克思主义的'实践——认识——再实践——再认识'的辩证唯物主义认识路线的研究范式,其间理论学习贯彻始终,成果是一个研究循环的终点和下一循环的起点⋯⋯李吉林老师所创造的这个研究模式,堪称为理论与实践相统一的教育家的研究范式。⑥

情境教育的研究范式是具有中国特色的教育实验研究范式。首先,它显示了作为

---

① 成尚荣.中国情境教育的原创性——李吉林理论与实践研究的求真品格[J].中国教育学刊,2016(10):8—12.
② 吴刚.论中国情境教育的发展及其理论意涵[J].教育研究,2018,39(07):33—42.
③ 王亦晴.快乐、高效的儿童情境学习——李吉林情境教育实践与研究的核心[J].基础教育参考,2014(16):11—14.
④ 鲁洁.一种不同范式的研究——对情境教育的再思考[J].人民教育,2011(18):58—59.
⑤ 成尚荣.中国情境教育的原创性——李吉林理论与实践研究的求真品格[J].中国教育学刊,2016(10):8—12.
⑥ 张定璋.情境教育的教学论发展观[J].教育研究,1998(05):17.

一个教育实验不断提高科学化水平的三个发展阶段。其次,它显示了作为一个较好的教育实验所应符合的基本要求。最后,这一实验还显示了中国教育工作者的奉献、开拓、创造的可贵精神。①

如何走出一条有中国特色的教育科研路子,如何使教育科研在教育改革与发展中真正发挥作用,情境教学—情境教育的探索过程给我们提供了最有说服力的答案。② 情境教学—情境教育从课题到研究人员,都是从实践中来、又回到实践中去,生根于实践,开花于实践,结果于实践。李吉林老师及其同事们在情境教育的研究中,不仅为探索教育教学工作客观规律、推进教育教学改革作出了贡献,也为探索如何应用实验方法于研究教育教学方面作出贡献。

3. 情境教育的推广研究

情境教育发源于南通师范学校第二附属小学,南通市教育局率先遴选了66所情境教育实验学校(幼儿园),将这一优秀的教育思想、卓越的实践范式进行推广和深入研究。③ 新疆克拉玛依市为适应教育现代化发展的需求,也在小学全面开展推广"李吉林情境教育"实践活动。克拉玛依第一小学、第十八小学、第十九小学和独山子第六小学被授予李吉林情境教育挂牌实验校。通过领导重视重点培训,名师指导教研践行,采取"请进来、送出去、内部学"相结合,植根课堂等方式进行学习和推广④。

李吉林情境教育思想,不仅让正常儿童受益,也为残障儿童"打开一扇窗"。推广到特殊教育的学校,是对情境教育普适性的坚信。⑤ 由《现代特殊教育》编辑部主办的"全国特殊教育学校情境教育研讨会"以"情境教育理论在特殊教育领域的实践运用与研究"为主题,通过解读情境教育理念、展示情境教学效果、点评情境教学活动、交流情境教育论文等方式,深入研讨了情境教育与特殊教育教学结合的现实意义与发展前景。⑥ 情境式教学有利于教师为残障学生提供个性化的教育补偿。情境教育的教学

---

① 裴娣娜.情境教学与现代教学论研究[J].课程·教材·教法,1999(01):6—8.
② 顾明远.李吉林和情境教育学派研究[M].北京:教育科学出版社,2011:331.
③ 郭毅浩.推广情境教育,丰富南通教育现代化建设内涵[J].人民教育,2013(Z3):20—23.
④ 余敏.情境教育在油城教师心中发芽[J].中国民族教育,2015(2):48—50.
⑤ 严清.情境教育为残障儿童"打开一扇窗"[J].现代特殊教育,2015(11):4.
⑥ 吴浩,赵华丽.融情设境,情境育人——全国特殊教育学校情境教育研讨会综述[J].现代特殊教育,2015(z1):8—10.

理念和学习模式让特殊教育的发展合"情"合"理",培养残障学生在情境活动中成为有独立人格、全面发展的人。①

(三) 关于情境课程的研究

为了让更多儿童受益,李吉林老师开发了情境课程。作为情境教育实验的过程产物,对其专门进行研究的专家和老师很少。

裴新宁是对李吉林"情境课程"进行专门研究的第一人,共撰文两篇。在与王美合作的《为了儿童学习的课程——中国情境教育学派李吉林情境课程的建构》一文中,从学习科学视角进行解读,认为情境课程体系的基本特点是课程设计以学习者为中心,课程实施基于优化的学习情境,课程目标以发展儿童理解力为核心价值追求,重视儿童道德性、社会性和智力性的整合发展,善用非正式环境作为拓展的心智源泉以促进儿童的卓越。在教学策略层面,李吉林情境课程将学术性知识的系统性、学习活动的操作性、审美教育的愉悦性融为一体,强调创设优化的学习情境,激起儿童热烈的情绪,促发与给养儿童的主动参与。② 在《国际视野下李吉林情境课程优势分析》一文中认为,李吉林情境课程体系是认知性、价值性与主体意愿性相整合的指向深度学习的操作性课程框架,其理论和实践解释了情境性是知识与学习的核心属性,情境化与跨情境化是学生核心素养培育的关键,对当下我国基础教育课程变革研究与实践具有重要的参考价值③。郝京华教授认为,情境课程汲取学科情境课程、主题性大单元情境课程和野外情境课程三种类型课程组织方式所长,由关注知识技能授受的情境教学向关注人的发展的情境教育转轨,促进学生人格的全面发展。④

一线教师在教学实践中进行了情境课程建构的探索,在幼儿、小学语文、英语等学科教学,在职业学校等领域,都有所涉及。其中小学阶段的探索集中在"幼小衔接课程"和"主题性大单元活动课程"两大领域。李吉林老师所在的南通师范学校第二附属小学从馆校共建、社区实践、艺体工程、主题活动、情境阅读等方面进行课程实践⑤,老

---

① 徐婧."情境教育"让特殊教育合"情"合"理"[J].现代特殊教育,2016(19):49—51.
② 裴新宁,王美.为了儿童学习的课程——中国情境教育学派李吉林情境课程的建构[J].教育研究,2011,32(11):91—96+105.
③ 裴新宁.国际视野下李吉林情境课程优势分析[J].中国教育学刊,2016(10):18—21.
④ 郝京华.李吉林情境教育三部曲的课程论意义[J].中国教育学刊,2016(10):22—25.
⑤ 情境课程的开发与管理[C]//2011年江苏省首届小学教育论坛.

师们开发了"专题性文化情境课程"①"小学音乐主题性文化情境课程"②等。

(四) 关于李吉林成长因素研究

从一位小学教师成长为闻名遐迩的教育家,李吉林老师的专业成长引起了学者们的关注,学者们对影响专业发展的因素、专业发展的途径和策略进行了研究。

研究者们的研究兴趣主要集中在影响李吉林老师专业发展的因素,其中南通市教育研究中心冯卫东主持了江苏省教育科学"十一五"规划重点资助课题"李吉林研究",撰写了《论李吉林老师的成长》《向李吉林老师学研究》《李吉林:在"学、思、行、著"中研究》等一系列文章,试图揭示李吉林老师专业成长的秘诀和规律。纵观学者们的研究,可以将影响因素概括为"内部因素"和"外部因素"两个方面。

内因是成长的主要因素。李吉林老师的卓越成就来源于她不见异思迁,勤于学习,勤于钻研。她是一个不倦的学习者,满腔热情地向理论方面学习,向专家学者学习,向国内国际最新科研成果学习。③ 向同行学,向学生学,精益多师④,是"不老的'学童'"⑤;来源于她执著的探索⑥;来源于为了儿童的宗旨,不断创新的可贵品质,坚忍不拔的奋斗精神⑦。李吉林老师的挚友严清说,"李吉林,其实就是个孩子"⑧,她"诗意地耕耘在教育大地上"⑨。从普通小学教师成长为教育理论家,得益于她具有爱心、诗心、童心、慧心和恒心等个人品质⑩。热爱儿童是李吉林成功的根本原因,这种与儿童心心相印的教师永远不会被技术所替代⑪。

冯卫东从"知、情、意、行"四个方面阐释了李吉林老师的成功要素:学无止境;对儿

---

① 刘卫锋.在师生共同开发的课程中徜徉——专题性文化情境课程"诗中的童年"教学谈[J].语文教学通讯,2003(07):18.
② 黄美华.开发小学音乐主题性文化情境课程[J].江苏教育:小学教学,2014(8):58—59.
③ 顾明远.李吉林和情境教育学派研究[M].北京:教育科学出版社,2011:110.
④ 王湛.由李吉林取得的卓越成就得到的启示[J].人民教育,2009(5):33—34.
⑤ 朱永新.永远不老的"学童"——李吉林老师印象[J].新教师,2016(5):21.
⑥ 郭永福.李吉林成长历程的启示[J].中国教育学刊,2006(7):10—11.
⑦ 杨九俊.人生的意义——试说李吉林老师对教育的贡献[J].人民教育,2006(19):38—40.
⑧ 严清.李吉林,其实就是个孩子[J].江苏教育,2012(5):14—16.
⑨ 朱永新.诗意地耕耘在教育大地上——我眼中的李吉林老师[J].新教师,2014(4):13—14.
⑩ 蔡飞,周红.李吉林的境界人生[J].江苏教育学院学报(社会科学版),2004(3):8—14.
⑪ 朱小蔓.与儿童心心相印的教师永远不会被技术所替代[J].人民教育,2018(2):76.

童、对青年教师饱含热爱之情;勇于发现和挑战自身显在的或者潜在的各种弱点、缺点,不迁就自己;敢于实践,敢于创新,且行且思①。李庆明认为,李吉林老师之所以取得卓尔不凡的独特建树,秘诀在于"扎根"一词,扎根于本土语境,扎根于学校土壤,扎根于儿童心田②。李吉林老师成长为儿童教育家,首先来自于她对语文学科的实质和意义准确和深刻的把握。③ 正因为了解语文教学的实质,所以没有被社会上关于语文教学目的任务这样的"风"、那样的"风"吹得东倒西歪,她始终坚持小学语文教学本身包含了促进儿童发展的诸多因素。④ 王灿明称赞李吉林老师具有敢立潮头的勇气,劈波斩浪的才能,扬帆远航的追求⑤。李吉林老师的创新之路,就是一个创新型教师成长为教育家的典型范例,最显著的特征就是对教育教学现状的永不满足,因而才会不断自我突破,达到新的高度⑥。以学科知识、教育理论知识、实践性知识为主要内容的专业知识奠定了李吉林老师专业发展的知识基础,以教学能力、教育研究能力、校本课程开发能力为主要内容的专业能力直接推动了李吉林老师的专业发展。发自内心对学生的热爱、对教育事业的热爱构成了李吉林老师专业发展的灵魂,构成了其三十多年改革不辍的内在动力⑦。

外因是人才成长的条件。改革开放的时代,各级领导的支持,著名专家、教授的指导都是李吉林老师成长的重要条件。国家教育改革政策的导向、南通教育文化的浸染和关键事件、关键人物的影响为李吉林老师的专业发展起到了助推器的作用⑧。梅云霞和李吉林老师生活在同一座城市,她阐述了影响李吉林老师专业成长的生活境遇、关键事件⑨。陆平论述了李吉林老师的成长与南通教育文化密切关联⑩,王湛也认为,

---

① 冯卫东. 论李吉林老师的成长[J]. 南通大学学报(教育科学版),2007(01):1—6.
② 佚名. 教育家什么模样?——李吉林的启示李庆明《儿童教育诗》新书分享[J]. 教育发展研究,2015,33(02):2.
③ 马樟根. 李吉林与情境教育[M]. 北京:人民教育出版社,2007:55—58.
④ 马樟根. 李吉林与情境教育[M]. 北京:人民教育出版社,2007:55—58.
⑤ 王灿明. 像李吉林那样做教育[N]. 中国教师报,2011-12-07.
⑥ 王灿明. 情境教育:基础教育的新方向[N]. 光明日报,2014-11-18.
⑦ 张婷. 李吉林教师专业发展个案研究[D]. 扬州:扬州大学,2014.
⑧ 张婷. 李吉林教师专业发展个案研究[D]. 扬州:扬州大学,2014.
⑨ 梅云霞. 李吉林对教师专业发展的启示[J]. 中国教育学刊,2010(09):68—70.
⑩ 陆平. 李吉林与南通教育文化[J]. 教育文化论坛,2012,4(05):120—124.

李吉林老师的成功离不开南通这座城市尊师重教的氛围①。

此外,冯卫东用"执著的掘土机""早行的拓荒者""攀援的凌霄花""灵巧的织锦人""诗人工程师""科技型农民"的比喻形象生动地阐述了李吉林老师本土研究的特点②;从"学、思、行、著"四个方面概括李吉林教育教学研究的方式、方法、路径、特点③。梅云霞认为李吉林老师的成长路径是"教学即研究"④。成尚荣认为李吉林老师的研究用智慧的方式定义了民族性和世界性,定义了智慧的实践品格和理论品格,揭示了智慧的灵魂——创新⑤。

学习李吉林老师,首先学习李吉林老师的道德风范。作为教师,她学为人师,行为世范,是教师和学生的楷模;作为教育专家,她以勤奋劳动为荣,长期坚持奋斗在小学教育的第一线,她以诚实守信为荣,严谨治学,积极探索,真正做到了踏踏实实教学、扎扎实实做学问。她的这一风范,对当前教育界出现的学风浮躁、学风浮夸、学术不端极具教育意义。⑥还要学习李吉林老师热爱教育、热爱儿童、敢于探索、不断创新的精神;要学习李吉林老师对教育教学孜孜不倦的钻研精神和科学态度;学习李吉林老师锲而不舍、不断追求卓越的精神。

李吉林老师的成长给当今教育家的培养带来启示,即教师教育也要创造"情境",教师成长最重要的就是要对教育事业有热爱,有了这个"情",才能有动力,有了动力,才会有其他的创造。我们的时代需要教育家;我们的时代能够造就教育家;我们已经拥有了一批自己的教育家。我们既不要妄自尊大,把教育家泛化,也不要妄自菲薄,把他神秘化,看作高不可攀。教育家不是自封的,也不是从书斋里走出来的,必须深深地扎根于教育实践,刻苦学习教育理论,不断进行探索研究和理论创新,走教、学、研三结合之路。⑦"我们要隆重推出和宣传本土的教育家,充分发挥教育家在教育改革中的

---

① 王湛.由李吉林取得的卓越成就得到的启示[J].人民教育,2009(05):33—34.
② 冯卫东.向李吉林老师学研究[J].人民教育,2008(Z2):73—76.
③ 冯卫东.李吉林:在"学、思、行、著"中研究[J].江苏教育研究,2008(19):57—61.
④ 梅云霞,陆军.再论李吉林对教师专业发展的启示——基于"教学即研究"的视角[J].中小学教师培训,2015(12):7—10.
⑤ 成尚荣.李吉林的智慧品格[J].人民教育,2013(Z3):60—61.
⑥ 刘立德.中国特色的教育诗篇　素质教育的一面旗帜——李吉林教育思想研讨会暨《李吉林文集》首发式述评[J].中国教育学刊,2006(07):16—19+40.
⑦ 顾明远.李吉林和情境教育学派研究[M].北京:教育科学出版社,2011:168.

榜样和引领作用。中国应该培养出更多像李吉林那样的教育家。"①

(五) 总结与反思

情境教学、情境教育、李吉林研究是教育界的研究热点,理论成果丰硕。研究队伍包括高校教师、师范类学生、广大一线教师。其中一线教师是研究的主力军,占了研究队伍的百分之九十五以上,高校专家人数有限。研究队伍呈典型三角形。这种研究队伍在研究内容上首先会造成概念不清晰。在查阅文献中发现,首先,研究者常将"情境"和"情景"混用,甚至在一篇文章中前后还出现混乱。其次,理论研究与实践探索脱节。高校专家关注理论,一线教师关注课堂实践,而两者之间缺少桥梁。造成一线教师不甚了解理论,只能学习表面形式,无法正确应用,因此实践中出现误差。

在研究内容上,大部分研究都是对情境教育思想的部分理论和实践或进行验证或迁移应用研究,很少有学者对情境教育思想的诞生与发展的历程进行全面叙述。除了李吉林老师本人,至今无一人对情境教育思想进行全方位叙述和研究。

在研究方法上,广大一线教师主要单凭课堂观察,多是对主观经验的总结概括和反思。仅有几篇硕士论文采用了实证的方法(不足十篇),如李俊红等进行了情境教学有效性的实验研究②,孙琳琳选择长春市某高中一位数学教师进行了个案研究。③ 其余或为理论思辨,或为经验叙述和提升。一项教育理论的发展既需要进行理论上的论证,也需要基于事实和证据的研究;既需要关注总体情况,又需要关注总体背后的"每一个"。实证研究是情境教育的需要,也是今后可以努力的方向。

三、相关概念的界定

本研究将对"情境""情境教学""情境教育""情境课程"这四个核心概念进行界定。

(一) 情境

情景、情境、意境几个不同词语之间,在含义上存在差别,但也互为交叉。比较"情境"和"情景""意境""环境"的异同,对理解情境教育之"情境"有很大裨益。

---

① 顾明远.李吉林和情境教育学派研究[M].北京:教育科学出版社,2011:167.
② 李俊红.数学教学情境创设的理论与实践探索[D].昆明:云南师范大学,2005.
③ 孙琳琳.高中数学情境教学研究[D].长春:东北师范大学,2008.

1. "情景"与"情境"

"情景"和"情境"都含有"情",组合意义有相似之处,但也存在差别。"景"是一个实景片段,一个背景素材,或是对某一场景、景物的描述。"境"原为"竟"。在先秦,"竟"多指土地的疆界,后来逐渐衍生出"境"。段玉裁注解《说文解字》"竟"字:"曲之所止也,引申凡事之所止,土地之所止,皆曰竟"。此处,"竟"的引申义"凡事之所止",可指客观实在物发展的阶段,如"乐曲的终结""土地的疆界";也可指"凡事之所止",如思想精神等抽象思维或情感所达到的领域。可见,"境"既指客观存在的一面,又有虚幻的一面;既可以是物质的,又可以是精神的,而且还包含着主观对客观的感受功能。[①] 如此可见,"情景"和"情境"的"情"来源不尽相同。"情景"之"情"是由外界的景物引起,而"情境"之情是源于现实的客观实际或源于建构的虚幻,物质或精神等多方面的境界、境况。"情境"由客观存在的多种环境、景物,与主体面对这多种环境、景物所产生的不同情感,甚至其所隐含的氛围构成。

从内涵看,情景是一种客观静止的存在,是单一、具体、直观的,是"某一特定的时间和空间中的具体情形"[②];而情境是运动中的,是综合的,复杂的,是"某一段时间和空间许多具体情形的概括。"[③]可见,"情境"一词比"情景"的时空范围要大,更有深度。换句话说,"情景"是"情境"的组成部分,"情境"依赖于"情景","境"中有"景"。

2. "意境"与"情境"

王昌龄是第一个在美学意义上使用"境",并创造了"意境"这个词。他在《诗格》中指出"诗有三境说":一曰物境,欲为山水诗,则张泉石云峰之境,极丽绝秀者,神之于心,处身于境,视境于心,莹然掌中,然后运思,了然境象,故得形似。二曰情境,娱乐愁怨,皆张于意而处于身,然后驰思,深得其情。三曰意境,亦张之于意而思之于心,则得其真矣。王昌龄把"物境""情境""意境"并立为三大审美形态。[④] 但他的重点在"境"。"意境"是"境"的一种,与"物境"、"情境"一样属于审美客体。

何为"意境"?"意"非实有之"物",具有模糊性、多变性、广泛性,难以量化、难以区

---

① 陈静. 意境化课程研究[D]. 重庆:西南大学,2009:9.
② 姜大源. 职业教育:情景与情境辨[J]. 中国职业技术教育,2008(25):1.
③ 姜大源. 职业教育:情景与情境辨[J]. 中国职业技术教育,2008(25):1.
④ 吴功正. 坚守文化自信,扩容传统美学——李吉林情境教育论的启示[J]. 中国教育学刊,2018(8):69.

分、难以表达。① 它是一种审美的境界,也是精神的境界乃至生命的境界,是"作者的主观情意与客观物境互相交融而形成的艺术境界。"这样的艺术境界是"让读者沉浸其中的想象世界"②,它具有情景交融、虚实相生、韵味无穷和呈现生命律动的本质特征,集中体现了华夏民族的审美理想,成为抒情文学形象的高级形态,及艺术至境追求③。"情境"包含"情"和"境",情由境而生,而境是有情之境。它由一个个"情景"组成,艺术的、审美的"意境"是"情境"的至高追求。

3. 环境与情境

《汉语大词典》中关于环境的内涵如下:①周围的地方。②环绕所管辖的地区。③周围的自然条件和社会条件。④ 即环境是围绕在事物周围,对事物产生影响的因素的总和。换句话说,个体以外所面临的、所感受到的一切,就是环境。

不同学科对环境的界定侧重点不同。哲学中的环境是指与某一中心或主体相对的客体。即与某事物有关的所有周围事物。在环境科学中,环境是指"围绕人群的空间及其中可以直接间接影响人类生活和发展的各种自然因素的总体,是由众多要素(大气、水、土壤等非生物要素与动物、植物等生物要素)组成的复杂体系"⑤。心理学认为,环境是"个人的生活场或影响个人的事物整体或其中的一部分",从不同角度可分为"生前环境和生后环境、内环境和外环境"⑥。教育学中将环境定义为:直接或间接影响人个体的形成与发展的全部外在因素,具体包括:先天环境即胎内环境、后天环境即自然环境和社会环境等⑦。

虽然各领域界定不同,但都包括以下几个方面:首先,环境是相对于一定的人、事、物或活动的外部条件。如果把一定的事物或活动视为一定中心项的话,其外部的影响因素就构成了相关的环境。其次,环境是所有外部因素和条件的总和。且环境各因素

---

① 王海铝. 意境的现代阐释[D]. 杭州:浙江大学,2005:15.
② 陶文鹏. 意象与意境关系之我见[J]. 文学评论,1991(5):57.
③ 陈静. 意境化课程研究[D]. 重庆:西南大学,2009:17.
④ 罗竹风. 汉语大辞典[M]. 上海:汉语大词典出版社. 1989:640.
⑤ 谷传华,张文新. 情境的心理学内涵探微[J]. 山东师范大学学报(人文社会科学版),2003(05):100—101.
⑥ 谷传华,张文新. 情境的心理学内涵探微[J]. 山东师范大学学报(人文社会科学版),2003(05):101.
⑦ 顾明远. 教育大辞典(第一卷)[M]. 上海:上海教育出版社,1990:34.

之间存在着相互联系、相互制约、相互影响的关系。再次，任何环境都是一定事物的环境，一定的事物也必然有自己相应的环境体系。①

环境与情境有相通之处，也存在不同。环境是人之外的一切，包括人意识到的和未意识到的，对人产生影响的以及未产生影响的。情境更关注人意识到的环境，更强调与主体人发生关联的环境。是一定时间内，各种情况结合的境况。情境教育之"情境"，是"人为优化的环境"，强调了作为主体、中心的人与环境的互动、互惠。

情境教育之"情境"来源于外语教学法中的"情景"，从中国古代文论汲取营养，由"情景"组成，又高于"情景"。艺术的、审美的意境是它的追求。受马克思主义哲学"人与环境"的关系的启迪，后又将情境界定为"人为优化的环境"。这种环境蕴含了教育目标，充满美感和智慧，激发儿童潜能和主动性，促使儿童能动地活动于其中，促使儿童全面发展。

（二）情境教学

我国最早提出"情境教学"并进行长期探索的是当代著名儿童教育家李吉林。她于1978年开始情境教学的实验，并在《情境教学的探索过程及其理论依据》一文中首次对"情境教学"进行了界定："情境教学是遵循反映论的原理，充分利用形象，创设典型场景，把认知活动与情感活动结合起来，引导学生从整体上理解和运用语言的一种教学。"②最初，情境教学是语文学科的一种教学方法。随着探索的深入，李吉林进一步完善和拓展情境教学的概念。1997年，她在《为全面提高儿童素质探索一条有效途径——从情境教学到情境教育的探索与思考（上）》一文中对"情境教学"进行了再定义："创设典型场景，激起儿童热烈的情绪，把情感活动和认知活动结合起来的一种教学模式。"③相比第一次界定，此次定义存在两处变动。首先，从教学方法发展为"教学模式"。从原来语言教学的一种具体教学方法，发展为一种有理论依据，有指导思想，在教学实践中基于教学形式和方法的系统综合的教学模式。既运用在语文阅读、作文课堂教学中，以提高学生的语文知识教学，又注重学生在语文学科学习过程中审美、情绪情感等素养协同发展。其次，"认知活动"与"情感活动"的位置发生变化。首次界定

---

① 崔艳艳.我国普通高校体育教学环境研究[D].石家庄:河北师范大学,2012:35.
② 李吉林.情境教学的探索过程及其理论依据[J].江苏教育,1987(23):11—13.
③ 李吉林.为全面提高儿童素质探索一条有效途径——从情境教学到情境教育的探索与思考（上）[J].教育研究,1997(03):33—41.

将"认知活动"前置,"情境教学"是作为认知活动的一种手段,情感活动为了更好地"认知",第二次界定将"情感活动"前置,突出情感活动这一重要任务,把发展儿童的情绪情感,培养儿童的审美等作为情境教学的目标。

(三) 情境教育

李吉林是"情境教育"概念的唯一提出者。了解"教育"一词的内涵,有助于理解"情境教学"至"情境教育"的真正转变。"教育"的内涵至少有三义:第一义为本义,指"善"的影响,使人善良;第二义指使个人完善发展,为教育的转义;第三义指使个人成为完善发展的社会人,为第二义的转义。表明教育本来与道德同源,在其演变过程中,才逐渐同道德分离,但又未完全摆脱道德的影响。[①] 李吉林指出,情境教育是依据马克思关于人的活动与环境相一致的哲学原理构建的。人为优化环境,促使儿童在现实环境与活动的交互作用的统一和谐中,获得全面发展[②]。情境教育就是统整各种育人因素于情境,促使个人完善,最终成为完善发展的社会人。如图 2 所示。

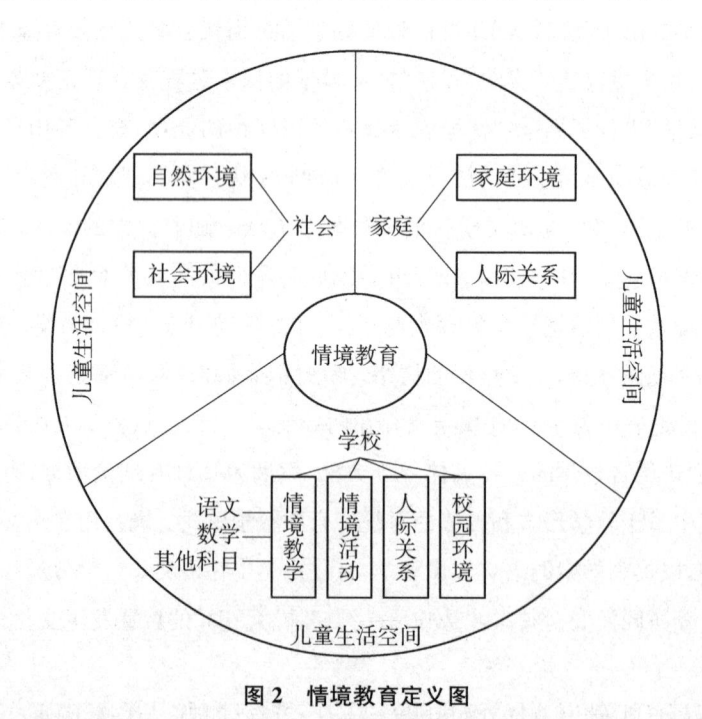

图 2 情境教育定义图

[①] 陈桂生.教育原理[M].上海:华东师范大学出版社,2012:161.
[②] 李吉林.情境教育的诗篇[M].北京:高等教育出版社,2004:191.

导　言

和情境教学不同,情境教育的地点不仅仅局限于学校,还拓展至社会和家庭,几乎涵盖儿童生活的所有空间。学校内的教育不仅仅包括语文、数学、思想品德等各科教学,还包括各种情境活动——"亲助和"的人际关系的营造,"洁美智"校园环境的创设。社会层面,既向"人类的智库"——大自然学习,也从多彩的社会生活中汲取营养。家庭层面,建议营造"亲美智"的家庭环境和家庭成员间的人际关系。情境教育不仅关注有目的的、显性的影响,还关注有目的的隐性的熏陶和感染。总之,情境教育将多种环境整合在一起,从课堂教学走向课外活动,从校园内走向校园外,追求整体的教育效果,其目标直指人的发展和完善。

因此,本研究认为,情境教育是对情境教学的进一步深化和拓展。与情境教学相比,情境教育具有以下几个新的特点:教育空间得到拓宽,不仅关注课堂、学校,还关注家庭、社会;实践和理论的视野拓宽了,不仅关注知识技能的学习,还关注情感的熏陶……此外,原理构建加强了,还开发了情境课程,实现教学课程一体化。[①]

(四) 情境课程

课程的定义众说纷纭,大致可以归为三类:课程作为学科、课程作为目标或计划以及课程作为学习者的经验或体验。[②]

情境课程从儿童、知识、社会三个维度,借鉴哲学、科学、文化的理论成果,既关注学科内容,构建了学科情境课程;又关注学习者的经验与体验,构建了主题大单元课程、幼小衔接课程、野外课程。既关注学科教学的显性课程的构建,同时也关注教育教学环境等构成的隐形课程。它"将知识的系统性、活动的操作性、审美的愉悦性融为一体,强调以特定的氛围,激起热烈的情绪,在优化的情境中,促使学生主动地参与。[③]"

李吉林认为,情境课程是情境教育的载体,是在情境教育实验过程中产生的。为了叙事的连贯性和一致性,本研究将"情境课程"放入"情境教育"部分阐述。

---

① 田慧生.情境教学——情境教育的时代特征与意义[J].课程·教材·教法,1999(07):19—20.
② 张华.课程与教学论[M].上海:上海教育出版社,2000:67—68.
③ 李吉林.为全面提高儿童素质探索一条有效途径——从情境教学到情境教育的探索与思考(下)[J].教育研究,1997(04):59.

四、研究目标及方法

（一）研究目标

本研究拟重点研究以下三个问题。

第一，情境教育是如何产生，并发展成具有中国特色的教育理论的？

第二，情境教育如何立德树人，具有何种独特的育人特质？

第三，李吉林是如何从一位小学语文老师成长为一位教育家的？

围绕这三个问题，本研究确定如下研究目标。

目标一：研究情境教育的发生根据、阶段特征，以及成为中国本土教育理论的关键要素，为其他本土教育理论成长提供借鉴。

目标二：论证情境教育立德树人的全过程，挖掘情境教育的特质及其独特的育人优势，揭示优质教学的育人规律。

目标三：解析教育家李吉林的成长规律及其所具有的特质。

（二）研究方法

"研究方法"可以从三个层面进行探讨：一是方法论，即指导研究的思想体系，包括基本的理论假定、原则和思路等；二是方法或方式，即贯穿于研究全过程的基本程序、原则和风格；三是操作技术，即在研究中具体使用的手段、工具和技巧。[①] 此部分将重点介绍后两者。

本研究采用质的研究方法。"质的研究方法是以研究者本人作为研究工具、在自然情境下采用多种资料收集方法对社会现象进行整体探究、使用归纳法分析资料和形成理论、通过与研究对象互动对其行为和意义建构获得解释性理解的一种活动。"[②]质的研究有很多研究路径，如民族志、现象学研究、叙事探究等，本研究主要涉及质的研究路径有叙事探究、扎根研究。

叙事探究是本研究的主要方法。它尊重经验，以杜威经验的"连续性"和"互动性"作为解释基础。经验的"连续性"表明，当下的经验来自于其他经验，而且导致将来的

---

① 陈向明.教师如何作质的研究[M].教育科学出版社，2001：9.
② 陈向明.教师如何作质的研究[M].教育科学出版社，2001：12.

经验。经验的"互动性"则表明,人不仅是个体的,还总是处在关系中,总是处在社会情境中。叙事探究就是要努力去揭示经验的这些方面,从而达到对经验的理解和揭示。而接近"经验"的方式是"探究",即"到生活中询问、追问"。[①]

为了加入到叙事当中,研究者需要有足够长的时间待在那里,成为环境的一部分,与参与者肩并肩生活和工作,不仅体验可以观察到的、可以直接交谈的东西,而且体验没有说出的或者没有完成的事情。[②] 本人曾在情境教育研究所工作八年多,与李吉林老师朝夕相处,一起工作、生活,耳濡目染李吉林老师的行动话语,并参与到情境教育的理论和实践的研究之中,这为叙事探究提供了可能性。

叙事探究不仅聚焦于个体经验,还聚焦于社会、文化和机构叙事。[③] 在更大的背景中赋予经验意义。[④] 因此,本研究结合情境教育诞生和发展的时代背景,从"时间性""人和社会""地点"三个维度展开叙事探究。

本研究在叙事研究的过程中还穿插使用了扎根研究。扎根研究是基于质性资料发展理论的方法,研究者在研究开始前没有理论假设,而是直接从实际观察入手,通过原始资料的不断比较和科学分析归纳经验,然后上升到理论。因而,它主要是通过自下而上的路径来建立"实质理论",关注如何在全面搜集材料的基础上,找出表现教育现象的核心概念,然后通过联系构建相关的教育理论。本研究将从13节课堂录像中提炼情境教育课堂独特优势的理论模型,从22位情境教育走出的名师身上提炼出情境教育学派教师队伍的成长阶段以及因素等。

本研究运用的两种最重要的方法为访谈法和文献法。

搜集资料对于质的研究至关重要。访谈法是本研究资料搜集的重要来源。本人长期工作于研究所,是李吉林老师的助手之一。承蒙李老师厚爱,负责研究所与外界的联系和专家的接待工作,所以对李吉林老师生前的亲朋好友、专家老师比较熟悉,有

[①] D. 简. 克兰迪宁,F. 迈克尔. 康纳利. 叙事探究:质的研究中的经验和故事[M]. 张园,译. 北京:北京大学出版社,2008:20.
[②] D. 简. 克兰迪宁,F. 迈克尔. 康纳利. 叙事探究:质的研究中的经验和故事[M]. 张园,译. 北京:北京大学出版社,2008:73.
[③] D. 瑾. 克兰迪宁. 进行叙事探究[M]. 徐泉,李易,译. 重庆:重庆大学出版社,2015.
[④] D. 简. 克兰迪宁,F. 迈克尔. 康纳利. 叙事探究:质的研究中的经验和故事[M]. 张园,译. 北京:北京大学出版社,2008:21.

些还常有电话、微信联系。这为本研究的访谈以及多次访谈提供了便利。

文献法贯穿研究的始终，是本研究的基础性研究方法。通过文献研究，主要解决两个层面的问题：第一，全面搜集关于"情境""情境教学""情境教育"已有的文献资料，在全景把握文献资料的基础上确定本研究的研究内容和框架。第二，通过文献研究，挖掘优质教育的特质以及中国本土教育学发展的要素。

学术界对质的研究中是否应该使用和如何使用"效度"这一概念存在争议，但是，大家都同意的是，质的研究中"效度"是指一种"关系"，研究结果与研究其他部分（包括研究者、研究的问题、目的、对象、方法和情境）之间的一种"一致性"。即当我们说某一结果真实可靠时，实际上是指这个结果的"表述"真实地反映了在某一特定条件下某一研究人员为了达到某一特定目的而使用某一研究问题以及与其相适应的方法对某一事物进行研究的活动。这一表述比其他表述更为合理。[①] 为了保障研究结果能"真实"地反映研究本身，本研究采用三角验证、理论饱和度检验；整理访谈资料发给访谈对象检验；及时撰写反思备忘录等方式保障研究效度。

[①] 陈向明.教师如何作质的研究[M].教育科学出版社,2001:242—243.

第一章

李吉林的成长故事

实践总是特定时空中的实践,游离于特定文化与社会境脉之外的教育实践并不存在。一个人的生活经验、成长环境及经历,蕴含了她思想产生的原因以及其发展的动力。本章从李吉林出生的家庭、求学的历程以及探索前的实践经历等方面进行考察,寻找她精神发育成长的土壤,探寻情境教育发生和发展的精神源泉。

第一节 家庭生活:精神源流的最初河床

1937年,侵华日军制造了惨绝人寰的南京大屠杀,直至1938年6月。经过一年多的血雨腥风,中国许许多多的百姓过着食不果腹、衣不蔽体的日子。

1938年6月10日,李吉林在南通"富贵巷"出生。她出生时,父亲李霞成梦见自己来到一片青翠林子,林子上空飘着象征吉祥的五彩瑞云,于是为她取名"吉林"。生活于日军铁蹄下的千万难民为了生存努力奔波,李吉林一家也未能幸免。为了能让一家老小存活下来,父亲李霞成没日没夜地劳作。长期过度劳动让他的身体过早衰竭,积劳成疾,患上哮喘病。一天,日本鬼子抓他去做劳工,咳喘不息的他表示拒绝,遭到了一阵枪托的捅打,不久便辞别人世,李吉林那年刚刚五岁。父亲的去世让本就贫困的家庭更加举步维艰,幼小的李吉林就在这样的环境中艰难地成长着。

所幸,出生于战乱,在贫苦中艰难成长的李吉林仍拥有坚强的母亲、仁慈的奶奶、乐观的叔叔,他们用无私的爱和担当,以及顽强乐观的精神拉扯李吉林长大。他们的精神气质深深影响着李吉林,成为她精神源流的最初河床。

一、母亲教给她自尊、坚强和勤奋

李吉林的母亲名叫李庄淑,人如其名,贤良端庄。她读过初中,年轻时还曾游历各地,喜欢阅读报刊,关注各种新鲜事物。

李吉林父亲临终前嘱咐母亲:"吉林是天赐给我们的女儿,你一定要供她上学。"母亲谨记丈夫的嘱托,将培养李吉林看作是人生的全部意义。丈夫去世后,她竭尽全力抚养李吉林,帮着李吉林的叔叔做金银加工。那时生意不好,连糊口的饭钱都难挣到,她又去帮人家洗衣服、做缝补，贴补家用。她用弱小的身板，坚强地扛起了整个家，让李吉林健康成长着。

生活的艰辛、工作的劳累并未让李吉林的母亲放弃对女儿的教育，相反，无论生活多么拮据，她都要挤够李吉林读小学的学费。2017年的母亲节前夕，李吉林在《母亲的"谚语式家教"让我受用终身》一文中，回忆了母亲用简练、通俗的谚语对她进行的教育。

李吉林母亲对她的教诲全面而深刻，既关注"品"也关注"学"。道德品行的教育主要有"人穷志不穷"，即使身处困境，也不能丢失志气；"不做亏心事，夜半敲门心不惊"，做人做事对得起良心，光明磊落；"受人之托，忠人之事"，接受了别人的委托，就要尽心尽力完成。"君子之过，如同日月"，不隐瞒不遮掩自己的过失。"小人得志乱猖狂"，在得到一定的社会地位后，只有小人才会表现得异常嚣张；母亲还关注对她学习品质的引导。如不能"三天打鱼两天晒网"，工作、学习要有恒心，长期坚持；"匡衡凿壁借光""头悬梁""锥刺股"，工作学习要有勤奋苦读的精神。李吉林谨记母亲的教导，格外自尊和自爱，有责任感，从上学到做课题、写专著，每当遇到困难，都坚持不懈，从不半途而废。当李吉林取得了一个个荣誉称号，获得了一项项大奖时，她也从来不骄傲不自负，永怀谦卑之心，自觉检省自己，用她自己的话来说，"无论如何也不愿意成为乱猖狂的小人的"[1]。

母亲是儿女的第一任老师，更是终身的教师。儿女在家庭中养成的优秀品质，影响他们日后的价值观念和行为方式。正如苏霍姆林斯基所说："孩子道德发展的总起源和最细微的总根，就在母亲的智慧、情感和精神的激情之中。一个人的自身道德发展会成为什么样，这要看他的母亲在这方面如何，确切些说，要看他的母亲精神世界里的爱与意志和谐程度如何。"[2]李吉林母亲在困境中挺直腰板，用单薄的双肩努力支撑着生活的不易。这种在逆境中顽强抗争的精神深深地影响了孩童时期的李吉林。"正是母亲的坚韧、勤劳、抗争的品格无声地感染着我，鞭策着我，使我从小就不服输、不怕难，也并不因为自己是个女孩子就甘心落于人后。[3]"同时，母亲"人穷志不穷"的教导

---

[1] 李吉林.母亲的"谚语式家教"让我受用终身[N].光明日报，2017-05-06.
[2] 苏霍姆林斯基，蔡汀.苏霍姆林斯基选集（第2卷）[M].北京：教育科学出版社，2001：278.
[3] 教育部师范教育司.李吉林与情境教育[M].北京：北京师范大学出版社，2015：1.

深深影响了李吉林,使她成为一个面对困难永不服输、怕被"庸碌"和"软弱"所困的坚强女性。即使在极度苦闷和惶恐的文革中,李吉林也没有沉沦,选择顽强地与命运抗争。

二、叔叔给予她最初的艺术熏陶

给予李吉林童年深刻影响的,还有她的叔叔。父亲去世后,手头并不宽裕的叔叔总会默默地资助李吉林和她的母亲。叔叔家有五个孩子,加上李吉林共六个孩子,算起来全家十二口人。虽然生活拮据,然而,乐观向上的叔叔总是想方设法使生活过得有滋有味。李吉林父亲在世时很喜欢戏剧,尤其是京剧,还具有戏文过目不忘的天赋。叔叔也喜欢唱戏,走到哪唱到哪。生意稍微好一点,手头稍微宽裕一些,就带他们去戏院看精彩的戏。有空的时候,就给一群孩子讲他从戏里看来的故事:白蛇娘娘和许仙,林冲风雪山神庙……在叔叔的熏陶下,李吉林对各种故事充满兴趣和向往,对戏剧也有一种朦朦胧胧的爱。

戏剧语言的留白、道具背景的粗略总带给观众无限的想象,爱戏剧的人常常能通过想象在脑海中重塑各种画面,深受影响的李吉林也十分善于想象。幼小的脑袋常常充满着对未知世界的幻想。小时候,由于家境贫寒,所住的房屋又矮又小,墙壁上的石灰粉常常脱落,可这斑驳的墙壁,却给儿时的李吉林带来了无穷的乐趣。当她一个人躺在床上的时候,常常将斑驳的墙壁想象出披着袈裟的和尚;想象破损墙上的年画中的小女孩,会骑着大白马去哪些地方,会不会来到一个有风琴的木屋……[①]

寄托着对美好、对自由艺术的向往,成了李吉林成长的重要养料。李吉林常常徜徉于想象的世界,追求自由和美好。小鸟是自由的化身,因此,李吉林将其女取名"燕妮",其子取名"飞鸣"。这种对艺术的热爱也潜移默化地影响了她的孩子们。女儿成长为南通师范学校一名美术教授,儿子是中国插画花艺大师,孙女刘春辰获得亚洲皮草设计大赛女装设计大奖,外孙于法国摄影专业毕业。

童年熏陶起来的艺术兴趣,对美的追求和不可遏制的想象力、创新能力,在李吉林探索小学语文情境教学的过程中起着举足轻重的作用。

---

① 教育部师范教育司.李吉林与情境教育[M].北京:北京师范大学出版社,2015:2.

三、奶奶的善良培养了她悲悯仁慈的情怀

在艰难的日子里，给予李吉林人生慰藉和温暖的另一个人就是她的奶奶。奶奶非常慈祥，特别疼爱没有父亲的李吉林。李吉林去上学，奶奶每天都在门口等着她。每天晚上，奶奶总是边帮李吉林做鞋子，边陪在做作业的李吉林身边。李吉林也非常依赖奶奶，每天放学回家第一个喊的人就是奶奶，学校里发生的趣事，她第一个要告诉的人也是奶奶。祖孙两人相互依偎，互相影响。

慈爱的奶奶同情穷人。虽然家境拮据，但只要看到拖儿带女上街讨饭的乞丐，总要给他们盛上一碗糙米饭，或者塞给他们几片馒头干。她说："谁不要脸面呢？真的到了拖家带口向人伸手的时候，一定是走投无路了，人心都是肉长的，将心比心，谁愿意这样苦，这样难？人家都到了这个境地，不帮人家，就不近情理了。"

"奶奶离我半个世纪了，但她留给我的同情心和爱，却一丝一毫没有忘却。"奶奶的悲悯情怀，几乎完完全全地遗传给了李吉林。

一天在上班路上，李吉林看见一位卖菜的老人在路边哭泣，因为她收到一张一百元的假币。李吉林立刻意识到，老人相当于把辛辛苦苦种出来的菜白送给人家，还又给了人家九十几元，于是立刻从口袋里拿出了一百元给老奶奶。李吉林对笔者说："老人今天心情或许会好些。首先，她失去的钱找回来了；同时，她会想，她今天遇到一位好人。"笔者听完很动容，不仅动容于捐出的一百元，更动容于李吉林老师能站在对方立场，揣摩对方心理，以及超强的共情能力。

南通师范学校第二附属小学对面有一个卖烧饼的奶奶，他的孙子得了白血病，儿媳妇离开了家。李吉林得知后，心生怜悯，向学校反映，还自己带头捐款，并且号召全校师生捐款。当拿到首届国家基础教育教学成果奖奖金后，李吉林老师捐款一万，同时为照顾奶奶的生意，买了烧饼发给全校老师以及后勤人员。

整日生活在李吉林老师身边的我们，亲眼目睹她几十年前的衣服仍然舍不得扔掉，也常见到她的衣、裤、袜上的补丁。然而对于弱者，她却异常慷慨，怀有仁慈心肠，给予他们眷注、关怀和支持。她不仅是伟大的教育家，更是一个伟大的人道主义者！或者说，是人道主义精神促使她为了未成年人——儿童的幸福成长奉献毕生，最终成了伟大的教育家。

四、大自然培育了她对生活的无限热爱

苦难的童年没有浇灭幼小的李吉林对生活的热爱之情。她没有因为童年缺失精致的洋娃娃、各种"汽车"积木等玩具而哀叹丝毫。

儿时的李吉林喜欢大自然,喜欢大自然中的无拘无束,常常投入大自然的怀抱体悟自由、自在。每到春天,放学回家后,李吉林就提着小篮子和几个小伙伴一起到河边、田埂去挖野菜当晚餐。天长日久,小小的李吉林挖出了经验,"枸杞新冒出的头最嫩,而荠菜开出了小白花就老了;马兰花一长一大片,不必一根一根地摘,可以一把一把地采;野苋菜则要小心地一片一片地摘,要不就要被尖尖的刺划着手"①。

大自然对小时候的李吉林来说,不仅是食物的来源之处,也是快乐的源泉。她和小伙伴挖野菜的同时,比赛采摘小野花,选"百花仙子"。"'野花小仙'们手拉手,围着'百花仙子'跳着,唱着……美丽的歌声荡漾在田野上空,兴奋的脸庞映照在小河中"②。

童年是一个人最接近自然状态的人生阶段,儿童坦率、好奇的天性及自发的观察和理解能力在大自然中得到发展。大自然给予李吉林的美感、收获让她无限依恋,这种依恋之情孕育出她日后的情境教育思想。

几十年后,在情境教学—情境教育的实验与研究中,那最初吸引并让她陶醉的美丽的大自然成为她多少年创造实践的原动力,某种意义上成了一种智慧的源泉。大自然曾经无私地赋予她最美丽的想象,赋予她自由的呼吸的广阔空间。若干年后,李吉林老师将孩子们也带到宽广的自然天地中。在她的教育随笔中,曾用无限深情的笔调描述这一美丽的瞬间:

这些年来,每当油菜花黄了的时候,我便带着孩子们奔向田野,投入春的怀抱。我也教他们认识野花,当然他们已无需挖野菜了,也全不知道戴油菜花环的"百花仙子"。他们兴致勃勃地寻找、观察各种知名的、不知名的野花,感受野花不要人播种、浇水、施

---

① 教育部师范教育司.李吉林与情境教育[M].北京:北京师范大学出版社,2015:2.
② 李吉林.李吉林文集(卷一)[M].北京:人民教育出版社,2006:404.

肥的无穷的生命力,从中领悟"野花虽小却很美,而更主要的是品格美"的哲理①。

李吉林老师带领学生投入到大自然这片宽阔的成长天地中,寻找、观察、感悟。将他们的视野从书本转移到"人类的智库"——大自然,将大自然曾经无私馈赠于她的,又同样馈赠给她的孩子们。

1978年实验开始之初,李吉林就带领孩子走出课堂,观察大自然,了解大自然,释放天性,让大自然的美丽激起孩子们自由活动的冲动。"他们欢呼着,跟着放飞的风筝奔跑、蹦跳;张开捕虫网,在油菜花儿盛开的田地上,捕捉多种奇异的彩蝶;在高高的田埂上,饱览田园风光;在小册上画上春的美景:远山、田野、河边的小路,还有那蜂蝶眷恋的油菜花儿;在弯弯的小河旁,捧着小瓶小罐,耐心地捕捞甩着长尾巴的小蝌蚪,偶尔还能捉住躲在洞穴里的指甲般大小的螃蜞,然后趴在地上细细研讨,蝌蚪怎么变成青蛙,螃蜞和螃蟹是不是一家……"②

李吉林带领儿童观察,从观察校园开始,然后走出校园,来到田野。早在1981年,李吉林带领儿童去野外寻找野花,认识野花,采集野花,感受野花的美。遇到一些不知名的野花,李吉林会请教中草药专家。最后以野花中的"蒲公英"为主题,开展想象性作文"我是一棵蒲公英"的想象性作文教学。此后,又带领学生观察弯弯的小河,美丽的田野,喷薄的日出……

正是在大自然中最早激起的发现的快乐和创造的主动性,激励着李吉林在教学中好奇、寻找、摸索、发现,从中汲取着人生的智慧。

第二节　求学历程:为梦想启航奠基

我们将视线转向李吉林所接受的学校教育,会发现她的学校教育经历既包括传统的学堂,也包括现代的学校,且主要是受现代学校教育的影响。早年的教育经历是宝

---

① 李吉林.李吉林文集(卷一)[M].北京:人民教育出版社,2006:404.
② 李吉林.李吉林文集(卷一)[M].北京:人民教育出版社,2006:404.

贵的资源,这一资源为她应对日后的教育挑战提供了帮助,尤其是曾受过良好传统教育和现代教育的教师对李吉林产生很大的影响,既给予李吉林儒家的人生观,又没有禁锢她的思想。

一、小学:在资助中求学

关于小学,李吉林的记忆有些模糊,散落在各本书中的材料也有限。笔者穷尽所有的资料,结合李吉林老师和我们的日常闲谈,理出了李吉林有限的小学记忆。

小学时,李吉林活泼好动,有些调皮。她经常和伙伴们踢毽子、跳绳,甚至打校园的杏子。可常常玩过头,出现流鼻血等症状,用南通的土话说,"玩伤了"。二年级时的一位老师,李吉林已经想不起她的名字,但是她的温柔和善,却让李吉林铭记了一生。李吉林"在幼儿园认识了风琴,它就成了儿时希冀的奢侈之物。"[①]有一天,这位细心的老师或许发现了李吉林看向风琴时眼中泛起的光亮,问小李吉林喜不喜欢弹风琴,李吉林诚实地表达了自己的喜爱之情。这位老师把小李吉林抱在腿上,弹曲子,"32135"……直至耄耋之年,李吉林还经常回忆起这一场面,用手比划弹奏着这一旋律。李吉林成为老师后,风琴常常成为课堂教学的情境创设工具。李吉林弹琴,学生们或轻轻唱,或静静听,一个美妙的情境就生成了。

后来,因为家里太穷,付不起学费,李吉林不得不转学到一个慈善学校——仿仁小学就读。在那里,她遇到了给予她一生影响的陆宝珊老师和田元德老师。在李吉林心目中,身为校长的陆宝珊老师,有时更像他的父亲。他既教语文,又教数学,工作认真负责,在生活上对李吉林关怀备至,使早年丧父的李吉林得到一些父爱的慰籍。陆老师教学生热爱生命、热爱自然。仿仁小学里有一个大水缸,他带孩子们在水缸前面观察鱼,然后又和孩子们一起将鱼带到小河里放生。"你们看,鱼回到大自然,是多么地开心啊!因为在大自然里,它们可以自由自在地生活,那儿才是它们的家!"几十年后,李吉林还能回忆起当时的场面。

陆老师的外甥田元德是南通师范学校的高材生,他到学校里来实习,非常喜欢小学生,送给学生们一只很大很大的皮球,孩子们开心极了!他还教学生学打腰鼓、化

[①] 教育部师范教育司.李吉林与情境教育[M].北京:北京师范大学出版社,2015:2.

妆、画画、朗诵、唱歌。尤其是化妆,一会儿工夫,就变成了戏里的人物,这在孩子们的眼里神奇极了!这一切对年幼的李吉林影响很大,她很羡慕田元德,她也想当一位像田老师那样,什么都会,本领高超的老师,有一群小朋友们跟着,一起学习、游戏!于是,当一名有本领的老师就成了当时李吉林的理想。放学后,在弄堂里和邻居小朋友一起做游戏的时候,李吉林总是喜欢扮老师,拿着竹子做的教鞭,手捧一本图画书,"小教书先生"当得有模有样。

因家境贫寒,上到小学五年级,在母亲求亲戚、拜熟人无果后,李吉林再次面临辍学的危险。正值此时,南通解放,人民政府出资让贫苦孩子继续受教育。靠着人民政府的救济和学校给予的人民助学金,李吉林又有机会继续学业。

"孩子,你要记住,是谁救了我们!是谁让你读书!"母亲在李吉林幼小的心灵中首先播下了爱国的种子。目睹新中国发生的天翻地覆的变化,又身受厚恩,李吉林对党和祖国的爱从此扎根。她在考察日本途中的日记中写道:"第一次离开祖国,第一次亲身体验到思念祖国的情感,竟是这样的庄重,这样的强烈。看到日本的物质文明,多么急切地希望我的学生一个个快快长成栋梁之才,去建设自己的祖国。我在心底呼唤着:祖国,母亲!您的儿女一定能让您强盛起来,屹立于世界民族之林……"①这种深情,即使经历十年浩劫,受尽艰难苦楚,也没有动摇。这种"情",在她以后的教育事业中化为对祖国接班人——孩子们的爱。

二、中学:沐浴师爱成长

1950年,年仅12岁的李吉林考进了南通女子师范学校(以下简称女师)初中部。

据李吉林回忆,女师初中部的校园整洁,各种运动器械齐全。她特别喜欢女师的氛围:由于都是女生,大家毫无顾忌,上课可以大胆表达自己的观点,因为没有男孩子笑话;下课了也可以尽情地奔跑,不会顾忌撞到男孩子,也不会担心被莽撞的男生撞,校园里、教室里都是姑娘们的欢声笑语。女师给大家提供了一个无拘无束,自由开放的天地。②

---

① 李吉林.李吉林文集(卷八)[M].北京:人民教育出版社,2006:24.
② 李吉林.李吉林文集(卷八)[M].北京:人民教育出版社,2006:462.

女师的老师令李吉林铭记终生。初三时,李吉林的新班主任叫李传椿,这位新班主任"表情呆板、严肃,觉得不可亲近",但却是李吉林自懂事后遇见的记忆深厚的启蒙老师之一。

李传椿是一位仁慈敦厚的老师。有一次春游途中,李吉林和班级同学为了到达山顶的冠军属谁激烈争吵。刚担任班主任的李传春老师走过来,没有为了树立自己的威信而给他们下马威,而是用并不十分严厉的语调说:"山上山下,天地如此广阔,为这点小事,吵得面红耳赤,和这青山绿水协调吗?"说着,视线转向大家说道:"狭小的胸襟,除了自己,是什么也装不进去的。"恳切而又有分量的话语让大家羞愧不已,一个个默默地低下了头。李老师接着带领大家来到望江亭,他指着滔滔的江水,意味深长地说:"你们看,浩浩荡荡的长江,千百年来为什么日日夜夜奔流不息,气势如此磅礴?那是因为它所追求的是比它更宽阔的大海……"那天的李吉林深受教诲,觉得老师在她的心田写下了一首富有哲理的小诗。从那以后,她渐渐地爱上了语文,开始走近曹雪芹、雨果、普希金等名家的作品。①

几十年后,李吉林多次撰文怀念李传椿老师。在《光明日报》上发表随笔《是教师,也是诗人》说,许多年后,每当自己作为一位教师和学生站在一起的时候,就会联想到当年李传椿老师和她们在一起的情景,"总是怀着崇敬的心情,怀念着我的老师——李传椿先生,并催我努力像李老师那样,精心地在块块纯洁、稚嫩的心里,写着一首首小诗……"②在发表于《南通日报》的《老师,让我学会当老师》一文中回忆道:"班主任李传椿先生,不仅课上得精彩,作文批得精当,而且非常热爱学生,常与我们促膝谈心。他渊博的知识,挥洒自如的教学风格,给我极深的影响。"在发表于《人民教育》上《微妙的工程——致恩师》中回忆了李传椿先生不仅书教得好,还对学生关怀备至,常与学生谈梦想,谈人生。他身上流露的学者气质,展现的宽阔胸怀,对李吉林产生了深刻的影响。而他对于家境贫寒的李吉林的格外偏爱之情,在李吉林的心里日渐深切,感激之情日渐醇厚。③ 多年后,李传椿老师请李吉林去他后来工作的泰兴教师进修学校讲学,面对满礼堂的听众,李吉林建议主持人请李传椿老师到主席台就坐,以表示对李老

---

① 李吉林.李吉林文集(卷八)[M].北京:人民教育出版社,2006:438.
② 李吉林.李吉林文集(卷八)[M].北京:人民教育出版社,2006:439.
③ 李吉林.李吉林文集(卷八)[M].北京:人民教育出版社,2006:459.

师的尊重。

　　让李吉林不能忘怀的，还有林弥励老师。她是市一中的副校长，教李吉林生物。林老师上课从来不看书，也不看笔记，对教学内容烂熟于心。下课后，看到学生在花草丛中捉蝴蝶，便结合专业知识劝阻学生"蝴蝶的翅膀沾着有毒物质，不能捉"。李吉林初中毕业时，家里学费没有交全。然而欠学费的学生不能拿毕业证书，林校长不声不响地主动替李吉林交了学费，让她和其他同学一样，能够领毕业证书。李吉林非常感动，日后回忆起来常常热泪盈眶：林校长交的不仅是学费，更是维护了一个穷学生的人格尊严。①

　　后来，做了教师的李吉林始终记着自己曾经是一个穷学生，是老师帮她渡过难关。她对班上家境困难的学生总是格外关爱。1998年12月，李吉林获得了"王丹萍教育奖励基金"，拿到奖金后，她第一个想到的就是那些父母下岗的孩子。年关在即，这些孩子会有困难吗？于是，李吉林召集来100名特困生，邀请他们参加"老师和我们心连心"联欢会，在联欢会上，她和学生们讲述了自己贫寒的童年，用自身的事例鼓励他们自尊、自立。联欢会后，她拿出自己的奖金给每个孩子送去一个新年礼包，还给每位学生征订了一年的《百家作文》。

三、女师：成长的摇篮

　　1953年，李吉林考上南通女子师范学校的师范部。南通女子师范学校是由近代著名教育家、实业家张謇先生创办。本着"女子教育不可无师""国民教育尤须有母"的认识，张謇与其兄张詧于通州城内柳家巷民宅设立公立通州女子学校，1906年增设师范班，改称公立通州女子师范学校，它是近代中国创办最早的女子学校和女子师范学校之一，是华东一带远近闻名的学校。李吉林受业于此，习得作为一名教师的各方面才能，树立终身从教的信念。

　　女师遵照中央教育部、江苏省教育厅的教学计划开设课程，三年制普师开设的课程有：语文及教学法、数学（代数、几何）及算术教学法、物理、化学及矿物学、人体解剖生理学、达尔文社会主义基础、自然教学法、地理及教学法、历史及教学法、政治、心理

---

① 李吉林.母校老师的爱成为我的财富[N].南通日报，1999-09-09.

学、教育学、学校卫生、体育及教学法、音乐及教学法、图画及教学法、教育实习等。

女师以苏联教育理论及现有材料为借鉴,结合原女师的教育教学传统,编制教学大纲和教学要目。教师之间相互听课,共同讨论。成立各种课外研究小组,学习研究蔚然成风。非常强调业务学习,特别是强调教育学、心理学的学习研究。采用5级记分法评价,注重基础,经常考试;注重师范性,关注学生教育教学能力的培养,重视见习和实习的组织安排。

女师全面提高作为一名小学教师的思想素质、业务素质和身体素质。注重学生的能力培养,不提倡死记硬背。民国34年(1945年)制订的《教员服务须知》的通则中即规定"各教员应指导学生自习,并充分利用参考读物""各教员应充分应用实物、仪器、标准图表,以备学生观察与实验""各教员应指导学生课外阅读"等。学生学习勤奋,但是学习风气并不死沉,据李吉林回忆:"学校成立许多兴趣小组,每天下午第二节课后,即可根据个人爱好,到兴趣小组去施展各自的才能。每天的生活总是紧张而愉快的:早晨跑完八百公尺就到校排球队练习球;早、中、晚就餐时间,和几个同学在广播台播音。排练文娱节目,钢琴伴奏,演奏时自己化妆,样样都学。还自己创作舞蹈。那时编的《蓓蕾》《在那遥远地方》《纺织曲》等舞蹈,都在市里反复演出,有的还得了奖。现在回想起来,这些活动培养了我们作为一个小学生喜欢的老师应具备的才干。"[1]几年后,李吉林在语文教学中探索"情境教学",运用音乐、图画、表演等手段把学生带入情境,收到良好的效果,这也得益于当年在女师打下的文学艺术基础。

女师有一批优秀的教师,他们以高超的职业素养和爱心潜移默化地感染着学生。校长范北强是留学日本的高材生,副校长吴韵篁以优异的成绩毕业于国立东南大学(今东南大学、南京大学等前身)数学系,教育学老师袁哲曾留学日本早稻田大学,此外,古文字专家徐昂,出版家、作家李俊民,教育家顾贶予等长期担任女师教员。[2] 因此,李吉林在女师学习的五年中,所遇到的老师都功底深厚,博学多才,他们有的精通古诗词,有的擅长书法,有的精于文学创作,讲起课来旁征博引,纵横捭阖。

语文老师史友兰对李吉林的影响相当大。史老师当时44岁,对李吉林影响最深的首先是他的板书。李吉林回忆,史老师的字行中带草、苍劲而浑厚,李吉林第一次见

---

[1] 李吉林.李吉林文集(卷八)[M].北京:人民教育出版社,2006:464.
[2] 丁伟.李吉林的教育人生[J].江苏教育,2020(8):9.

到史老师的字就被吸引,偷偷地在膝盖上用手临摹。史老师改作文,全是毛笔,看批改,既可以领悟习作指导,又可以欣赏书法之美。史老师书法的气势和风韵一直留存在李吉林的脑海中。为了能练得一手漂亮的字,李吉林拿出小学时用过的作业本,从横、竖、撇、捺基本笔画练起,功夫不负有心人,终于写得一手大气磅礴的字。还有一件事令李吉林无限感恩。李吉林曾写过一篇名为"雨夜"的作文,史老师的总批写了满满一页,对这篇习作给予充分的肯定,并且在文章最后殷切鼓励:"只要勤奋刻苦,日后必前途无量。"这句批语深深地震撼了青春年少的李吉林,她一遍又一遍地读着老师用苍劲有力的毛笔写出的一百多字的批语,心中阵阵暖流涌起。她从批语的字里行间读出了鼓励,读出了她想都没有想的未来。这篇批语点亮了她人生远方道路上的一盏灯,此后,她不再顽皮贪玩,迈上了勤奋刻苦的新台阶。自那以后,她在任何情况下都不敢对学业、事业怠慢疏忽。① 多年以后,李吉林回忆起此事,仍充满感激地说:"现在想起来这种殷切的期待,终究产生了'期待效应'。"②

李吉林上师范时的校长是范北强,他于1949年至1956年任职期间,带领女师积极进行新教育改造,坚持面向小学,体现师范办学特点。范校长每天都早出晚归,非常关心学生。有一次,她看到李吉林穿衣很少,忙说:"快去加衣服,别着凉。"李吉林正在玩的兴头上,"嗯"了一声就溜开了,谁知过了一会儿,又碰上了范校长,李吉林连忙收脚立在范校长面前,垂下头。看着她仍然一身单衣,范校长脸上顿时现出几分愠色,李吉林连忙说:"范校长,我这就去加衣服。"③一名校长,为了一个不知名的学生的冷暖而生气,让李吉林感受到严格的慈爱。

任哲维先生是李吉林师范三年级时的语文老师。学生时代的李吉林比较调皮,上课喜欢做小动作。有一次语文课上,她在桌下"假弹钢琴",被任老师发现了,任老师正在教汉语拼音,他说:"'L'—'i'拼为'李',就是'李吉林'的'李'。"听到老师喊她的名字,以为是喊她发言,顿时茫然不知所措。任老师不仅具有独特的关爱学生的方式,还具有独特的教学主张。南通师范高等专科学校校史馆仍留存着他当年撰写的《我是怎样根据文艺的特征来改进文学教学的》一文,文章主张"要在美感上进行共产主义教

---

① 李吉林.李吉林文集(卷八)[M].北京:人民教育出版社,2006:454.
② 李吉林.李吉林文集(卷八)[M].北京:人民教育出版社,2006:463.
③ 李吉林.李吉林文集(卷八)[M].北京:人民教育出版社,2006:464.

育,将德育和美育有机结合起来;要通过艺术特征的领会与掌握来培养和丰富学生的想象力"①。任哲维先生的教学主张影响了李吉林,是情境教育主张教学要具有艺术性,发展儿童想象力等思想的最初源头。

任老师讲课风趣,绘声绘色。他发现李吉林的才华,鼓励她将一篇感人的报道改写为剧本。"以为不过说说而已。过了几天任老师竟特意来问写了没有,于是,在以后的日子里,很害怕再碰上任老师。不过,一种朦胧的尝试创作的欲望,悄然萌生。此后,试着写歌词,自己学着谱曲子,以'晓溪'的笔名,把写成的歌寄出去,虽然是石沉大海,但那可算是创作欲望涌动下的产物呀!"②工作后,李吉林常常反思,撰写了大量的教学随笔、教学经验,"其实,也许任老师并不知道,我这'舞文弄墨'的创作热情,正是他播的种啊"。

"渐渐地,老师的教诲让我们知道'要明天当好教师,今天必须当好学生'。那时学苏联,实行五级记分制,每一个人都有一本记分册,倘有一个'4'分,就觉得不好受,心里不踏实,也常在僻静的地方去复习功课。也正因为如此,才能以22个5分的成绩毕业于女师。"③

多年后,当李吉林成为著名的特级教师,她经常强调:"是老师让我学会做老师。"这些老师教会她如何爱学生,教学生。她将对老师的感恩化作对学生、对所从事的小学教育事业的永恒的爱。

虽然没能读上大学,但李吉林也只有最初的一丝遗憾,自信而要强的她,昂首挺胸,走进她将为之奋斗近半个世纪的小学教育的神圣殿堂。在回首难忘的女师生涯时,她满怀深情同时又不无骄傲。

"女师,教我做人,育我师德。至今方才更明白,为什么人们常常把母校比作'摇篮'。是的,女师是我成长的摇篮。"④

"是南通女师奠定了我做人、做一名好老师的最深厚的基础。今天的一切,包括能在黑板上勾出的简笔画,包括能和孩子们一齐歌唱时弹奏风琴,包括能爱孩子,懂孩子

---

① 丁伟.李吉林的教育人生[J].江苏教育,2020(8):10.
② 李吉林.李吉林文集(卷八)[M].北京:人民教育出版社,2006:460.
③ 李吉林.李吉林文集(卷八)[M].北京:人民教育出版社,2006:465.
④ 李吉林.李吉林文集(卷八)[M].北京:人民教育出版社,2006:465.

心里在想什么,我们应该给予孩子什么,这一切,无不是南通女师给予我的。"①

第三节　初登讲坛:情境教育的萌芽

　　1956年,这一年正逢国家大发展。依据当时的规定,李吉林这一届师范毕业生可以考大学,进入高等学府继续深造。但为了能养活含辛茹苦的母亲,李吉林放弃了升学的机会,选择了毕业后直接工作。毕业后,她被分配至母校——原来的南通女子师范学校附属小学工作。女师与通师合并后,改称为南通师范学校第二附属小学。从此踏上了教书之旅。

一、"学生上了第一课"

　　南通师范学校第二附属小学(以下简称通师二附小)始建于1906年,已有百年的历史,是全国最早的师范附小之一,也是由张謇及其胞兄张詧先生捐资兴建。学校秉承张謇"对于现行制度,当酌准地方情形,弃瑕录瑜"的主张,增加课外活动。教师重视教学研究,参考杜威、道尔顿等教学理论,改良教学,许多学科的教材都由教师自编,增加乡土内容。另外学校还设有湖桑园,让学生参加农桑劳动。这些举措的实施,使得通师二附小在南通地方教育上占有举足轻重的地位。

　　1943—1970的二十七年间,缪镜心任南通师范学校第二附属小学校长。她是名儒缪篆之女,其子著名画家范曾在《芦荻波影——记我的母亲》一文中回忆,缪校长年轻时容貌端庄秀丽,很有才气。为人善良、谦谨,一辈子不曾对任何人发过一次脾气。她勤俭节约,一个铜子也舍不得自己享受,但是慨于解囊去援助那些更寒微的人。在她任职小学教师和校长时,培养了一代又一代的人才,赢得了全社会的尊重。新中国成立后,周恩来总理给缪镜心颁发政府委员任命书。1986年教师节,南通师范学校第二附属小学为纪念缪校长,建立了一座四层的教学大楼,用其名字命名,称"镜心楼";

---

① 一次访谈中提及。

校园花圃设有"镜亭",表示怀念。

缪校长是李吉林的第一个伯乐。当十八岁的李吉林以22门全科满分来到通师二附小时,缪校长对她充满期待和信任,安排她任教六年级。然而,即使是高材生,没有实践经验的积累,在讲台上也会受挫。哪怕后来成为教育家的李吉林也不例外。

1956年初秋的一个早晨,李吉林带着精心准备的课堂设计,满怀期待地来到教室。教室里坐满了学生,后排的几个学生有十五六岁。李吉林初登讲台,异常紧张,自我介绍如同背书。学生开始交头接耳,纷纷议论,课堂乱成一团。此后的很多天,都是如此。缪校长知道了,在上课时间就到李吉林执教教室巡视。可校长一走,教室里又像煮开的粥锅一般翻腾起来。放学后,一些淘气的男孩子还在校门口等李吉林,不远不近地跟着,齐声喊她的名字。李吉林一回头,他们便躲起来,接着一阵笑,又继续跟着走。有一回竟然跟她到家门口,吓得李吉林溜进小巷,从后门逃进了家门。

一个在学校经常得满分的高材生,在小学生的面前竟是如此狼狈。但生活锤炼出的勇敢和坚毅让李吉林不会轻言放弃。她决定把学生当作一本难读的书,慢慢去攻读。于是,她开始走近学生,了解学生的心理和兴趣爱好。课堂上,她想出许多办法,把课上得生动有趣,吸引学生参与。课间,和学生一起踢毽子。她运用女师学到的弹、跳、说、唱、画等才艺,开展丰富多彩的活动。和学生一起唱歌,帮他们排节目,和他们一起转"巨人步",甚至和男孩儿踢足球……渐渐地,学生们喜欢上了李吉林,喜欢上她的课。这让初获成效的李吉林信心倍增。转眼间一年过去了,学生快升中学了,毕业前夕,学生们成绩进步显著,对李吉林也充满了依依不舍之情。

几十年后的李吉林在日记里写道:"如今,眼前是鲜花,耳边是诗一般的赞颂。但是,谁能知道我教师生涯的第一页却写得这样狼狈,是学生给我上了第一课。它使我明白一个道理:师范的高分并不能简单地换取教师工作的成功。与小学里的学问相比,那点'学问'实在太浅薄了。于是继续做学生,刻苦学,不断琢磨……"[1]

---

[1] 李吉林.李吉林文集(卷八)[M].北京:人民教育出版社,2006:350.

二、"在小学里读大学"

当李吉林发现想当一名好教师,光靠在师范里学的知识远远不够时,她开始勤奋学习,把工作的小学当作大学,在教书的同时学习文化知识、教育学、心理学等各种知识……向书本学习,向专家学习,向有特长的知名人物学习,向同事学习,向学生学习……用她的话来说,"在小学里读大学"。

作为一名语文老师,要能在分析教材时做到透彻新颖,必须具备一定的文化修养。工作后不久,李吉林便搬进了学校的小楼,借来了大学中文系的教材,开始苦读。为了时刻保持旺盛的学习精力,磨炼坚忍不拔的毅力,她规定自己每天早晨五点半起床,洗冷水浴。即使在隆冬零下10度的日子里也从不间断,可谓"野蛮其体魄"。从中她也得到一个启示:"人的肉体能战胜寒冷,人的意志更可以让自己走出困境。"

李吉林不仅用坚强的意志挑战着身体的极限,在学习上也表现出坚强的毅力。她每天坚持黎明起床,来到校园的荷花池畔背书,背唐诗、宋词,背中外名家的诗篇。晚上阅读,读鲁迅、茅盾等中国名家的著作,以及莎士比亚、契诃夫、列夫·托尔斯泰、果戈里、车尔尼雪夫斯基等外国名家的著作,还摘抄了几本厚厚的笔记。[①] 丰厚的阅读量为她日后解读教材奠定了良好的基础。在业余时间,她还结合教学进行写作,创作儿歌、散文,写学生命题作文的范文,写教学经验总结。寒来暑往,从不间歇。"夏天有蚊子,就坐到蚊帐里写;冬天很冷,就把脚伸进塞满棉花、放了热水袋的箱子里[②]。"

随着工作年限的增加,李吉林的学习热情没有减弱丝毫,相反,越"教"越觉得"不足"。随着改革的步步推进,学习的强度和广度也日益增强。

李吉林扩大阅读的范围,读文学、心理学、教育学、美学,涉及国内外、近现代和古代。"文化大革命"之初,书籍很少,找书很艰难,尤其是中外名著,但李吉林千方百计地找书读。她专心通读了鲁迅的小说、散文、诗词和杂文,深受鲁迅作品的感染,尤其是鲁迅的战斗精神,给了她逆境中抗争命运的勇气与信心。她读心理学著作。当时心理学方面的著作很少,李吉林四处寻找,借书读。向别人借来一本大约八九万字的薄

[①] 李吉林.李吉林文集(卷八)[M].北京:人民教育出版社,2006:16.
[②] 李吉林.李吉林文集(卷八)[M].北京:人民教育出版社,2006:17.

薄的《小学生心理学》，边读边做笔记，还借了许多相关的书目进行阅读。读叶圣陶，读夏丏尊，读查有梁先生的著述"系统论"……为了有更多的时间学习，她放弃了自己喜爱的体育运动——打球，也拒绝了一次次外出讲座和疗养的邀请，用争分夺秒，只争朝夕的精神进行阅读。

后来，这种学习的精神深深感染了她身边的年轻人。"在研究所的日子，学习成为一种常态，敦促着我们不断进步。在李老师的倡导下，成立了理论学习小组。在理论学习上，她身体力行，成为我们年轻人的楷模。最令人称道的是，她的学习往往是结合自身实践来进行的，所以她每次的学习感言总是既有高度，又具有现实意义。在2002年4月12日的例会上，她谈了学习维果茨基理论的思考，2003年2月研究所的一次会议上，在交流假期读书情况时，李老师说她学习了李秉德的《一个老年教师的心声》，联系李秉德三十年代的'廉方教学法'实验，结合情境教育的实践，她提出了很多独到的见解。这种学以致用的学习方式，启迪我们在实践中遇到困惑时要善于向书本请教。"①

从年轻教师的回忆中，我们看到一个令人敬佩的、在实践中不断学习各种高深、前沿理论的李吉林。

除了向书本学习，她还抓住一切机会向他人请教。她定期到上海，请教刘佛年、杜殿坤等教授，到北京请教黄济先生。80年代，年近半百的李吉林听说上海人民艺术剧院的名演员陈奇来南通演出，还慕名前往观看，汲取经验。李吉林曾三次拜访陈奇，向她请教如何朗读课文，并且将自己的学习所得读出来，请陈奇老师提建议。当对方好奇于她的来访时，李吉林解释道，小学语文教师应该向演员学习语言表达的基本功。就是到晚年，已经成为教育家的李吉林，仍然没有停下学习的脚步，她学习脑科学，学习科学，教学设计等理论，如孩童一般对世界充满了好奇，怀有强烈的求知欲望。她感叹："世界这么大，新知识像浪潮涌来，永远只能抓一点芝麻，大西瓜是搬不动了。但能抓一点芝麻，总比两手空空要好得多。"难怪朱永新老师敬称她是一个真正的"老学童"。

就是这样，李吉林老师常常把自己放得很低，谦逊地、不倦地学习着。她经常诚恳地和专家、身边的老师说："一线的老师最缺的还是理论的指导，在这方面，我们永远是

---

① 成尚荣.我们是长大的儿童：情境教育中走出的名师[M].北京：教育科学出版社，2012.

小学生……"正如冰心所说,成功之花的绽放来源于芽儿们浸透了奋斗的泪泉,洒遍了牺牲的血雨。成功教育家不是仅靠天赋才华,不是靠偶尔上几节精彩的公开课或发表几篇文章,而是靠持久地、坚持不懈地学习,他们必须热爱学习,终身学习,博览群书,深入思考。没有深厚的知识基础和知识积累,是造就不出优秀的教育家的。

三、机会垂青有准备的头脑

由于深厚的知识积淀,扎实的教育教学技能,李吉林的课堂逐渐灵动厚实,得到了校长的认可,他认为"李吉林有培养前途",并一直默默地帮助、举荐她。

工作第一年,教育厅厅长来校视察,缪校长安排厅长听李吉林的课;省委宣传部欧阳惠林部长来校检查工作,缪校长让李吉林参加座谈会,发表意见。1958年,缪校长推荐李吉林到省教育厅编写教学参考书。这是李吉林事业发展的重要转折点。在编书期间,她遇到了苏州大学的著名教授范伯群先生,和《求是》杂志主编马莹伯先生。在与他们共同工作生活的两个学期里,李吉林被他们的治学精神深深吸引。范伯群带了很多书到南京,除了工作,其他时间他都在读书。有时候吃饭时,范伯群跟李吉林分享如何阅读和鉴赏文学作品,介绍自己如何研究现代文学的方法,还向李吉林老师推荐萧红和冰心的文学作品。范伯群的这种博览群书和刻苦钻研的精神对李吉林影响很大。马莹伯是研究苏联文学的,他有很多文学书,工作之余,李吉林就分批借来阅读。整整两学期,李吉林看了很多文学名著。

在此次教材编写中,李吉林还认识了生命中的重要伯乐——时任江苏省教育厅厅长的吴天石。吴天石,江苏南通人,毕业于南通师范学校,后考入无锡国学专科学校,早年于山东等地任师范教员。他积极从事国文教学的改革实践,后参加抗日文教宣传活动,成为党内较民主的高级领导干部。他有深厚的文学底蕴,有"苏中才子"之称,著有《漫谈国文教学》《教育书简》《汉字的故事》等。1945年曾与夏征农、沈西蒙合编有着广泛影响的大型历史剧《甲申记》,建国后筹建江苏师范学院(今苏州大学),后调至江苏省教育厅任副厅长兼党组书记、中共江苏省委宣传部副部长。在他主持江苏省教育厅工作期间,全力支持教育制度改革,强调教学改革"要坚持积极慎重的方针,一切通过调查研究,一切通过试验"。尤其对中、小学的教育、教学工作非常关心。他的基础教育观、语文教育观,对建国后基础教育影响深远。一九六二年,吴天石曾主持召开了常州会议,为中、小学和师范学校加强语文基础知识和基本训练制订出了详细的措施。

"大跃进"时期,全国各地普遍开展大规模的中小学学制改革试验。江苏省提出"三十六条",南通搞五年制改革,以女师一附(即现在的南通师范学校第二附属小学)为试点搞教学改革。李吉林从南京编完教学参考资料回来后,缪校长将她教的班定为重点班,搞"黑山经验"五年一贯制等一系列改革。在这期间,吴天石两次到南通视察工作,看望李吉林等当时搞五年一贯制试点班的教师,他鼓励教师们把改革工作坚持下去,并且要总结出自己的经验。1962年,李吉林作为南通市的代表参加江苏省教育厅在常州市召开的中小学师范语文教学会议,后称"常州会议"。会议期间,吴天石召开了一个小型座谈会,鼓励李吉林发言。李吉林颇具新意的发言受到吴天石的赏识。吴厅长还请《江苏教育》的编辑储继芳向她约稿。

11月,吴天石肯定了南通师范学校第二附属小学加强语文教改的意见,并指定李吉林进行语文教改试验,要求学校组织人力在李吉林所教班级进行蹲点研究。吴天石对当时的南通市委书记说:"南通有一个年轻的优秀教师,叫李吉林,你们要好好培养!"从此以后,地区教育局和市教育局的有关领导老师天天到李吉林的班上去听课,从晨会开始,一直到学生放学,还要查作业簿。经过严格的训练和督促,年轻的李吉林教艺大幅度提高,为后来情境教学的改革奠定了良好的基础。

李吉林家庭生活、求学历程以及投身改革前的工作经历是情境教育探索的基础。家庭的贫寒"劳其筋骨,饿其体肤",给了李吉林"曾益其所不能"的坚忍,勇往直前的勇气,同时也锻炼出了她对美好自由的渴求。学校恩师的关爱,悉心的教导,激发出李吉林对"教师"这一职业的无限向往,也在被关爱中学会了关爱,在老师那边学会了如何当老师。当师范的高分没有换来工作中的顺利时,李吉林把小学当作"大学",争分夺秒,边做边学,在实践中锻炼,于情境中学习。这为其情境教学继而进行情境教育的探索奠定了坚实的基础。

第二章

情境教学的探索

情境教学第一轮实验从1978年开始,到1983年结束;从作文教学开始,然后迁移到阅读教学的改革。而后又进行了第二轮实验,第二轮实验主要是对语文教学的整体改革,关注优化结构,促进儿童整体发展。"脚不离地"是情境教学法的鲜明特色。

第一节 情境教学的探索历程

一、"情境教学"名称的由来

文化大革命后,百废俱兴,我党提出了改革开放的伟大决策。年近不惑的李吉林积极投入到改革的浪潮中,争分夺秒,开始了情境教学的探索。

(一) 外语"情景教学"的启示

1978年秋,江苏省成立教育学会,李吉林应邀参加。会议要求参会者提交论文,当时的李吉林没写过论文,但她没有退却放弃,而是积极尝试构思。恰巧读到一篇刊登在《光明日报》上的关于儿童智力发展的文章,作者是上海师范大学的三位女教师:谢淑贞、恽昭世、柴崇茵。目前从知网上查询并推测到三位教师发表过的相关论文是题为"智力发展若干问题浅议"的论文,主要谈及了以下三个方面观点:"发展学生智力是学校教育的任务之一";"兴趣是发展学生智力的前提";"改革教学方法是发展学生智力的重要条件"。[1] 据李吉林回忆,她看到那篇文章,产生强烈的共鸣,继而有了自己的理解:"智力发展"与我们常说的"聪明"有异曲同工之处,而将儿童教聪明是她多年来的教育理想。于是,她以"儿童智力"为主题,结合儿童心理学,联系教学经验,以《在小学低年级语文教学中怎样发展儿童的智力》为题撰写论文。时任南京师范学院副院长的张焕庭看到这篇文章,建议会议组安排李吉林老师在大会发言。文章的新意引起了参加会议的领导、专家的浓厚兴趣。南京市文教卫领导当即邀请李吉林老师在玄武大礼堂为南京市的八百多名教师做报告;上海虹口区红专学院的领导也闻风而

---

[1] 柴崇茵,恽昭世,谢淑贞.智力发展若干问题浅议[J].上海师范大学学报(哲学社会科学版),1980(01):128—132.

来，请她给虹口区的老师作讲座。后来论文于1979年在《江苏教育》1、2两期全文发表。

论文初战告捷的成功给了李吉林老师迈开改革步伐、开启新航程的信心和方向。然而，改革之路在何方，她很迷惘。

正当李吉林上下求索不得其法时，1979年五一前夕，她接到了文化宫开劳模会议的通知。会上，她遇到了曾经的中学英语老师蒋兆一。蒋老师也阅读了李吉林撰写的《在小学低年级语文教学中怎样发展儿童的智力》这篇文章。蒋老师和李吉林老师在交谈中表示，文章中提及的语文课训练语言的办法他可以移植到英语教学，李吉林听后非常惊喜，便询问蒋老师，英语教学中有没有什么好方法可以移植到语文教学中。蒋老师向她介绍了英语教学中的"情景教学法"和"功能教学法"，并且指出"情景教学法"可用于语文教学，具体内容建议查阅当期的《中小学外语教学》杂志。敏锐的李吉林第二天就到教研室借来刊物，仔细阅读。杂志中的文章只是简单地介绍了情景教学，但却给思想敏锐的李吉林以极大的启示：语言的学习是相通的，在英语教学中可以用"情景教学"，在汉语教学中说不定也可以使用。于是，抱着试试看的态度，她大胆将外语的"情景教学"移植到小学语文课堂教学中来。

为了稳妥起见，李吉林首先做局部的尝试，在每堂课最后五分钟进行"情景教学"试验。第一次尝试是执教二年级童话——《小马过河》。文中有许多提示语，如"连蹦带跳""亲切"，等等。为了引起学生对"提示语"的注意，引导学生学习运用提示语，李吉林老师决定围绕身边的真实事情进行教学。

情景一：请一位小朋友表演班级同学得到卫生红旗开心地回到教室的场景，其他同学描述刚刚看到的场景，要求说出人物的动作、神态。

长期沉闷的课堂出现这样的表演，同学们开心极了，观看时一个个聚精会神，回答时争先恐后、跃跃欲试，生动的词语脱口而出。

孩子们的兴奋感染了李吉林，她即兴又创设了第二个情景：老师微笑着向学生问好："小朋友好！"要求学生们描绘刚刚看到的情境，并加上神情语言。

教室里再一次沸腾了，他们个个摩拳擦掌，争先表达。热烈的情境中，词和形象十分自然地结合起来了。

情景的创设如此受孩子们欢迎，是李吉林始料未及的。听随堂课的李静教导主任说："李吉林，你今天这个办法好！""我今天用的是情景教学！"李吉林说出了在脑海中酝酿已久的想法。虽然那时的她对"情景教学"仅是朦朦胧胧的了解。

孩子们的欢呼雀跃给了李吉林老师无限的鼓舞,也引领她深入探讨外语中的"情景教学"。到南京开会时,她特意到江苏省电教馆借了外国教师给中国孩子上外语课的教学录像带。她发现外国教师教中国孩子,全程在英文情境中对话,效果很好,这坚定了她继续探索"情景教学"的决心。接下来,她在课堂上创设连续的情境,引导学生说几句话,甚至一段话。

(二) 民族文化引领走向"情境"

1980年3月27日至29日,著名小语研究专家、华东师范大学副教授李伯棠,上海师范大学恽昭世、谢淑贞、柴崇茵,上海市著名特级教师袁瑢、倪谷音、顾家漳等专家、学者一行20余人参观南通师范学校第二附属小学,并观摩李吉林老师情境教学活动。李吉林老师共开了五节课,其中三节课运用情境教学教课文《小白花》,一节口头作文课《一瓶墨汁》,一节作文评讲课《精彩的马戏》。专家学者们对李老师情境教学的探索给予了很高的评价,并且从专业角度予以指导和帮助。华东师大李伯棠副教授评《小白花》一课教学时,引用到了刘勰的《文心雕龙》,会后细心的李吉林老师马上将《文心雕龙》找来看,然而《文心雕龙》字意深邃,对于只有初中水平的李吉林老师非常有挑战性,她边看译文边感悟,从中汲取精华,并顺着《文心雕龙》又找来王国维的《人间词话》等中国古代文论著作。读完后的她一下子豁然开朗,意识到母语学习有其丰富的传统文化背景。外语教学中的"情景"并没有十分强调情感的问题,而她在多年的语文教学中已经注意到情感的作用。同时,她注意到,刘勰在他的《文心雕龙》中提出"物色之动,心亦摇焉""情以物迁,辞以情发",说明客观外物会激起人的情感活动;情感活动又会触发语言表达的动机,提高运用语言的技巧。于是将"情景"拓展为"情境"。

(三) "情境教学"得以确认

1980年暑假,全国小学语文教学研究会的创始人——北京师范大学的高惠莹老师邀请李吉林老师参加全国小学语文教学研究会成立大会,并邀请其携带论文。李吉林顺承第一篇论文,写了《把训练语言与发展智力结合起来》一文,并在这篇文章中第一次提出创设情境的问题。

几个月后,上海师范大学"三女将"之一的谢淑珍邀请李吉林参加她主持的由全国教育工会教育实验小组在上海举行的学术活动。《光明日报》的记者王劲松觉得李吉林的会议发言很有新意,对李吉林进行了访谈。回来后,华东师范大学杜殿坤老师给李吉林来信，大意是教育改革需要媒体的支持，他已经给王劲松打电话，建议他们把"情境教学法"传播出去。几天后，《光明日报》发表了通栏报道《李吉林和情境教学法》，这是媒体第一次传播"情境教学"。

可什么是"情境教学"呢？1987年，李吉林老师在《情境教学的探索过程及其理论依据》一文中，首次进行了界定："情境教学是遵循反映论的原理，充分利用形象，创设典型场景，把认知活动与情感活动结合起来，引导学生从整体上理解和运用语言的一种教学。"①

1978—1983年第一轮实验结束后，学校根据秦局长的意见，在接下来的一年时间里没有给李吉林安排课务，让她全身心地总结五年实验。李吉林一个人在南通师范学校第二附属小学的镜心楼三楼大厅，回顾五年的探索历程，写成了《情境教学实验与研究》。该书1988年在四川教育出版社出版，杜殿坤为其写序。杜殿坤在序中写道："至于怎样概括她在教育实践和教育研究中的这些心得、体会，我觉得用'情境教学'这个概念是可以的。单就字面来说，任何成功的教育都离不开一个'情'字，否则就成了无'情'的教育，成了赤裸裸的知识传授，而后者正是所谓传统教育最大弊端之所在。进一步说，'情境'这个概念，带有教育者有意识地为儿童的心理发展创设一种最佳场合的意思。至此，这个概念的内涵就比较充实了。而更重要的是，是作者经过长期实践，提出了一套具体的教学方法和方式，来有力地支持她的理论概括。可以说，'情境教学'已经到了承认它的时候了。"②这是学者专家第一次给予"情境教学"以学术地位的肯定。

后来许多教育词典收录了"情境教学"一词。"(情境法)是外国语教学方法的一种，它强调语言的交际功能，主张创设一定的情境，使学生在合适的情境中学习和应用外国语，以此来掌握该种语言。……在中国，特级教师李吉林对情境教学法进行了新的探索，逐步形成了自己的理论体系。"③李建刚主编的《小学教育大全》明确说"情境法是李吉林创造的，主要用于小学语文的教学方法"④，对李吉林的首创之功给予了肯定。"(情景教学法)遵循反映论的原理，充分利用形象，创设具体生动的场景，激起学

---

① 李吉林.情境教学的探索过程及其理论依据[J].江苏教育,1987(23):11—13.
② 李吉林.大专家牵手"长大的儿童"[M].北京:人民教育出版社,2018:10.
③ 朱作仁.教育辞典[M].江西:江西教育出版社,1987:718.
④ 李建刚.小学教育大全[M].济南:山东教育出版社,1987:278.

生的学习情绪,从而引导学生从整体上理解和运用语言的一种教学法。主要用于小学语文教学。情景法的核心是激起学生的情绪。它通过生活显示情景、实物演示情景、音乐渲染情景、扮演体会情景,把学生带入一定的情景之中,使他们产生一定的内心体验和情绪,从而加强对教材的理解和体验,产生表达的欲望,同时使学生受到性情陶冶。"[1]这个定义中,虽未及时将"情景"改为"情境",但是已对情境教学的途径和基本特点进行了全面的概括。至此,"情境教学法"成为中国公认的一种教学方法。

二、情境教学的实践探索

(一) 作文教学的改革

作文教学是语文教学的重点和难点,也让许多老师望而生畏。对于老师来说,作文无题材,不知道写什么;作文课难上,不知道有何秘诀提高学生的习作水平;作文难改,学生习作空洞无物、质量不高……对于学生来说,对远离生活、规定的习作题目毫无兴趣,只能费力地"编、套、仿",费九牛二虎之力写出来的文章说不清道不明,长久下来,怕动笔。

在将外语"情景教学"应用于片段语言的训练获得了成功后,李吉林将改革的触角伸向最难的习作教学。酷爱古诗词的李吉林从古代诗人的创作过程中获得启示:脍炙人口的作品都产生于一定的情境中,诗人正是在一定的情境中才萌生了情感,在情感的驱动下才浮想联翩。《文心雕龙》中"情以物迁,辞以情发"说的就是这个道理。儿童的习作过程同样需要情感的驱动,情境的触发。因此,李吉林决定通过将学生带入真实情境中,或在课堂创设情境的方法,为学生提供习作题材。

如何创设情境呢?李吉林摸索出的途径可以概括为两种。一是带领学生走出封闭的课堂,走进广阔的世界,在真实的大自然中寻觅习作题材。1978年,李吉林带领一年级实验班的孩子走出教室,观察四季景象。春天,带着孩子沿着濠河去找春天,在田埂上采撷野花;夏天,到近郊的农田里观察一望无际的稻田;秋天,观察成熟的水果和蔬菜,感受丰收的喜悦;冬天,带着孩子们在银装素裹的世界中踏雪寻梅。另外,李吉林还带领学生走向社会,观察社会生活中的场景和人物活动。带领孩子观察"繁忙

---

[1] 张焕庭.教育辞典[M].江苏:江苏教育出版社,1989:830.

的交警叔叔",参观图书馆,关注"阅览室里专注的读者",等等。当学生们投入大自然的怀抱,打开社会生活的画卷,真切地感受到课堂看不到、学不到的场景时,常常按捺不住内心的欣喜和兴奋,使情境作文教学产生了出乎意料的好效果。

除了带学生走进生活情境,还有一种方式是把真实的情境搬到课堂中。如班级中有一位学生在回家的路上洗砚台,不小心将砚台掉到了河里,他伤心极了,同班同学知道了原委,忙拿自己的零花钱给他买了一个新的砚台。李吉林在学生的日记中发现了这一事件,让两位同学在课堂中表演,再现当时的场景,全班同学集体口头作文《一瓶墨汁》。学生们情绪热烈,生动的词语一个个蹦跳出来。再如,李吉林邀请著名书画家范曾到课堂,现场画李白像。李吉林启发学生把等待大画家的心情、欢迎的场面,描述给范曾听,描述的过程就是写作的过程。范曾当场作画时,李吉林又让学生描述教室里的气氛和自己的感受;范曾作画完毕,李吉林又引导学生描述范曾作画时的动作和所画的李白的形象。学生在真实的情境中思维活跃,情感真挚。亲身的体验让他们时刻都有表达的欲望和冲动。语言在这样的真实情境中灵动起来了。

情境运用至写作教学,为写作提供了大量鲜活的题材,解决了写作教学中"无话可说"的困境,同时也激发了学生内在的写作兴趣。然而,真正要写出有质量的作文光有写作题材和写作兴趣还远远不够,情境作文还从以下三个方面进行了改革。

1. 培养儿童的观察能力

受苏霍姆林斯基的影响,李吉林非常注重对学生观察能力的培养。她阅读了一些被翻译在报纸杂志上的苏霍姆林斯基关于观察的文章,特别是"观察是智慧的重要的源泉"的观点,引起她的共鸣。

观察是儿童认识世界的根本途径,是儿童感受美、积累表象、拓展空间和唤起情绪的基础。因此,情境教学者认为,必须着力培养和优化儿童的观察力,将观察作为情境作文的重要环节。1982年,李吉林曾在《小学生报》上撰写五篇小文章,和小学生谈观察。她认为,建议学生观察大自然时,要学会按照一定的顺序去观察。不同的事物,观察的角度不一样。如观察植物时,可以先欣赏色彩,再看姿态,接着观察它们的茎叶花果;观察动物时,可以先观察它的整个模样,然后从头到脚观察它的局部。[①] 观察时不仅要观察它的静态,也要观察它的动态。除了用眼睛、耳朵等感官感受外,最好还要开

---

① 李吉林.李吉林文集(卷一)[M].北京:人民教育出版社,2006:222—235.

动脑筋想,眼前的景物想和你说些什么?观察能力是在观察实践中培养发展的。李吉林常优选观察的场景和对象,有意识、有目标地对儿童的观察能力进行培养。"在孩子每次观察以前,先到实地去考察。首先考虑的是以怎样的外物去影响儿童的情感,这就得优选场景。为了优选,学校北边的田野、小沟渠到光效塔、城南的公园桥畔、濠河岸边……都留下了我的足迹。"①

观察大自然不仅选择"典型场景",观察的时间和程序也要优选。如李吉林带领大家观察"野花"选在清晨,要观察野花沾着露水的样子。从观察一大片的野花到引导具体观察一种野花"蒲公英"。观察蒲公英时按照顺序"花——茎——叶",然后认识花籽,最后吹起蒲公英的种子,让学生们想象它们飞向哪里去。

观察社会生活时,"总是优选社会生活的光明面,选择那些美好的人和事,让他们在了解社会过程中,受到社会健康风尚的熏陶感染。因为,用'美'首先去占据儿童的心灵,用'美'去滋润他们的心田,从而引发他们对一切美好事情的爱,进而去崇尚美,追求美"。②

优选观察的场景和对象时不仅要有教师视角,李吉林还主张儿童视角,即"用孩子的眼睛看"。"小学生的老师必须知道孩子眼里的世界是什么模样。只有了解孩子,才能引导他们。""常常在花和月中寻找,寻找童年的眼睛。""孩子的眼睛是通往童话世界的门扉,常常'倚'在这神奇的门扉旁,用孩子的眼睛去看,揣摩着孩子的心理去想!"③

2. 充实教材,读写结合

李吉林认为,作文指导主要的功夫在写作前的积累,所以培养儿童的阅读兴趣,提高儿童的阅读量是从根本上解决写作难题的方法。"倘若在教学实践中,我们一味注重作文前指导的详尽,而忽视了阅读课上天长日久的积累,那可以说是本末倒置了。众所周知,儿童的写作,少不了两个积累,一是生活的积累——来自观察体验;二是语言的积累"④。为了保证每位同学都有优秀的阅读材料,李吉林亲自挑选美文,并亲手刻录成册,实验班学生每人一本。共增选224篇课文作为补充教材,增选的篇数,相当

---

① 教育部师范教育司.李吉林与情境教育[M].北京:北京师范大学出版社,2015:37.
② 教育部师范教育司.李吉林与情境教育[M].北京:北京师范大学出版社,2015:40.
③ 李吉林.我用孩子的眼睛去看呀[J].人民教育,1990(10):45.
④ 李吉林.李吉林文集(卷一)[M].北京:人民教育出版社,2006:344.

于部编教材的 59%①。具体安排如表 2-1 所示。

表 2-1 李吉林实验班教材补充情况分析表

年级	篇数	内容
一年级	50	围绕每节课所需要学习的生字编写韵文,选编反映儿童情趣的短小故事。
二年级	47	结合儿童周围生活实际,编写短小写话范文。
三年级	54	按重新组合的单元,分类补充,并注意根据"习作例文"题材,分组补充例文,所谓"学一组,写一篇",同时入选名家名篇。
四年级	48	继续分单元补充,逐步增加名家名篇,适当增加说明文。
五年级	25	补充富有哲理的小品文,抒情散文,并针对学生作文薄弱环节,集中补充一组读后感。

值得一提的是,实验班从三年级开始打破原有教科书的编排结构,按照写人、记事、写景、状物四大类,重新组合单元。紧密结合单元内容,分别补充类似教材,安排观察、访问、劳动和制作等活动以及相应的习作训练。② 这和如今的大单元教学思想如出一辙。

这样每日积累,坚持几年后效果明显。实验班二年级学生人均识字量为 2 680 个,达到四年级的识字水平,阅读量是非实验班级的 6 倍。实验班的学生从二年级到毕业的四年里,全班 43 人共读 6 980 本书,平均每人读 162 本,阅读范围涉及童话寓言故事、小说、天文、地理、历史、科普等,其中有许多名家名著。

3. 提早起步,创新习作样式

传统的作文教学是在一二年级识字教学之后,一般安排在三年级。李吉林认为:"语言训练起步迟,往往延误了儿童语言发展的最佳时期,而错过发展期要获得理想的速度与效果是不可能的。为了不失时机地促进儿童的发展,实验班的语言训练提早

---

① 李吉林.李吉林文集(卷一)[M].北京:人民教育出版社,2006:333—337.
② 李吉林.李吉林文集(卷一)[M].北京:人民教育出版社,2006:339—342.

开始。"①

　　李吉林实验班的学生,习作教学从一年级开始。刚入校门的学生不会写,就要求先"说"一句话。一年级下学期,则开始每日写一句话的训练。引导儿童将自己一天中看到的、听到的、想到的最想说的一句话写出来。从二年级开始,每天写一篇短小的观察日记。不要求篇幅,每天得写。从早晨起床后,便留心周围的事物、自然界的变化、学校沸腾生活的场景,或者是自己所做的、所思考的都可以记录下来,长此以往,儿童在大脑里储存不少表象,成为他们今后思维和创造的基础。

　　三年级开始,作文是训练的主要方式。有了前面两年的铺垫,情境作文的起步容易多了。在写作的指导过程中,"扶中有放",给提纲但不限制思路,鼓励创新。在写作的训练中,拒绝刻板被动的命题作文。针对儿童的特点、儿童的情趣和语言的实际应用需要,开辟了多种写作形式,如自命题作文、想象性作文、童话作文,情境应用文等。

　　作文作为一项富有创造力的作业,想象是前提。李吉林说过:"想象显示了孩子的智慧,想象带给孩子快乐和幸福。没有想象,童年该是多么苍白。想象力是儿童拥有的巨大财富,但随着年龄的增长,这笔财富会逐渐减少,成年后会更加贫穷。"②因此,在强调观察能力培养的同时,李吉林重视想象能力的培养。"儿童的思想若是'鸟',我们要为他们'开天';儿童的思想若似'鱼',我们应为他们'造海'。只有思想自由自在,无拘无束,儿童才能将记忆中的表象奇特地加以组合,创造出新的形象。"李吉林老师开发想象性作文,开全国之先河。5年里,实验班曾引导儿童创造了一系列有趣的想象性作文,二年级在指导儿童观察小鸭后,想象小鸭子离开学校后可能发生的种种遭遇,试写《小鸭子的奇遇》;三年级在教学《海底世界》《海龟》《珊瑚》后,结合课外阅读所得,写幻想性小故事《海底世界漫游记》;中高年级先后又写了《我是一棵蒲公英》以及《理想的中队长》《假如卖火柴的女孩来到我们中间》《我坐上微型小汽车》《我见到了冰心奶奶》等想象性作文。

　　李吉林还创造性地发明了单元综合思维训练课《让儿童插上想象的翅膀》,让儿童体会特设的小主人公"最爱想",体会课文作者奇特想象的思维轨迹,儿童深受感染,并从中得到启发。当他们画一对翅膀,思考送给谁时,竟能想到数十种答案。在这画翅

---

① 李吉林.李吉林文集(卷一)[M].北京:人民教育出版社,2006:348.
② 李吉林.教育的灵魂:培养学生的创新精神(下)[J].人民教育,2001(10):43—46.

膀、送翅膀的过程中,孩子自己想象的翅膀也展开了。

如今,"想象"已醒目地出现在新的课程标准中,李吉林老师的探索早于新课标很多年。

作文教学的改革取得了良好的效果:实验班的学生习作兴趣浓厚,习作能力远远超过平行班级。新华社的两位记者曾慕名来到二附小,让李吉林班上二年级学生与学校三年级的学生就同一个题目《小鸡》写一篇作文,记者监考。实验班的一篇篇佳作,让两位记者惊叹不已。1980年6月5日,《人民日报》第八版以半个版面的篇幅发表了李吉林所教二(1)班三位小朋友的作文,并加了编者按。1982年10月,《小学生观察日记》由江苏人民出版社出版,该书是李吉林从自己所教的二年级(1)班学生平时的观察日记中精选出的三十多篇编成。《新华日报》还为此书专门配发了书评。5年中,实验班43人有33人在《人民日报》《新华日报》《少年文艺》及教育杂志上发表了自己的观察日记、作文共75篇,有3名学生分别三次获得全国小学生作文比赛一等奖。

(二) 阅读教学的改革

情境的创设给作文教学带来生机,学生的习作水平迅速提高。阅读教学怎么办?李吉林偶遇当时在南通师专中文系教书的吴功正老师(后调至江苏省社会科学院,担任博士生导师,为国家级突出贡献中青年专家,享受国务院颁发的政府特殊津贴),他向李吉林建议,可以看看美学。对信息极其敏感的李吉林敏锐地接纳了这一建议,在人们还谈"美"色变的时代开始接触美学。美学给情境教学开辟了一条崭新道路。

反思作文教学的成功之道,正是因为优选的场景富有美感、意境广远。如果让阅读教学也美起来,也可以取得成功!于是,李吉林提出"运用情境教学,培养审美能力"的设想,以此来改革阅读教学。

1. 语文课堂中运用艺术的手段

如何让一块黑板和一支粉笔唱主角的传统阅读教学美起来?李吉林想到了喜闻乐见的各种艺术的形式。"'让艺术走进语文教学'怎么具体化呢?首先想到了图画,用图画来再现情境,课文本身就是有情有境的,用图画的目的是使课文内容以形象的方式呈现在孩子们面前。图画的再现使课文形象一下子鲜明起来,这就符合儿童对形象易于接受、易于理解的认识特点。接着,自然想到音乐、戏剧这些艺术的手段。音乐是没有国界的。它凭着它特有的节奏、旋律,用另一种大家可以感受、可以理解的语言诉说着审美,而戏剧因为有人物,有情节,那是用形象在给观众说故事……"①

经过一段时间的探索,李吉林探索出六条情境创设途径:以生活展示情境、以实物演示情境、以图画再现情境、以音乐渲染情境、以表演体会情境和以语言描绘情境。每堂课根据教材和课堂需要选取途径。

这六条途径的概括是在深刻认识到教学的艺术性基础上的提炼。音乐、图画、戏剧表演等艺术形式的共性就是形象表现情感,激发想象力和创造力,语言描绘也是通过语言文字唤起想象,常常与音乐、绘画、戏剧表演等联合使用。值得一提的是,音乐、图画、戏剧表演等艺术手段的使用追求写意和神似,所以情境教学课堂的教学情境是粗略而简单的。图画并不是要求精美的工笔画,几条线条就是大海、柳树;戏剧表演很多是即兴将自己脑海中的画面,或者是自己的理解通过肢体动作表达出来,再给观众以启发和想象。所以,情境教学的教师不需要教师精通音乐、会画画、善表演、能手工制作等,是每一位老师都可以运用的教学方法。事实上,李吉林老师也并不是琴棋书画样样精通,她曾经说:"我歌唱得不好,画也蹩脚。不过有一条,不会就学,不熟就练。波涛汹涌的大海怎么用简单的线条呈现呢?去请教美术老师先示范一下,然后晚上一个人在家一遍一遍地练。"②

主张在语文阅读教学中运用艺术的美的教学手段,将教材中本身蕴含的美景、深情以及哲理形象化,艺术的手段创设的情境激发了学生的学习兴趣,让阅读课堂美起来,"活"起来了,而具有美感的课堂就像磁石一般深深吸引着儿童。学生美美地学,获得精神上的美的成长。此阶段的"美"更多地作为一种教学手段,是激发学生"情感""情绪"的中介,获得了美的结果。

2. 总结不同文体的阅读教学方法

情境阅读教学还需要把握教材的特点,根据文体的不同创设不同的情境。李吉林总结出几种小学常用文体的情境教学的方法。散文教学应从散文的创作特点出发,"以'美'入境""以'情'相联""以'神'贯穿""以'境'拓宽"。诗歌饱含丰富的想象和情感,语言凝炼。可以通过"利用经验,带入诗境""适当铺垫,弄清诗意""凭借情境,咀嚼

---

① 教育部师范教育司.李吉林与情境教育[M].北京:北京师范大学出版社,2015:44.
② 李吉林.情境教育的诗篇[M].北京:教育科学出版社,2009:53.

诗句""想象画面,体验诗情"来教学。童话运用想象、幻想和夸张的手法来塑造形象,反映生活,具有教育性、趣味性、幻想性、科学性这几个特点。而美、趣、智的情境教学是教好童话的理想途径和重要手段。可以"通过形象,感受童话的美和趣""通过想象,进入童话世界""通过训练,提高语言能力"。寓言是借助一个个短小生动的故事告诉人们一个深刻的道理,具有寓体形象生动、寓意抽象概括、手法讽刺夸张、语言简明准确的特点。情境教学"利用寓言手法上的讽刺夸张再现寓体的生动情境""凭借寓体的可笑形象,带入揭示寓意的推理情境""针对寓言语言简洁的特点,进行综合实践活动"。由于寓言语言简练角色少,而故事总是从反面给读者以启示,所以给学生留下很大的想象余地,可以添加情节进行铺叙,或增添角色,进行多角度叙述,还可以续写故事,在寓言角色接受教训后,作正面叙述。①

1983年,第一轮五年实验接近尾声,李吉林实验班的孩子们升到了五年级。实验班五年制的学生和兄弟学校六年制的学生一起参加毕业考试,实验班43个人33人考入省重点中学,10人考上实验中学。教育局为了全面考查李吉林实验班学生的语文素养,又从默写字词、朗读、作文等多方面进行语文能力的测试,单项、综合加起来一共有10项。实验班合格率100%,其中51.1%学生达到优秀。优异的成绩为情境教学第一轮五年实验画上了完美的句号。

(三) 促进儿童整体发展

第一轮五年实验后,受学校新校长王秀芬委托,开始了第二轮实验。

第二轮实验从一个班拓展至整个年级七个班的语文教学改革。第一轮实验主要关注教学手段、教学方法的改革,而这一轮实验,受"系统论"中"结构决定功能"思想的影响,着重关注教学内容的改革。具体操作如下:低年级"识字、阅读、作文"三线同时起步,中高年级采取"四结合",把"读与写""文与道""课内与课外""语言训练与思维发展"等构成语文教学的诸多因子,组成一个相互联系、相互作用的整体。生动的教学方法结合优化的结构,教学效果更为显著。

起初,将情境应用于作文教学,只是为了提供作文题材,发展学生的写作能力;后将情境应用于阅读教学,是为了激发学生的学习兴趣,提高阅读教学的成效。然而,随着探索的深入,李吉林发现情境在语文教学中的应用,不仅有利于知识的教学、能力培

---

① 李吉林.李吉林文集(卷二)[M].北京:人民教育出版社,2006:2.

养、智力发展,还有助于情感意志的陶冶。学生在学习语言文字的过程中,还得到道德品质、审美情感及意志的陶冶。即情境教学促进了儿童的整体发展。第二轮实验后,李吉林对教学、教育的认识更加理性。情境教学从原本仅作为一种提高语文教学效能的教学手段和教学方法,逐渐走向通过语文教学对学生进行德、智、美等多育。此时的教学已带有教育的意味,但仍在语文学科中。

三、情境教学的理论概括

在两轮情境教学的实验探索中,李吉林在实践中研究,在研究中实践,并努力将实践验证过的研究概括成理论。同时还借鉴心理科学及儿童学习语言的规律,尝试构建了情境教学理论框架。

(一) 情境教学的特点

情境教学具有"形真""情切""意远""理寓其中"四大特点。

"形真"就是把课文所写的景物形象真切地再现出来,在课堂中通常通过实物、简笔画等途径完成。主张儿童通过"形象"去认识世界,即以鲜明生动的形象,强化学生的感知过程,重视儿童形象思维的形成。认为只有亲切的感受,才能进入情境。

"情切"是情境教学的又一特点。小学语文教材中富含情感因素,儿童情感易于被激起,情境教学通过情境的再现,加上教师语言的描述加以调节,激发儿童的情感,使儿童感到兴奋或沉默,随之产生欢乐或悲伤的情感,从而促使儿童进入特定的情境之中。真切的情感调动学生参与认知活动的积极性,让情感因素在学生认知过程中发挥积极作用。

"意远"指意境广远,以广远的意境拓展课文的空间,激发学生的思维往深度发展。因此,情境教学中的所有情境虽然形象真切,但只要具有真切感,即神韵相似即可,简约的情境更利于广远意境的营造,而广远的意境更利于儿童思维往纵深处发展。

"理寓其中"指情境是蕴含理念的,可以提高学生对事物的认识力。李吉林称"理"为"情境"的"命脉",并指出"情境教学失去理念如同没有支柱一样,站不起来,深不下去,只能是内容贫乏,色彩苍白的花架子。"[1]通过"意远"和"理寓其中",情境教学影响

---

[1] 李吉林.李吉林文集(卷一)[M].北京:人民教育出版社,2006:28.

着学生深层次的信念。

情境教学四大特点之间相互联系。富有真切感的形象,能激发学生的情感;情境中所蕴含的广远意境及理念,培养学生的理性智慧。如果没有"意远"和"理寓其中",就只有浅表的情感,没有深切的"情感";反过来,如果没有"情深",即不能带着情感观察事物,那具有"形真"的物只是单纯的物,意会不出其中的生命意义。

(二) 情境教学促进儿童发展的五要素

情境教学中究竟是什么要素促进了儿童的发展?在杜殿坤老师的追问下,李吉林进行了思考,并概括出情境教学促进儿童发展的"五要素"。

"以培养兴趣为前提,诱发主动性。"培养兴趣是创设情境的起因。兴趣是情境教学开展的前提,浓厚的兴趣必然激发儿童学习的主动性,驱使儿童积极主动地投入认知活动,因此,主动性是儿童积极参与学习的重要保障。这一条从兴趣出发,与儿童学习的动机之间建立起了联系。

"以强化感受为基础,强化感受性。"强化感受性,就是强化感官感知刺激的能力。感受性的强化有多种途径,情境教学尤其重视观察的作用,通过"选择美的事物",指导"逐步增加观察"的方法,打开视觉、听觉、嗅觉、触觉等多种感官,指导通过"想象""拓宽思想空间",来指导儿童观察自然和社会。这一条将观察和感性认识建立起联系,感受性的强化是观察的结果。

"以发展思维为核心,着眼创造性。"这一条将思维的发展与创造性建立起了联系。思维的发展应该在所有发展的前头,创造性是教学的最终目标之一。情境教学通过大量观察积累表象,通过激发、训练儿童想象培养发散性思维,通过复述、探究等教学策略培养儿童的各种思维品质和思维方式。总之,在情境教学中,思维发展伴随教学过程始终,发展思维是教学的核心。

"以激发情感为动因,渗透教育性。"这一条将情感教育和教育成果之间建立起了联系。即通过激起情感,触及儿童的情绪领域,产生情感力,推动、维持儿童的认知过程,情感伴随的认知过程使学生在获得知识的同时也获得思想教育,也就是教师在教书的过程中实现了育人。

"以语言实践为手段,贯穿实践性。"《义务教育课程方案和课程标准(2022年版)》

中界定语文课程为：一门学习国家通用语言文字运用的综合性、实践性课程。① 这一条坚守语文学科的实践性学科特性，将语言训练与实践力之间建立起了联系，通过实践语言，培养语言实践的能力。

"五要素"包含途径、手段、方法，既具有明确具体的实践性、操作性，又具有理论性和学术性。其理论线索十分清晰：促进儿童发展的前提——基础——核心——动因——手段。值得注意的是，"五要素"之间无论是前提还是基础，动因还是手段，都是以思维发展为核心的，而思维发展又着眼于创造性，因此，说到底情境教学的发展是非常关注学生的创造性发展的。

第二节 情境教学法研究

在李吉林从教六十年庆祝活动中，鬓发斑白的学生从四面八方赶来。50 多年前的学生能在现场流畅背出 50 多年前的课文，还能清晰回忆起上课的场景。情境教学法为何具有如此的魅力？

笔者在此部分将走进李吉林老师的语文课堂，采用质性研究的方法，探究情境教学法。通过解析情境教学课堂中的教学内容，即"教了什么"，教学方式方法，即"怎么教的"，以发现情境教学是如何"立德树人"的。

一、情境教学法的研究对象及方法

（一）对象来源

江苏情境教育研究所留存下李吉林执教的 13 节课堂教学录像，具体情况如下。

---

① 中华人民共和国教育部. 教育部关于印发义务教育课程方案和课程标准（2022 年版）的通知[EB/OL].［2022－04－21］. http://www.moe.gov.cn/srcsite/A26/s8001/20220420-619921.html.

表2-2 李吉林课堂教学录像情况分析表

体裁	课文名称	年代	年级	录像时长
诗歌	《小小的船》(共一课时)	1983年	一年级	25分
	《大海》(第一课时 第二课时)	2001年	二年级	29分25秒;26分05秒
	《燕子》(第一课时 第二课时)	1982年	四年级	38分25秒;41分
散文	《萤火虫》(共一课时)	1987年	二年级	39分03秒
	《桂林山水》(第一课时 第二课时)	1982年	五年级	47分26秒;37分24秒
故事	《小音乐家扬科》(第一课时 第二课时)	1981年	四年级	35分39秒;32分55秒
说明文	《太阳》(共一课时)	1981年	三年级	45分50秒
想象单元综合课	《插上想象的翅膀》(共一课时)	1993年	二年级	38分57秒
写景单元综合课	《我们去寻找美》(共一课时)	1996年	三年级	41分44秒

13节教学录像都是20世纪八九十年代的课。其中包括11课时的阅读教学、2课时的李吉林老师自创的单元复习综合课型。阅读教学的课文小学一到五年级都有所涉及,其中一年级1课时,二年级4课时,三年级2课时,四年级4课时,五年级2课时。教学的题材涉及诗歌、散文、故事以及说明文。

(二) 过程与方法

本部分运用扎根研究的方法。扎根理论研究突出理论的"扎根性",本研究从13节课堂录像中实际观察到的教学实况入手,在不断比较、分析原始资料的基础上归纳经验,然后概括出理论。

对材料逐级编码是扎根研究的关键一步。本研究借助Nvivo10.0软件。Nvivo10.0软件支持多种资源格式,包括视频文件,还能简化繁杂的资料分析过程,帮助我们建立理论模型,为我们的研究提供了诸多便利。Nvivo10.0软件的分析过程可分为准备、编码、质性分析和整合四个阶段。准备阶段首先将13节课堂录像视频导入软件,并逐句整理出课堂实录文本,用括号补充说明有实质性意义的眼神、动作、语气等,建立相应的"资料库"。编码阶段是扎根理论研究的关键部分,共有三级。一级编码时,研究者悬置所有的"偏见",把搜集来的原始资料都登录到 Nvivo10.0 软件上,以开放心态对材料进行逐字逐句分析编码,赋予概念。由于有些教学内容的判定比较主观,在研究过程中做了谨慎处理。通过邀请另外两名研究人员就一节课进行编码讨论,以及三角验证,然后运用相同的方法继续其他课堂的编码。最后把相似概念聚集一起,概括出高级别的概念。通过对原始材料的一级编码在软件中形成若干个"自由节点"。然后,研究者对自由节点进行结构化,完成二次编码,形成若干个一级"树节点"。在整合阶段,针对课堂教学内容,梳理出核心范畴,将核心范畴和其他范畴相结合,建构出情境教学法"教学内容""教学方法"模型。模型中的每个因子均来源于原始材料,这就保证了整个研究过程的客观性和科学性。为了验证模型是否完善,研究者留存了 1/5 的文本资料,以便检验理论饱和度。结果中未发现新的教学内容,表明研究者构建模型已达到"信息饱和"。

表 2-3 是对李吉林课堂教学内容编码和概念提炼过程的举例。通过三个层次的编码,我们发现,李吉林课堂教学内容包括教材规定的教学内容、教学方法蕴含的教学内容和教学过程引申的教学内容三个方面。

表 2-3 情境教学法教学内容编码表

一级编码	二级编码	三级编码
简笔画理解"白帆点点"和"点点白帆";"翼"扩充理解"两翼""双翼""翼尖";理解"横掠""寄居"等。	学习理解字词	教材规定的教学内容
体会"只",体会说明文语言的准确性,比较"观赏"和"欣赏"的区别……	词语的准确性	
老师朗读课文,学生自由朗读,女生读课文,男生读课文,指名朗读,默读,感情朗读……	朗读能力	
训练"我看见——","蓝蓝的天上做什么""找朋友"游戏训练组句,练习说"大海怎么样",什么样的阳光;白云像什么正在干什么,用"虽然……但是……"说话;按照顺序说"春景图";燕子的自述;用第一人称叙述扬科的心理;训练说排比句……	语言的表达训练	
概括每小节的意思;段首概括的写法;概括主要写的景物……	概括语段的能力	

续　表

一级编码	二级编码	三级编码
积累形容色彩的词语；积累形状多的词语；比较加上形容词和不加形容词语句表达效果；体会形容词叠词和感叹句的表达效果；感受排比句的表达效果；体会比喻句的表达效果……	词语的积累和语感体悟	
激发探索宇宙奥秘的兴趣，培养好奇心；激发研究天体的热情。	探索兴趣	
感受萤火虫尽力用生命燃起的小灯打扮花草世界的品格；寻找生活中像萤火虫一样的人。	奉献精神	
感受大海的美，大海的大，大海的富有；感受燕子的美，激发对大自然的热爱。	审美，热爱大自然	
认识旧社会的残酷，体会童年的幸福。	珍惜美好生活	
对桂林山水的爱，引申到对祖国山水的爱。	爱祖国	
鼓励对儿歌不理解的地方发问；提出对于太阳的疑问；提出对课文不理解的词语……	鼓励质疑	教学方法蕴含的教学内容
一生说，其他同学补充；同桌互读课文；同桌商量商量；不懂问问同桌……	合作	
自主选择感人的小节汇报；自由表达对这篇文章的看法。	自主表达观点	
想象月亮像什么；想象蓝蓝的天像什么；想象海里的动物在干什么；想象天空里有什么睡在大海里；想象扬科走到哪里，看到什么，听到什么；想象桂林的山像什么……	想象	
回忆看到过的月亮理解圆月和弯月；联系南通的濠河长江认识大海；联系小时候做的摇篮理解大海是"摇篮"；联系小时候捉萤火虫的经验……	将知识与生活连接	
当小老师领读；自己读课文找出读懂的和没读懂的；表演"萤火虫小心地照看"；表演太阳公公和小朋友的问答；扮演作家旅行队去寻找美，自学课文三四小节；通过图画自己理解字词；师生一起做波涛上下的姿势；扮演天文学家研究太阳……	自主探究	
如何根据偏旁猜词语意思；教给想象的方法和特点，将几个熟悉角色联系起来再造想象，美美地想象；读课文标注的方法；描写人物的方法；根据人物的神情、动作、心理推测人物情感……	教会学习的方法	

续 表

一级编码	二级编码	三级编码
科学研究讲究科学性,准确性。	科学性	教学过程引申的教学内容
感受南通濠河、长江的美,介绍美丽的家乡。	爱家乡	
燕子是益鸟要保护,同时要爱所有鸟类。	爱鸟类	
开创"美"为主题的综合课"我们去寻找美",按照顺序表达美以及美美地表达;"最爱想"头像剪纸;老师弹琴《小小的船》;出示小朋友坐在月亮上的图画,师生同唱歌……	审美	
提醒花草扮演者对萤火虫扮演者照顾表示感谢。	感激	
萤火虫飞得轻轻的不打扰花草睡觉。	关心他人	
引导学生表达扬科死不瞑目的原因,对不公平社会进行控诉。	公平	
激起儿童对扬科的同情。	同情他人	
观察生字的构成:眼睛细细观察雨景、冬天;耳朵听雨,听蜜蜂的声音,孩子的笑声等;按照顺序观察燕子;观察时要展开想象;观察桂林山水图说话……	观察	
萤火虫"小心地照看"做事仔细,观察要仔细;仔细朗读课文,把每个标点看清楚。	仔细认真	
把发言机会让给没发过言的。	关注每一个	
开创"想象"为主题的综合课"插上想象的翅膀"。	想象	

二、情境教学法的模型构建

(一) 教学内容来源模型构建

古德莱德提出了五种课程类型,其中,教学层次的课程是教师计划在课堂教学中实施的。然而,教师"理解的课程"与课堂实际"运作的课程"之间又有一定的距离,因为具体的课堂教学会出现具体的教育情境,需要教师根据具体情境的变化做出调整。[①] 这部分,我们就重点研究了李吉林老师在语文课堂中真正"运作的课程"。虽然

---

① 张华,钟启泉.课程与教学论[M].上海:上海教育出版社,2016:332.

情境教育研究

李吉林老师留存有大量的教学设计及教学实录,但是本研究仅将它们作为分析的参考,研究课堂教学录像中真正体现出的教学内容,不仅包括她说了什么,也包括她说但眼神、语气、动作中所蕴含的内容,建构出情境教学法教学内容的模型如图2-1。

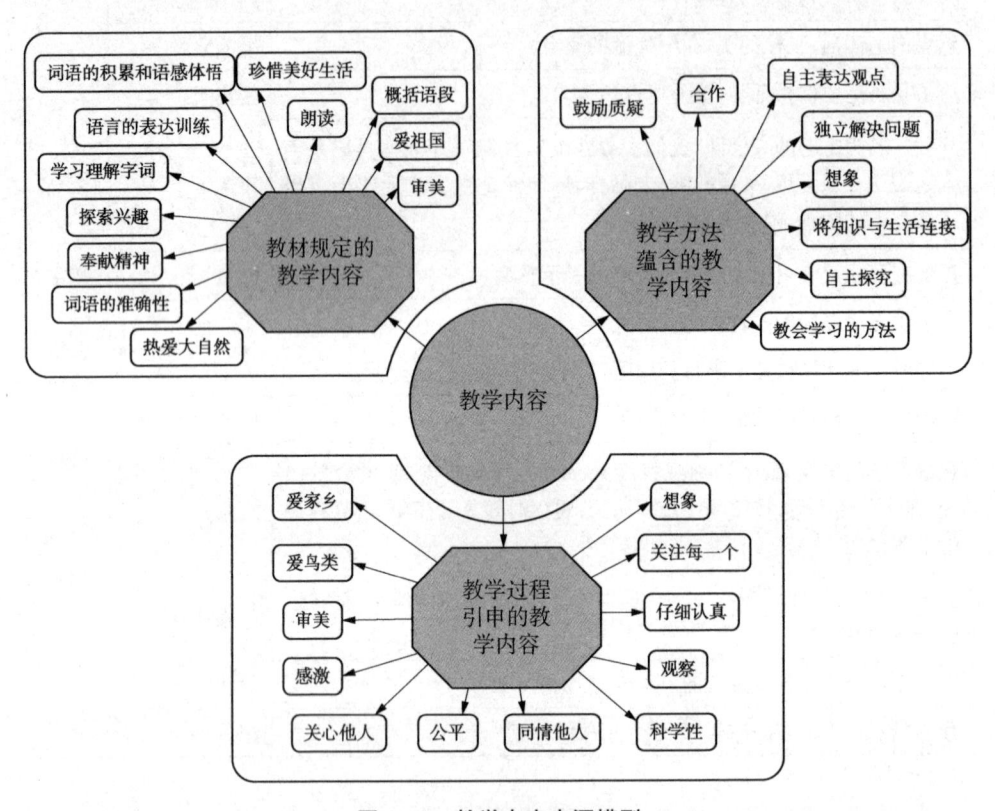

图2-1 教学内容来源模型

情境教学法中显性或隐形的教学内容主要来源于三个方面,包括教材规定的教学内容、教学方法蕴含的教学内容以及教学过程引申的教学内容。三者之中,前者在教学参考书的辅助下大同小异,教师之间的差异显现在后两者中。

李吉林老师区别于其他教师的鲜明特色在于,运用独具一格的教学方法,解读出与众不同的教学内容。对照2016年发布的中国学生发展核心素养三方面(六大素养,以及18个基本要点),早在20世纪八九十年代,李吉林的课堂教学就关注到了这些素养。如词语的准确性、注重积累和语感的体悟等属于"语言的学习与建构",审美、感激、关心他人、同情、公平等内容,涉及"人文底蕴素养";质疑、观察、合作等涉及"科学

78

精神";珍惜美好生活、自主探究等涉及"健康生活素养";学会学习的方法、将知识与生活联系等涉及"学会学习"的素养;爱祖国、爱家乡、爱自然等涉及"责任担当";独立解决问题、语言的创意表达等涉及"实践创新"素养。

(二) 教学方法模型构建

"怎么教"关涉方法。方法是实现目标的载体。所谓教学方法就是为了实现教学目标,老师与学生之间进行的有序的相互联系的种种活动的方式。观看13节课堂录像,以一个完整的教学行为为对象进行编码,研究李吉林课堂完成教学目的和教学任务的途径和程序,层层提炼教学方法,得到模型如图2-2。

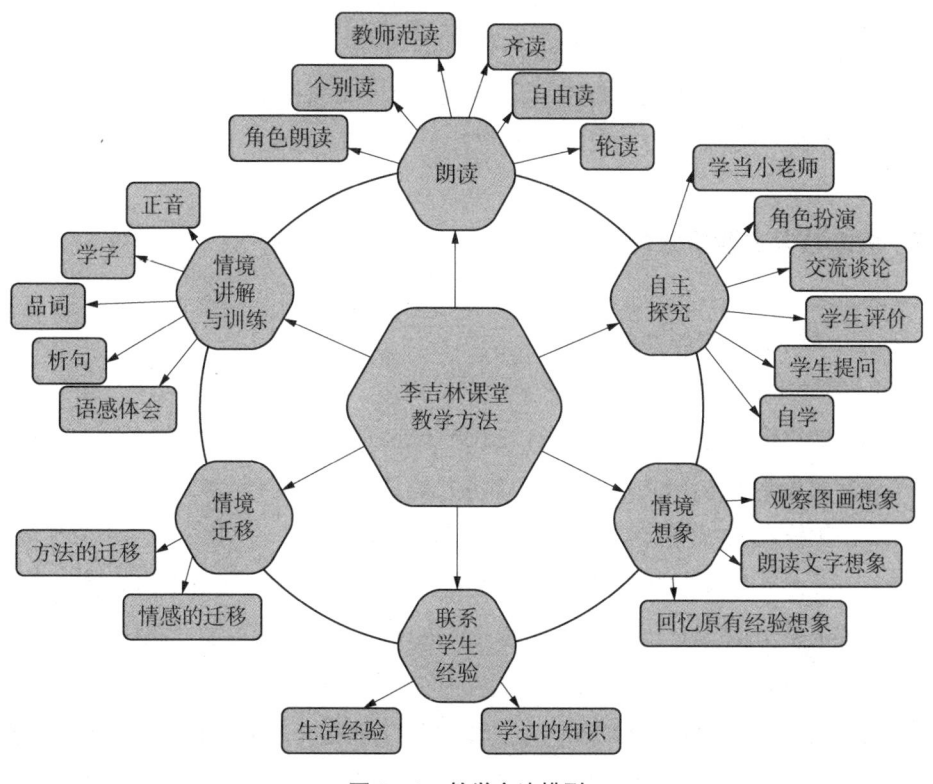

图2-2 教学方法模型

李吉林课堂教学中经常使用的具体方法是朗读、情境讲解与训练、联系学生经验、自主探究、情境想象和情境迁移。

每种方法包括不同的行动,如在观察录像中发现,李吉林运用了多种朗读方法,包括轮读、老师范读、学生齐读、学生个别朗读、角色朗读、学生自由朗读，这些都被归纳入朗读课文行动组。其中，男生齐读和女生齐读归为齐读，男女生分工读归为轮读。同理，将学当小老师、角色扮演、交流讨论、学生评价、学生提问、自学等归为自主探究；观察图画想象、朗读文字想象、回忆生活经验想象等归为想象；联系学生的生活经验、已有的知识经验归为联系学生经验；方法的迁移和情感的迁移归为迁移；正音、学字、品词、析句、语感的体会等归为情境讲解与训练。

为了进一步研究每种具体方法的使用频率与时间，我们又对教学视频中的教学行为进行了进一步分析。这部分研究是基于ObserverXT9.0技术支持之下的。ObserveXT9.0是一种可以用于观察课堂的工具。分析时对李吉林课堂教学方法进行事件取样分析，结果如表2-4所示（其中持续时间单位为秒）。

可见，情境讲解与训练、朗读和自主探究是几乎每堂课都大量使用的方法。在当讲之处，老师从不吝啬讲解和训练，同时又注重学生的主体探究能力的培养。

三、情境教学法要素分析

（一）教学内容来源要素分析

1. 教材规定的教学内容

语文课程是学生从上学接受教育开始就接触的一门母语课程，它担负着传授祖国语言文字的重要任务，语文基础知识和基本技能是满足个人生活和学习其他各科知识的基础。因此，汉字的书写、辨认，字词的积累，语句的训练与运用对每一个学生都极其重要。此部分是情境教学法课堂上的重点，常常注意夯实学生对字词的理解，对词语准确性的感受，注重词语的积累、语感的训练，培养概括语段的能力、朗读的能力、语句的表达能力等。

语文的价值不仅限于语文知识的获取，还在于它能促进个体的情意与智力发展。语文教材中的各种作品无不积淀着丰富的文化内涵与人文精神，其景、人、物表现出来的精神气质不仅让我们得到美的熏陶，也让我们理性地认识社会人生、自然环境等。然而，这种影响又不是通过生硬的说教完成，而是借助文学形式形象地表现出来。如《萤火虫》一文通过描写萤火虫用生命燃起的小灯打扮花草，来赞美"燃烧自己，照亮别人"的奉献精神；儿歌《小小的船》描写美丽的月亮引起的遐想，激发探索宇宙奥秘的兴

第二章 情境教学的探索

表2-4 李吉林课堂教学方法行为表

	朗读		自主探究		情境想象		联系原有经验		情境讲解与训练		情境迁移	
	总次数	持续时间	总次数	持续时间	总次数	持续时间	总次数	持续时间	总次数	持续时间	总次数	持续时间
小小的船	9	290	0	0	4	325	1	51.2	7	381	0	0
插上想象的翅膀	5	203	5	1011	5	555	1	12	5	286	1	44
大海（一）	4	114	5	377	0	0	1	240	6	748	0	0
大海（二）	7	134	5	520	2	120	1	32	4	464	2	144
萤火虫	5	262	11	1028	2	138	3	50	9	718	3	154
太阳	6	243	9	1307	0	0	2	96	11	843	2	114
我们去寻找美	3	132	10	1288	1	159	1	93	10	704	1	22
燕子（一）	9	563	10	607	1	278	1	31	14	879	0	0
燕子（二）	6	521	10	1245	2	142	2	26	11	535	0	0
小音乐家扬科1	5	883	4	802	2	373	1	22	4	509	0	0
小音乐家扬科2	11	716	0	0	2	373	0	0	14	914	0	0
桂林山水（一）	7	446	5	378	1	315	2	140	9	982	2	343
桂林山水（二）	4	233	6	823	1	243	0	0	7	467	1	345

81

趣,培养好奇心;说明文《太阳》通过描写太阳的特点以及与人类的密切关系,激发儿童研究天体的热情;儿歌《大海》通过描写大海的美、大海的大以及大海的物产丰富,激发儿童对大海的热爱;《燕子》通过描写燕子的外貌美、飞行美、静止美,激发儿童对大自然的热爱;《桂林山水》通过描写桂林山和水的特点,激发儿童对祖国大好河山的热爱;《小音乐家扬科》通过描写小音乐家扬科因为偷拉了一下地主家的小提琴而被打死的故事,揭示出旧社会人与人之间的不平等、旧社会制度的残酷。李吉林课堂教学中完美地呈现出了以上教学内容。

值得一提的是,情境教学创设的情境是再现教材文本本身具有的情境,它不是独立于书本之外另创的情境,创设情境的目的是完成教材规定的教学目标。即通过再现教材中鲜明的形象,引导学生更好地感知教材,理解文本中的语言文字。这种坚持以教材为根据来创设情境,坚持教材系统性、基本知识和基本技能训练的教法,避免了追求感性活动、情感活动而忽视甚至牺牲科学水平的片面性,也保证了情感、艺术认识活动不流于形式。① 这一点与杜威和罗杰斯不一样。罗杰斯根本没有提及教材,而杜威不以既定教材(历史经验)为根据来创设情境,相反还要把"教材"本身改造成学生个体体验情境。高水平的教材,内含着高级的情境、高级的艺术或审美活动②,精选千古传诵的名家名篇为教材,是我国语文教学的宝贵经验之一。情境教学充分认识并充分保留、利用这一宝贵经验,使其独具特色。

2. 教学方法隐含的教学内容

学科与人的关系通过互动与对话进行,互动与对话的方式方法蕴含着育人内容。"事情怎么说的、做的,要比说了、做了些什么更有影响力。"③不同的教学方法隐含着不同的育人因子。教学方法本身传递价值。如情境教学法常常将所要学习的新知识与学生的生活经验联系在一起,除了能够拉近新知识与学生的心理距离,有助于理解外,还在潜移默化中告诉学生,书本知识与我们的生活息息相关。同时,其他各种教学方法也蕴含着不同的育人内容:鼓励学生发现问题、提出问题的教学方法教会学生质疑的精神和勇气;鼓励学生独立解决不懂的问题,培养了深入钻研的精神和勇气;大胆

---

① 顾明远.李吉林和情境教育学派研究[M].北京:教育科学出版社,2011:90.
② 顾明远.李吉林和情境教育学派研究[M].北京:教育科学出版社,2011:90.
③ 莫尼卡·泰勒.价值观教育与教育中的价值观(中)[J].万明,译.教育研究,2003(6):50.

在老师和同学面前表达自己的看法,培养了敢于自主表达观点的精神和勇气;课堂上鼓励自主探究,尊重了学生的自主性,表达了对学生能力的信任和尊重;让两个或多个学生一起完成任务,培养了合作的精神;课堂上常常让学生张开想象的翅膀,培养了爱想象、爱创造的思维;教给学生学习的方法,为自学提供了帮助……

如《大海大海》第一课时的案例。

师:小朋友,我们南通有一条河,叫什么?

生1:濠河!

师:对了。从北濠桥到人民公园,都会看到濠河。树啊,房子啊,都倒映在河里。我们到了狼山,就看到一条比濠河还要大还要宽的河,那个河叫什么?

生2:长江。

师:比长江还要大,还要宽是什么?

生3:大海。

师:嗯,那就是大海。李老师很想知道,在我们班上,哪些小朋友去过海边,亲眼见过大海?

生4:我在大海边照相的。

师:在哪个大海?

生5:在青岛大海。

师:那你说说你看过的大海是什么样的?

生6:是蓝色的。

生7:很深。

生8:我去大海的时候,太阳一出来,特别好看。

师:她还在海边看到海上日出。

师:电视里的大海的画面看到过吗?

生9:我在"我爱厨房"节目里看到在海边烧菜。

生10:我在海洋世界里看到的。

这则教学片段是儿歌《大海大海》的导入。对于居住在南通的学生来说,大海在遥远的天边。李吉林老师课堂联系南通城区的护城河"濠河"、狼山脚下的"长江",学生一下子知道了大海的特点:比长江还要大,还要宽;接着又让去过大海的学生说说大海的样子,同时关注到没有去过但电视里看到的学生。这样"大海"几乎与每一位学生的直接或间接生活经验联系了起来。这种联系拉近了学生与教材的距离,同时也传递出知识来源于生活,生活是知识的源头的信息,所学的知识可以运用于生活的理念。

3. 教学过程引申的教学内容

教师教育学生的过程,就是以一定形式影响学生的过程。前几年被网络疯狂转载的美国教师教学《灰姑娘》的故事告诉我们,不同的教师教学同一内容,对学生的影响内容不一样。对于中国教师而言,灰姑娘从一个普通女孩飞上枝头变凤凰的浪漫爱情故事,常常告诉我们苦尽甘来的道理;而美国教师通过巧妙的引导,精心的设计,使得学生们学到这些道德准则:一个守时、爱整洁的人更加有机会成功;每一个母亲都深爱着自己的孩子;没有人能离开朋友;每个人都要自爱;要做一个善于批判、质疑的人等等。[①]

教师在课堂教学中不可能做到价值无涉。教学过程引申的教学内容不是教材规定的,也不是教学方法蕴含的,而是她在教学过程中或根据教材拓展的,以及在行为动作中隐含的。有的内容是设计好的,有的是不经意的一句话一个动作流露出的。比如,李吉林老师在课堂上邀请小朋友做小老师时,小朋友许多都举手,跃跃欲试,这时她说:"请一个到现在没举过手的同学。"这句话传达出课堂上关心每一个孩子的理念,老师多次提及后,学生也学会了关注每一个同伴。对于还没有回答到问题的那一个来说,老师把争先恐后的机会留给了他,让他体会到了被尊重,同时也通过行动表达了公平意识。

再如《萤火虫》一则教学案例。

(学生表演,小花和小草睡觉了,萤火虫围绕着它们轻轻地转着,照看着它们。作家在一旁问道:"萤火虫,你不觉得你的灯光太小了么?不觉得你是在燃烧你自己么?"萤火虫一边飞一边摇摇头。)

师:萤火虫没有回答,还是提着那盏小红灯,不停地飞舞在万花丛中,太阳出来了,天亮了,小花小草醒了,做这个动作(让学生做醒来伸懒腰状)。你们要不要跟萤火虫说话?你说吧。

[①] 孙艳红,付凤霞. 德育应尊重受教育者的主体性——美国教师讲《灰姑娘》课例给我们的启示[J]. 教学与管理,2010(13):39—40.

生42:谢谢你,萤火虫。

生41:不用谢。

师:你还要怎么谢它?

生40:谢谢你,萤火虫。

师:你为什么要谢它?

生40:因为你让我们睡了个好觉,使我们变得有力了。

师:休息好了,是不是啊?萤火虫辛苦了,你怎么回答?

生41:不用谢,我只要给你们一些灯光我就心满意足了。

这是一段"萤火虫小心地照看花草的世界"的角色扮演后缀。当萤火虫飞舞完,书本的情节已经表演完毕,然而当花草的扮演者醒过来时,李吉林老师提醒她们要对辛苦的萤火虫表示感谢。对别人的帮助要心存感激,而不是心安理得,这是每个具有良好修养的人的基本素质,这一素质在李吉林老师课堂中巧妙地涉及到了。总结李吉林在课堂教学过程中引申的教学内容如下:科学性、爱家乡、爱鸟类、审美、感激、关心他人、公平、同情他人、观察、仔细认真、想象。

(二) 教学方法要素分析

1. 重视语句的训练,不排斥讲授,但是训练和讲授都是在情境中进行

《中国大百科全书·教育》对讲授法的解释是:教师通过语言描述,进行情境描绘、事实叙述、概念解释、原理论证和规律阐明的教学方法。[1] 不知从何时起,讲授法成了大众批判的对象,许多人认为讲授就意味着"注入",意味着"不尊重学生主体",总之是一种教学思想陈旧不先进的体现。然而,即使在新课程改革思想席卷整个教育领域的时候,李吉林老师也清醒地指出,"教师的主导地位不能丢。""一个小学一二年级的孩子,没有老师的引导,你让他们怎么自主学习?"与一位青年教师备全国语文教学大赛时说:"当讲则讲,不要怕!"从上面的研究结果中可以看出,李吉林课堂中也有不少时间是在讲授。

总结起来,李吉林课堂讲授的特点如下。

首先,讲学生不懂之处。以《大海》中的教学片段为例。

---

[1] 姜椿芳,梅益. 中国大百科全书:教育[M]. 北京:中国大百科全书出版社,1985:142.

师：大海的"海"音挺容易念的，哪儿比较难？

生：写。

师：哪个部位？是左上，右下，还是哪儿啊？

生1：右下角。

师：好，我们现在来写这一部分。

（示范"海"的写法）

对于"海"这个生字的教学，音和义都比较容易。课堂上，对于这部分学生能够自己学会的地方，李吉林老师轻描淡写地一带而过。然而"海"的字形有些难度，教学时，李吉林老师一下子抓住学生的难点，并对其进行范写、讲解。讲在难点处，是李吉林课堂讲授的重要方面。

其次，讲学习的方法。

如在讲授《太阳》一课时，李吉林讲解解决问题的方法。

师：那么这些问题我们怎么来解决呢？李老师给大家想了三个办法。一个就是书上的《太阳》这篇课文回答了你们一些问题；第二呢，还有几个问题留到你们自己去阅读一些课外相关的书籍，通过自学解决。还有一些问题可能是现在，比如说人们能到太阳上生活这样的问题，现在全世界的天文学家还不能做出回答，等你们和一代又一代的科学家去研究它，揭开它的秘密。

再如《萤火虫》教学片段中，李吉林教给学生通过猜一猜的方式理解课文关键词语的方法。

师：看哪些小朋友会自己把词语的意思搞清楚。李老师教你们一个办法，遇到不理解的词可以猜一猜。比方说，"萤火虫在夏夜的草地上低飞"，"夏夜"这个词我们没有学过，你能不能猜一猜"夏夜"是什么意思？

生1：就是夏天的晚上。

师：说得非常好。再比方说，"燃烧"这个词中，"烧"是小朋友们懂的，"燃"也是火字旁,是什么意思?

生2:就是整个火都烧起来了。

师:燃烧就是烧起来。

……

"授人以鱼不如授人以渔"。作为刚刚踏进学校不久,没有几年学习经历的小学生,对学习方法知之甚少,如果教师在这方面放弃主导地位,那学生的学习效率就会大打折扣。所以李吉林老师常常在课堂中讲读懂词语的方法,读懂课文的方法,读书做记号的方法等。这种课堂讲授法的应用给我们提供了很大的启示。

事实上,几乎所有的教师都不可能避免讲授,哪怕是苏格拉底以及他的信徒也是如此。具体选择讲授教学还是发现教学,取决于教学内容和学生需求。

再次,在情境中训练语言。

李吉林老师课堂教学还有一个鲜明的特点,就是几种教学方法常常组合起来使用,形成一个整体。比如课堂讲授常常与语言训练、想象结合起来,在情境中想象,在情境中训练语言,在情境中完成情感熏陶。融合多种活动的教学像一块磁铁,深深吸引着学生的注意力。

如在教学《我们去寻找美》时,李老师让学生分别当《雨》《外婆家》《冬天》《瑞雪》四篇写景类文章的小作者,并且将小作家组成一支旅行队,一起到大自然中去,到生活中去寻找美。

李老师在讲授时,语言描述道:我们出发了。在途中,我们遇上了一场雨。后来路过"外婆家"。转眼,就到了冬天,来到"松坊溪",看到"松坊溪"的雪景,看到了"瑞雪"。

现在你们这些小作家们想想看,在你们写文章以前,你们在雨中,在纷纷扬扬的雪花中,在松坊溪的石桥上,在外婆家的藤花书屋前,是怎样地用眼睛去看,去寻找美的?哪些同学看得是很细的,才写出了这么美的文章?

板书:我看到_____,_____。

生:我看见雨水落在屋顶上,溅起一朵朵水花,就像一层薄烟笼罩在屋顶上。我觉得这很美。

……

师:(课文描写的画面,展现在学生眼前,让学生获得真切的感受)这就说得非常好。谁再来说,你还看到了什么?也可以说,我不仅看到了什么,还看到什么。

板书:不仅_____,还_____。

生:我不仅看到了雨点打在地上汇合成了一条条小溪,还看到小朋友们打着雨伞,好像开着一朵朵伞花,美丽极了。

在这则教学片段中,李吉林创设情境,让学生担当每篇课文的作者,回到作者创设的情境中,引导学生回忆课文内容并复述,训练递进关系关联词"不仅……还……"的用法。情境的创设、角色的转变激发了儿童语言训练的兴趣,激起的想象拓宽了语言训练的思维。

李吉林老师的情境课堂还将语言的训练与情意的培养两者融洽地融合在一起。以《桂林山水》第二课时教学为例。

师:我们站在这儿只想到桂林吗?(停顿)桂林的山水是祖国山水的一个部分。祖国大地上有许多山山水水,名山大川。和山水意思相近的词有?

(生交流出河山、山河、江山等)

师:好,太多了。河山啊,山河啊,江山啊,我们还可以加上什么形容词,让他们变成一个词组,来说出祖国山河的美?放在前面也可以,放在后面也可以。

(生交流出"锦绣山河""大好河山""壮丽河山""江山秀丽""江山如画""江山多娇")

生齐读词组。

师:看哪个同学用这里的词语搭配说一句话来赞美我们祖国的河山。会吗?感叹也好,表达你的爱也好……

生1:祖国的江山真美啊!

生2:我为祖国有这样的大好河山而自豪!

生3:我爱祖国的大好山河!

师:好!如果我们非常非常爱,我们能不能用反问句表达?

生4:祖国壮丽的山河难道不值得我们爱吗?

生5:难道我们不爱祖国的大好河山吗?

生6:祖国的大好河山怎能叫我不爱?

生7:江山如此多娇,怎能叫我不爱?

……

在这个教学片段中,李吉林进行了山水词语的举例:"山河""河山""江山";学生学会了赞美祖国山河美丽的词语:"锦绣山河""大好河山""壮丽河山""江山秀丽""江山如画""江山多娇",进而连词成句,赞美祖国的大好河山。在连词成句的训练过程中,学生的情意得到陶冶,为祖国河山而骄傲之情溢于言表。既夯实了语言运用的能力,也培养了学生对祖国的感情。在此,语言的训练积累与情感的培养共存共生,这也是李吉林的讲授法的高明之处。

2. 自主探究是李吉林老师课堂的重要方法

《基础教育课程改革纲要(试行)》中将"探究"定义为这样一种学习方式和学习过程:"在教学中,学生自主、独立地发现问题,进行实验操作,展开调查,学会搜集与处理信息,并进行自主表达与交流等,从中得到知识、技能,以及情感与态度的提升与发展,特别是获得探索精神的培养和创新能力的发展。"[1]本研究中,将学生自学、学生提出不懂的或者懂的问题、学生评价、学生当小老师、自主选择、交流讨论、学生表演等都归为学生自主探究学习的行动。

学问起于"疑",疑是思之始,李吉林老师的课堂常常鼓励学生发现问题,提出问题。如下面《太阳》的教学片段。

师:读了课题,你有什么想问的吗?(鼓励同学们对太阳提问)

生1:太阳究竟有多少大?

生2:我想知道太阳有多少岁了?

生3:我想知道太阳的光有多少热?

生4:我想知道太阳底下有什么东西?

生5:我想知道初升的太阳和中午的太阳有什么不一样?

生6:我想知道太阳为什么能发光?

生7:我想知道如果没有了太阳,人类会是什么样子?

---

[1] 钟启泉,崔允漷等.为了中华民族的复兴,为了每位学生的发展——《基础教育课程改革纲要(试行)》解读[M].上海:华东师范大学出版社,2001:261.

生8:我想知道人类能不能在太阳上生存?

生9:我还想知道太阳对人类有什么作用?

师:同学们提出了很多的问题。

如何解决问题呢?李老师常常鼓励学生自主探究解决问题。如在教学《萤火虫》中,学生提出"萤火虫为什么要小心地照看花草的世界"时,李吉林老师用角色扮演的方式鼓励探究。老师邀请两位小朋友上台,戴上头饰,分别扮演萤火虫和小花。然后老师语言描述,带领学生进入情境:

师:现在是夏天的晚上,你们已经睡了(指表演小草小花的学生,学生闭眼作出睡觉的姿势)你是萤火虫,小心地照看它们,你想应该是怎样的?嗯,小心地,一只脚踮起来,哦,这样,小心地,看好了,嗯,好,飞得真好。(表演萤火虫的学生轻轻地上下挥动着胳膊作出飞的动作,绕着小草和小花飞了一圈)表演好了回到座位上。小朋友现在说说看,刚才你们看到,萤火虫为了照看花草的世界是怎么飞的啊?(拿出一个写有'萤火虫[　　　]飞着'的小黑板挂在黑板上)

学生根据情境,说出了"轻轻地""慢慢地""悄悄地""小心地""不停地""一闪一亮地"等词语,李吉林继而采访表演萤火虫的同学,让他说说为什么会轻轻地飞。

生10(表演萤火虫的学生):因为小草小花都睡着了,我不能惊动它。

其他同学也纷纷补充:

生11:因为萤火虫要照看它们,要是坏人来了就会把小草和小花给害掉了。

生12:因为小草和小花都睡着了,萤火虫不应该吵醒它们。

生13:因为萤火虫想给它们睡个好觉。

……

从上述案例中可以看出,角色扮演者和观众都在表演过程中得到意义提升。萤火虫扮演者走进萤火虫角色的内心,带着角色去体验,通过表演将理解到的内容进行自我表现,对角色产生亲切感、认同感,理解了课文,同时也加深了内心情感体验。"在观赏者那里,游戏好像被提升了它的理想性。"①从这个意义出发,作为观众的学生一同参与了表演情境,他们通过观赏表演感受故事,理解了情节中所蕴含的意义内容。

学生课堂中的主体性、积极性还来源于李吉林老师的鼓励。如李老师读完课文后,会主动要求学生评价她读得怎么样,还鼓励学生超过老师。如下面《大海大海》教学片段。

师:老师读得怎么样?
生:李老师念得非常好。
师:哦,念得非常好。你们给不给我鼓掌?
　生鼓掌。
师:你们也仔细念念,我听听看谁比李老师念得还要好。

久而久之,教师、同学读完课文或者回答问题时,不用提醒,学生就会自动评价。如李老师读完《燕子》这篇课文后,学生说:

师朗读课文
生1:李老师,我觉得这篇文章写得很美。
生2:你读了这篇文章,我仿佛看见了小燕子。

当一个学生回答问题时,另一个学生会紧跟评价。如《小小的船》教学片段。

师:这儿用了两个"弯"字,"弯弯的月儿",你们觉得这月儿怎么样?
生1:用了两个"弯"字,好像这月儿弯得要命。
生2:他说得不对。不是弯得要命,是弯得很好看。

---

① 伽达默尔 H. G. 诠释学 I 真理与方法[M]. 洪汉鼎,译. 北京:商务印书馆,2019:161.

值得指出的是,李吉林老师课堂中的"自主探究"是一种探究意识的培养,探究精神的熏陶,探究方法的尝试,这种自主探究还是在教师主导下实现的。

3. 想象是李吉林课堂教学方法的鲜明特色

想象是情境教学法使用频率较多的教学方法之一,几乎每一节课都有所涉及。李吉林老师还专门就"想象"主题开创了综合课的新课型,可见想象在李吉林老师观念意识中占据的重要地位。

首先,创设美的情境,激发想象的兴趣。

师:(描述)如果现在正是夜晚,你坐在院子里,抬头看着蓝天,蓝天上有月亮又有星星。你看着这弯弯的月儿,觉得它多像一只小船,你们看着看着,好像飞上去了。下面听老师弹琴。(弹《小小的船》曲子)

师:现在你们眯上眼睛,听着琴声,好像坐上去了。

("小小的船"乐曲在教室里回荡,听着李老师弹的乐曲,小朋友们都入了神,有的果真眯上了眼睛,显得十分甜美。)

师:听着琴声,哪些小朋友觉得自己好像飞上了月亮?

生1:我飞上去了。

生2:我也飞上去了。

生3:我好像坐在弯弯的月亮上了。

师:现在啊,你们好像已经飞上了蓝天,坐在了小船里。你们坐上月亮,看到了什么?我们唱着歌想想。

(乐曲伴随着小朋友们的歌声)

李吉林曾说过:"教学需要美,但是现实生活中我们的教学却常常忘却了'美',远离了'美'。课堂教学便成了没有色彩、没有生气、没有情趣的单纯的符号活动。我常常在心里想着:美,是教育的磁石。这块磁石就在我们老师备课笔记的旁边闪烁着光亮,是拿起还是放下,教学的效果就大不一样。"[1]片段中美的情境激发了学生想象的

---

[1] 李吉林.一个值得倡导的教学原则:美感性[J].人民教育,1998(04):36.

兴趣,学生们非常乐意主动融入情境,张开了想象的翅膀。在这样的情境中,身心愉悦,思维开阔,给想象提供了很好的条件。

其次,提炼想象的方法。如《插上想象的翅膀》教学片段。

师:(边讲边画)最爱想从地上想到天上,和小白羊说起话来了,哪些小朋友也能像最爱想那样,和大肥猪、老黄牛、大海龟、圣诞老人说说话?

师:最爱想能从地上想到天上,又从天上想到地上,从现在想到未来,能把一个个现成的模样组合成新的模样。

在第一段中,李吉林老师提醒学生拓宽想象的空间,可以"上天入地";同时给学生们提供想象的榜样"最爱想",也就是书本中是如何想象的,根据书本句子进行模仿,再创造。第二段中,进一步总结想象的方法,除了从上天入地的空间入手外,还可以从古至今的时间维度进行想象,把熟悉的现成的模样进行组合。

最后,用多种形式呈现想象的成果。

朗读是想象情境的呈现方式之一。如《萤火虫》教学片段。

师:学到这里,很多小朋友似乎看到了这个画面:在夏天的晚上,天上有很多的星星,星空下是一片草地,草地上是一片花儿,有小铃铛,有喇叭花,有白色的荠菜花,还有黄色的野菊花儿,而萤火虫就在这美丽的万花丛中飞来飞去,小心地照看着这美丽的花草世界。哪些小朋友看到了?看到的小朋友读起来就不一样,接下来,我们来读。

生:(感情齐读)。

学生们常常乐意与别人分享想象出来的画面,因此,语言表达、句式训练等语文的语用目标常常在想象中不知不觉地实现。继续上面《小小的船》的教学案例。

师:现在你已经飞上了蓝天,坐在月亮上,你看见了什么?
(出示一句式,凭借情境进行句子训练)
我看见——
生1:我看见星星。

生2：我看见北斗星。

生3：我看见一颗人造卫星。

生4：我看见许多星星向我眨眼睛。

师：我发现这个句子小朋友们说得很好。刚才有同学说我看到了星星，星星这么亮，向我们眨眼睛，这可以说什么样的星星？

生5：就是闪闪的星星。

师：对。闪闪就是一闪一闪。你们看——

（老师走近教学挂图，启动教学挂图上的控制键，图上的星星一闪一闪。）

将想象通过肢体语言表演出来是呈现的又一方式。学生之间的表演会使表演者之间的想象成果相互激荡叠加，又可以激起观赏者的想象，这是一个能让想象荡漾开去的良方。以《太阳》教学片段为例。

师：请一个同学做太阳公公，一个同学做同学，你有什么问题就问太阳公公，太阳公公回答你，也可以太阳公公问你，你回答。现在你们根据这一课，用问答的形式编出来，同桌之间商量商量。

同桌角色表演。

师：谁做太阳公公？谁做小朋友？

（自我介绍后）

生1：我有几个问题非常想问你。

生2：那你就问吧！

生1：你离我们地球有多远啊？

生2：一亿五千万公里。

生1：我非常想到你家做客，要走多久啊？

生2：那时间就长了，要走三千五百年才行。

生1：要是坐飞机呢？

生2：要走二十年。

生1：原来是这样啊！太阳公公，听说你与地球的关系非常密切，我想知道你与地球有什么关系啊？

生2:如果没有我,地球上就没有庄稼,那你也就不能吃到可口的饭菜。

生1:原来是这样啊!我想知道你的表面温度是多少?

生2:六千度。

生1:那么中心温度呢?

生2:是它的三倍,有一万八千度。

生1:原来是这样,我学到了不少知识,谢谢你,太阳公公。

生2:不用谢。

学完了课文,李吉林老师让学生想象自己与太阳公公之间的对话,角色之间的问答必然会激起对方以及观众更深入的想象。而角色的进入又拉近了学生与角色的亲近感,增加想象的可能性。

第三节 情境教学法个性特征及应用关键

情境教学法是李吉林首创的一种教学理论和方法。这种教学法是李吉林在长期的教学实践中不断总结鲜活经验,结合自己的创造逐步形成,是一种经得起检验的教学方法。

一、个性特征

情境教学法深受我国古代文论的影响,注重"情",高度重视环境对儿童发展的影响,主张"人为优化环境"。

(一)古今异同

在情境中教学的思想,可谓源远流长。人类最初就是在生活情境中进行生活技能、生活规范等方面的学习。将"情境"运用于"教学"不是现代教学的独创,也不是本国教学的独创。

我国古代著名教育家孔子于杏坛讲学,北宋教育家胡瑗带学生游历考察,都算情境教学。耳熟能详的《三字经》记载的孟母教子的故事,堪称情境教育的典范。当四周的环境不利于孟子学习时,孟母果断搬迁;当孟子学习想半途而废时,孟母将辛勤织成的绢丝割断,用这样的情境告诉孟子,学习和织布一样,需要日积月累,积少成多,半途放弃就前功尽弃。

西方教育史上也有类似的记述。古希腊教育家苏格拉底从不给学生现成的答案,而是通过创设情境不断追问,促使学生自己完善自己的思考,从而得出正确的结论。法国启蒙思想家卢梭在《爱弥儿》中也常常通过情境进行教学;前苏联教育家苏霍姆林斯基常常把儿童带到大自然中进行学习;还有保加利亚心理学家洛扎诺夫创造的通过播放轻松愉快的音乐,表演生动有趣的短剧等暗示手段的暗示教学法,这些都是情境教学的典型案例。

教学离不开情境,优秀的教育者都重视情境在教学中的作用。以上案例虽未冠以"情境"之名,但都含有创设教学情境之意。有的是先有情境,然后再进行即兴教学;有的是注重环境氛围的营造,再进行教学。区别于李吉林情境教学之处在于,李吉林情境教学具有明确的教育目的、完整的教育计划,是根据教育目标来优化情境,营造氛围。

第一次明确将"情境"与教学联系起来的是杜威。在《我们怎样思维》一书中,他用具体实例提出"思维起于直接经验的情境",他认为教学过程起源于情境,提出"五步教学法":"情境——问题——假设——推理——验证"[1]。至此,"情境"成为教学法的组成部分,成为教学的出发点。

(二) 中西异同

20世纪80年代末,伴随着信息加工及心智计算机的蓬勃发展,认知领域发生了巨大革命,情境认知与学习渐渐变为认知与学习领域的主要方法[2]。1987年,时任全美教育研究会主席的美国心理学家瑞兹尼克发表《学校内外的学习》(Learning In School and Out),后全文发表于《教育研究者》第16期。她在文中阐述了学校情境学习与日常生活情境学习的不同。学校情境中的学习是个体化、抽象的;而学校情境外的学习则具是具体的、合作的,具有情境化等特点与优势[3]。有研究者认为,她的这一

---

[1] 约翰.杜威.我们怎样思维[M].姜文闵,译.北京:人民教育出版社,2018:87.
[2] 吴刚.论中国情境教育的发展及其理论意涵[J].教育研究,2018,39(07):31.
[3] Resnick, L.B. The 1987 Presidential Address Learning In School and Out [J]. Educational Researcher, 1987,16(9):13-54.

论述促进了以情境理论为重点的参与观点的发展。她的演说及相关论著为后人研究情境认知与学习做了里程碑式的工作①。

"情境认知"的概念首次出现是在1989年,在由布朗、柯林斯和杜吉德(Brown, Collin和Duguid)撰写的论文《情境认知和学习的文化》中出现。他们认为,知识具有情境性的特征。对于认知和学习来说,活动和情境不可或缺。认知学徒制尊重知识的这一特征,鼓励学生在真实的实践活动中通过活动和社会交往适应文化,将知识和任务镶嵌在情境中,在真实的活动过程中将隐性知识明晰化,自主探索得出相关的模型、策略,最终引导学生独立学习。②

李吉林老师提出的"情境教学"比美国瑞兹尼克的讲演早了9年。探索之初彼此并不知道大洋彼岸的具体理论与操作,但是两者在实践中表现为一定的"异曲同工"之妙。如两者都注重"情境"的创设,凸显学习者的主体地位,关注共同体的建构、教师的作用……但是不同的国家、不同的改革目标以及不同的文化背景,又让两者呈现出多种层面的差别。

李吉林情境教学与国外的情境认知与学习产生的背景和改革的目标不一样。西方的情境认知与学习改革之初的宗旨是使学生在课堂中的学习更易于迁移到日常生活的问题解决,培养学生独立识别问题、提出问题,解决现实问题的能力。③ 我国的"情境教学"产生于20世纪70年代的中国,为了改变沉闷枯燥的课堂教学现状,作为一名普通的小学老师,李吉林选择了以自己的课堂为试验田,运用情境教学,激发学生学习兴趣,提高学习效果。和国外的理论相比,更注重实践的可行性,更贴近中国的国情。是先从实践中生成问题,在教学一线的探索中积累解决问题的经验,然后逐渐获得理论的自觉,酝酿成为一种带有体系性的方法论④。

李吉林"情境教学"发端于中国传统文化"意境"。这一理论依据让它独具特色:讲究"真"、追求"美"、注重"情"、突出"思"。⑤

---

① 王文静. 基于情境认知与学习的教学模式研究[D]. 上海:华东师范大学,2002:25.
② Brown J S, Collins A, Duguid P. Situated Cognition and the Culture of Learning [J]. Educational Researcher, 1989,18(1):32-42.
③ 王文静. 基于情境认知与学习的教学模式研究[D]. 上海:华东师范大学,2002:87.
④ 温儒敏. 情境教育开启新课题[J]. 人民教育,2013(Z3):12—13.
⑤ 李吉林. 情境教育的独特优势及其建构[J]. 教育研究,2009,30(3):52—59.

讲究"真"是指教学与真实生活链接,开始运用于语言的学习,以填补符号学习与真实生活相距甚远的鸿沟,后来拓展到数学等理科。情境认知与学习也讲究"真",但是它是指"真实的问题"情境,一开始就运用于数学等理科。

"情感"是情境教学的根本灵魂,情境教学首先"激情",以情感激发学生学习的兴趣,然后又以"冶情"为目标,培养学生的健康情感。这与情境认知与学习有本质区别。后者更关注问题的解决、迁移及应用,很少关注情感,更不会以培养情感为目标。

"美"是李吉林情境教学对情境理论的巨大贡献。如果说情境认知与学习在注重人际合作与交往的过程中不可避免地会产生"情"的话,那"美"在西方情境理论中只字未提,是李吉林情境教学的鲜明特色,它保证了儿童的发展方向——"趋美"。

(三) 特征

李吉林情境教学法中的"情境"具有以下几个特征。

1. 整体性

情境是一个互相联系的整体。勒温认为,个体和对其行为发生影响的所有环境之间形成一个心理场,"人—境"相互作用时,所有的环境作为一个整体,人也作为一个整体,不再单单是人的感知觉或人的某种个别属性。情境教学将情境作为一个心理场,一个整体,作用于学生的整体心理。儿童对整体的情境表现出整体性的反应,而不是对其中的各个要素作出孤立的反应。

2. 动态发展

情境是动态发展的,是一种"朝向目标"的过程,而朝向目标便包含着一种过程性。过程本身蕴含着动态发展的意义。同时,情境是针对当时当地的活动而言的,具有即时性的特征,是动态发展的,个人为了适应情境的变化性也是动态发展的。情境教学中情境的动态发展表现为师生对情境的主动建构,情境中活动着的师生根据当时情景不断建构生成着新的情境。

3. 艺术性

情境具有艺术性。艺术性是李吉林"情境"最显著的特征。她将艺术的手段运用于教育教学,创造了多种美化情境的手段,如图画再现、音乐渲染、表演体会、语言描绘等。艺术性让李吉林情境充满美感。美是人对自己的需求被满足时所产生的愉悦反应。情境教育人为优化的情境充满童真童趣,服从儿童的需要,贴近儿童的心灵,符合儿童的天性。

4. 开放性

情境具有开放性。情境系统不是封闭的,而是开放的。李吉林主张"意远",以及后来的"拓展教育空间",把儿童从封闭的学校带到开放的自然和社会的真实情境中,让广阔的教育空间激活儿童的思维。李吉林很多精彩的课例都来源于开放的即性教学,比如野外观察课"桂花"。同时在学校中把创设古今中外的各种情境的标准设定为"富有典型意义""简易粗略""可想见可意会",这种模糊的、开放的情境给了儿童充分的想象空间。

5. 个体性

情境具有个体性。情境教学从不提"模式",只是提出"原则""要素""范式"之类的词语,就是因为看到了教学的情境性、灵活性、个体独特性。不同的个体对不同的情境心理反应不同,不同的情境对不同的个体呈现出差异性,即使是同一个情境对不同的儿童在心理上的反应也会相异。因此,情境具有个体性,同时也具有不可复制性。

二、应用关键

(一) 凭借情境进行教学

知识教学需要结合儿童的经验和儿童的情感,如果教学与之脱离,则教学始终是和儿童"有距离"的教学。情境教学的课堂找到情境这一凭借,拉近知识与学生的心理距离。

首先,知识呈现于情境。语言文字是表达思想、交流情感的工具。如果在学习的过程中,只是"从概念到概念",那"活泼泼的文字变成了僵死的东西,活生生的形象黯然失色"。我们的汉语最讲究神韵,如果不对其中的形象进行深刻的感受,不对其中蕴含在字里行间的情感进行体会,不对语言文字进行品尝、意会,那么学生就无法读出作品的好,进而无法写出好文章。[①] 情境教学在呈现知识时,常常与学生的经验相联系。呈现于情境的知识变得立体丰满,熟悉可触摸,可感可知的知识激发了学生的学习兴趣。

其次,知识获得于情境。通过纯理性的分析开展教学是低效甚至无效的。情境教

---

① 李吉林.搬掉语文园地的"两座山"[N].光明日报,1998-04-01.

学主张将知识的学习镶嵌于生动的情境中。还原作家创作时的情境,将作家创作时的思维活动可见化,展现作家的语言活动,再现作家的情感经历。让学生在情境中充分活动——去听,去读,去说,去写,去感受,去体验,去探究……同时进行语言的训练,即训练其掇字酌句、修辞手法、布局谋篇。一个个或美好、或充满挑战的情境给予学生体验和感悟的空间,为学生提供了观察思考、参与表现、动手操作的机会。学生在情境中有所思、有所感、有所悟,知识在情境中得到理解、体验、反思和创造。

最后,知识应用于情境。

精心创设、优化情境,能够启动形象思维,但最终落脚点是语言训练和智力发展。所以来源于情境中所学到的知识终究应还原到情境中,到情境中应用。情境教学创设情境,给学生提供知识运用的不同场景,有利于知识的迁移。

(二) 关注学生的学习经历

情境的创设为知识的学习、技能的获得以及情感的熏陶提供了条件,但是究竟能不能获得最终还取决于学生是否参与到教学中来。没有学生的参与,教师的能力再强,情境的创设再新奇,也不会达到教育的效果。只有学生参与了课堂教学,这个课堂才会成为对于学生而言有意义的课堂。

因此,学生是情境教学课堂的主人。通过设计一系列学习活动,促使学生经历学习过程,进行语言实践,历经思维过程,体验丰富情感。学生或成为天文学家,课文成为他们研究天体奥秘的重要资料;或成为作者,重回创作时所见所感的情境;一会儿插上想象的翅膀上天入地,穿越古今……学生在教师的引导下,在情境中自学、交流、讨论,亲历学习的过程,获得了知识,发展了技能,陶冶了情操。学生亲历学习过程,主动深入课堂所获得的知识技能,才是对自己有意义的个人知识。关注学生学习经历,是情境教学取得较好效果的秘诀所在。

(三) 重视语言实践能力的培养

不少对情境教学存在误解的老师认为,情境教学是"花架子",华而不实,有些教师甚至为了课堂效果"为情境而情境"。其实这些都是对"情境教学"的误解。忽视语言文字能力培养的情境教学是危险的"空中楼阁",不是真正的李吉林"情境教学"。从李吉林课堂教学录像中可以看到,李吉林老师花费大量的时间讲解训练体悟语言文字,主要包括拼音的教学,字词的书写、理解,句子的口头训练、书面训练,语感的体会,修辞手法的学习等多方面。与传统教学不一样的地方在于,这些教学工作不是枯燥被动地注入,而是让学生在生动的情境中主动学习获得,即语言文字能力的培养是情境创设的重要目的。

在情境教学中,所培养的儿童的语言文字能力不仅是将其作为人际交往和阅读、作文的工具,而且把培养儿童对于祖国语言文字的热爱放在教学目标的十分突出的地位。民族的语言文字乃是民族文化的根基所在。民族的文化借民族的语言文字得以传承、发展,语言文字不仅是民族文化最重要的承载者,其本身就是民族文化,而且是它的核心组成部分。教儿童学习汉语,切不可只作为"工具科"来教学,还要培养他们热爱汉语的民族感情,用积淀其中的中华民族的历史文化传统熏陶他们。

(四) 兼顾理性发展和情感发育

情境教学是在李吉林老师不满纯分析的冷冰冰的传统教学现状基础上发展起来的,所以情境教学关注儿童的兴趣和情感。李吉林以一位女性所特有的敏锐,给予学生"投注或全身心投入"的关心[1],担负起对学生某种精神引领的责任感,保护他们的利益,促进他们的发展。美国著名教育家、哲学家和女性主义者内尔·诺丁斯认为,如果教师想成为真正的教师,而不是简单地教学生可学可不学的教科书资源的话,那么教师有必要成为关心者。[2] 而且是专业的关心。有了这份关心,课堂不再冷冰冰,而变得温情脉脉。儿童的感激、公平、同情等情感开始丰满。

然而,没有理性支撑的情感可能会让人成为情绪的奴隶。情境教学中关注儿童形象思维、逻辑思维、创造性思维的发展。利用观察发展儿童的形象思维能力,利用情境的逻辑顺序、情境蕴含的理念、训练语言等方法发展儿童的逻辑思维能力,借助观察所得的形象不断重组,创造新事物,以发展儿童的创造能力。

理性与感性如同双翼,互相牵掣,互相促进,最终达到人的全面发展的目标。

当然,此时的"情境教学"作为一个仍在发展中的教学思想和教学方法,也有诸多值得反思的地方。但是,早在20世纪八九十年代,能有如此先进的教学理念和教学方法,李吉林老师堪称基础教育领域改革开放的先驱。

---

[1] 侯晶晶,朱小蔓.诺丁斯以关怀为核心的道德教育理论及其启示[J].教育研究,2004(3):36.
[2] 内丁·诺丁斯.关心:伦理和道德教育的女性路径[M].武云斐,译.北京:北京大学出版社,2014:49.

第三章

情境教育的构建

从小学语文情境教学,扩展为小学阶段"全口径"的情境教育,然后到多系列的情境课程的设计与实施,再进入情境学习的研究,李吉林及其团队逐渐构建了一套完整的情境教育理论。

第一节　情境教育探索历程

情境教育追求整体的教育效果,以人格的发展和完善为目标,是对情境教学的进一步深化和拓展:从语文学科走向全学科;从学校教育拓展至社会和家庭,并在实践的基础上构建了理论……情境课程是情境教育的载体,是在情境教育实验过程中产生的,是情境教育的一部分。情境教育学习范式的提出是情境教育理论与实践的高度凝练,是情境教育发展的最高阶段。因此本研究认为,"情境课程""情境学习范式"都是"情境教育"发展的重要阶段成果。

一、从语文学科的改革走向整体教育改革

看到语文学科中的情境教学实验取得的良好效果,李吉林及其团队开始研究将情境教学法运用到其他学科。1990年4月,李吉林制定了"情境教育实验"的实施方案,方案中确定了情境教育实验的目标:促进学生发展和青年教师成长。实验的范围既包括语文、数学、思想品德、科学常识和音乐等各科的课堂教学环境的优化,还包括班队、课外活动情境的优化,学校校园环境、家庭环境以及校内外人际环境的优化。此外,还制定了改革管理体制、管理网络等。

情境教学首先向语文的相邻学科——思想品德课(现在的道德与法治)延伸。在思想品德课中创设生动感人的情境,将道德内容蕴含在情境中,使学生通过感受、体验、理解,充分感知思想品德教育的内容,体验道德情感。整个探索过程中强调两点:一是情感伴随,二是从儿童身边做起。

经过大量的实践,李吉林老师提炼出了情境德育主张:优化儿童的成长空间,让德育成为一种无形的影响力;缩短心理距离,让道德情感驱动道德行为;引导儿童自主,

让道德教育成为他们主动参与的实践活动。① 情境德育注重渗透性；关注行为和习惯培养，"以美激爱""以爱导行""以行养习"。

情境教学让当时抽象的、灌输式的、缺少成效的思想品德课生动活泼起来，于是开始在其他各学科开展实验。越来越多实验的展开，需要越来越多教师的参与。于是李吉林老师概括出所有学科开展情境教学的统一实验准则——情境教育"五要素"：诱发主动性，强化感受性，着眼创造性，渗透教育性，贯穿实践性。同时关注"两个特点，一个目标"，两个特点即"学科特点"和"儿童特点"，一个目标就是"为儿童的发展"。李吉林将此称为通往情境教育之门的"金钥匙"。全校各科老师掌握这个"金钥匙"，纷纷投入改革的浪潮，探索出各科情境教学的要领。

音体美艺术类课程创设情境时把知识、技能的传授镶嵌在情境中，培养儿童艺术、体育的素养，让儿童享受艺术、体育带来的快乐。并且明确，艺术课、体育课的目的绝不是把每一个儿童培养成未来的音乐家、画家、运动员，而是为了让学生在学习中懂得美、热爱美，从而丰富精神世界。主要实施点就是结合学科特点，将技能技巧的训练与想象相结合，同时情感驱动，以儿童活动为主要途径，在自我表现中开发创造潜能。②

科学常识学科是揭示规律，反映客观真理的。情境科学常识引领儿童关注周围世界中的科学现象，根据科学教育的特点，创设探究的情境，发展儿童对科学的热爱和探究的精神，激发他们的好奇心和问题意识；创设模拟情境，让儿童动手操作，感受科学的奇妙的同时，培养科学的实际应用能力。在探究和操作中，儿童真真切切地感知，积极思考，全身心投入。学生在整个过程中感受到科学的奇妙有趣，从而萌发出对科学的兴趣。

如何将情境运用于数学学科，经历了漫长的探索历程。刚开始，数学老师主动把语文情境教学的方法、手段搬到数学教学中，但是忽视了数学学科特点，使得情境在数学教学中的应用牵强附会，为了情境甚至削足适履。

有一次，有位数学教师要教学"长方体面积的计算"的内容，学校的图书箱给了李吉林启发，在和执教老师备课时，她建议，使用角色扮演，课堂中请学生扮演总务处主任，计算学校制作图书箱共需要多少张木板。学生们在兴趣盎然地动手操作中，很快

---

① 李吉林. 为儿童的学习：情境课程的实验与建构[M]. 北京：外语教研出版社，2012：290.
② 李吉林. 为儿童的学习：情境课程的实验与建构[M]. 北京：外语教研出版社，2012：309.

探究出长方体的表面积计算公式。这节课给老师们启示：数学和语文一样，都源于生活。数学学科的情境教学，也可以把生活带进数学的课堂。同时，数学是"思维的体操"，数学的学科特点决定了它需要不断地引领儿童去思考、去探究。数学学科所创设的情境，需要具有问题意识，具有可探究性。作为人类文明的重要组成部分，数学学科中也蕴含着丰富的美感，因此，儿童学习数学知识的同时，还要渗透审美的、文化的、情感的、道德的熏陶。基于此，李吉林提出了情境数学的三条主张：将数学与生活相链接，引导学生在真实的或模拟的生活情境中学习、运用数学；创设探究的情境，让儿童进行逻辑思维时伴随生动鲜明的形象；课堂教学中不直接告诉儿童数学公式，而是还原再现发明数学公式的情境，让学生感受数学的文化性和审美性。在这三条主张的引领下，学校数学老师自2003年起，参加江苏省小学数学优课评比屡屡夺冠。2017年，李大潜院士携上海数学教研基地专家走进情境数学，从专业的角度对三条情境数学主张给予了充分的肯定，认为它们非常适合小学数学学习。原来以"语文"专长的情境教学，在数学实践中也取得了令人瞩目的成绩。

为了促进儿童全面发展，情境教育不仅关注各科课堂教学，还关注其他影响儿童发展的因素，以构成一个广阔的、目标一致的、整体的育人环境。这个环境不仅包括校内，还走向校外。在校内不仅关注课堂，还主张创设洁、美、智的校园环境，和、美、助的人际环境，乐、美、智的课外活动环境；校园外包括走向大自然、走向社会的野外活动，优化亲、美、智的家庭环境等。所有环境统整的方式是以德育为主导，语文学科为龙头，情境活动为途径。这样的教育将课内与课外打通，教学与活动结合，学校与社会相连，保证了教育的整体效应。

1992年，李吉林受时任中国教育学会秘书长郭永福的邀请，参加中国教育学会在上海举行的纪念邓小平"三个面向"发表十周年的学术研讨会并发言。李吉林以《情境教学——情境教育的探索与思考》为题进行了重要发言，引发专家们的广泛关注。后《教育研究》和《中国教育学刊》分别刊登了这篇论文。通过这次会议以及这篇论文的发表，"情境教育"为学者老师们所知，情境教育的旗号被打了出去。

二、情境教育的课程建构

课程是教学的基本依据，是实现教学目标的基本途径。任何形式的教学改革，深入到一定程度时必然会触动课程,需要相应的课程来支撑。情境教学在课堂教学改革取得明显进展后,开始对现行课程加以改造,将情境教学、情境教育的基本主张落实在学校课程中,使教学与课程在情境教育思想的统一支配下实现有机结合。

1996年,李吉林在"全国'情境教学——情境教育'学术研讨会"上,首次提出"情境课程"的主张。情境课程吸收世界课程论各大流派的精华,关注杜威的活动课程、胡塞尔的体验课程,以及英国劳顿课程模式提出的"情境课程中心论",并且吸收中国叶圣陶综合课程思想以及卢梭的自然主义课程思想。

(一) 情境课程开发的纬度

情境课程是以学习者——儿童为中心的课程。"儿童—知识—社会"是李吉林开发设计情境课程的三维基础。

儿童:情境课程确立儿童在课程建构中的主体地位,倡导发现儿童,认识儿童,并探寻他们的特点。在开发与设计过程中以儿童为中心,以儿童的视角、儿童的思维和语言为主导进行建构,以"顺其天性而育之"。

知识:情境课程认为,知识与情境相互依存,任何知识都是在一定的情境中产生,并最终回到情境中去。因此主张将知识镶嵌于真实的、具有美感性和想象性的情境中,让知识有根,有背景,含蕴审美和文化意蕴。

社会:情境课程认为,社会是儿童知识建构的不可缺少的资源,是运用知识不可替代的现实情境。它蕴含着取之不尽的课程资源,是活生生的教材,影响、引导着生活在其中的儿童。是儿童学习活动最佳的实验场、综合实践最生动的课堂。因此主张推倒学校与社会之间的围墙,致力于拓展儿童的生活和发展空间,向家庭、社会延伸开去,丰富儿童的课堂感受,拓展认知建构。

(二) 情境课程的内容

情境课程主要包括四个方面,分别为核心领域的"学科情境课程"、综合领域的"主题性大单元情境课程"、源泉领域的"野外情境课程"以及衔接领域的"过渡性情境课程"。

1. 核心领域:"学科情境课程"

学科情境课程指在学校开设的语文、数学、英语、音乐、体育、科学等课程中,根据教材特点,创设、渲染一种优美的、智慧的、富有情趣的情境进行教学。这些课程占据了学校生活的大部分,是情境课程的核心领域。

经过几年的实践,积累了情境教学从语文学科拓展到各门学科的丰富经验,李吉林总结出学科情境课程的实施要点。

首先是注重将教材内容与儿童生活链接。将儿童的经验作为课程的出发点和基础。如在语文情境课堂中,讲解远在广西的桂林山水,会先联系学生们熟悉的家乡河——濠河;数学情境课堂中,从小红旗、起重机的塔架和手臂等生活中常见的三角形,抽象到书本中的"三角形"。教材内容与儿童生活的链接,架起了符号学习与儿童的通道。

其次是注重儿童的主体地位。儿童的主体地位通过儿童活动得到保证,并通过儿童活动推进。儿童通过角色扮演、查阅资料、自学、动手操作等活动,在情境中学习知识、运用知识,积极主动地投入到学习过程中。这是通过变革教学方式变革课堂教学的大举措。

"学科情境课程"尊重学科知识的体系化,通过创设情境,让儿童感受、探究、体验、发现、感悟、表达,儿童在一系列活动中参与学习,促进其积极主动地理解、探究学科内容。学科情境课程寻找到诸多教育矛盾和对立的"结合点",[1]如学科情境课程强调儿童活动,但以学科知识为学习载体,并且以学科课程作为核心课程,弥补了杜威提出的"活动课程"缺乏知识的系统性的缺陷。

2. 综合领域:"主题性大单元情境课程"

为了克服分科教学造成的离散性,导致对教育整体效应的削弱,情境教育主张将各科教学融通整合,课内教学与课外活动结合,校园内外贯通,创建了独具特色的"主题性大单元情境课程"。

围绕一个主题将各领域综合是"主题性大单元情境课程"的核心特点。"综合"的观点在情境教育中一以贯之。在进行语文情境教学探索时,根据"系统论"原理,优化结构,低年级提出"识字、阅读、作文"三线同时起步,区别于传统语文教学先识字再阅读再作文的线性学习顺序,主张在识字的同时开展阅读和作文教学,阅读的过程中开展识字和作文教学的螺旋上升顺序;高年级提出"四结合单元教学",主张将线性的知识点整合成块,提高语文学习的效率,体现"大语文"的思想。可见,处于萌芽状态的情境课程就有了综合的思想。

---

[1] 顾明远.李吉林和情境教育学派研究[M].北京:教育科学出版社,2011:89.

当情境教学发展到情境教育时,叶圣陶关于课程综合的论述,给了李吉林很大的启迪。因此她将"四结合单元教学"的思想进一步拓宽,运用到整个小学教育中。值得一提的是,在信息不发达的20世纪80年代,居住在江北小城的李吉林,并不知道世界范围课程综合化的研究动态,直到多年后,她才从钟启泉老师的书上获得此类信息,如英国的"综合教育日",联邦德国与瑞典的"合科教学"等,才发现自己的探索与世界综合化思潮不谋而合。

在主题大单元情境课程的具体实施过程中,李吉林主张坚持德育的主导性作用,抓住语文学科这一龙头学科,实现其余各科的协同发展。使教育围绕主题形成合力,对儿童的内心世界产生更为积极的影响。同时把思想道德教育渗透到各科教学中去,即实现每门课程的德育,同时把语文教学与思想品德、班会课、野外教育连成整体,带动其他各科教学进行主题性大单元教育。①

围绕主题,各科通过调整教学内容、教材顺序,甚至插入、补充一些内容,融入大单元活动。如"萝卜娃娃一家亲"的主题活动中,各学科教师围绕"萝卜"这一主题,设计了丰富多彩的与萝卜相关的课程:语文老师带领学生观察萝卜田野,设计了"萝卜娃娃看到了田野"的观察说话课、《胡萝卜先生的胡子》的阅读指导课;美术老师引导学生小组合作,运用卡纸、超级黏土、废旧材料、小玩具等,完成萝卜狂欢节的设计应用课;音乐老师融合各种音乐元素,带领学生学唱《拔萝卜》歌曲;体育老师创设萝卜国王的形象,邀请学生参加萝卜节,带领学生上了一堂"直腿翻滚"的技巧课;班主任准备了"萝卜妙用多"的科学常识课。②

主题性大单元情境课程沟通课内外、校内外,在主题导向下,协调动作,相互作用,充分利用教育内容中的"相似块",从各个不同侧面集中进行教育。它的功能就在于发挥教育合力的联动作用。

3. 源泉领域:"野外情境课程"

野外情境课程从最初单纯的野外语文活动,到综合性、系列化、制度化的野外情境课程体系的逐渐形成,经历了一个不断探索、丰富和完善的过程。

"周围世界是儿童认知的源泉,这个源泉应该让它汩汩地向课堂流淌。""野外是课

---

① 李吉林.为儿童的学习:情境课程的实验与建构[M].北京:外语教研出版社,2012:350.
② 王玉娟.情境教学下的"整"字诀[N].中国教师报,2016-04-27.

堂教学取之不尽、鲜活无比的源头。"教育不能切断这一源头,而是需要将儿童带到源泉中去。① 野外是一部博大精深的教科书,在自然瑰丽的景象和美感背后,蕴含着丰富的知识、学问和人生道理。在野外教育的课堂里,儿童被大自然的景色吸引,并启动思维思考种种景象所包含的因果关系,想象宽阔的大自然中所发生的童话。因此,田野、大自然是孩子编写童话的最生动的素材,是思维和语言的源泉,是儿童教育不可或缺的资源和空间。

早在1978年第一轮实验开始时,李吉林老师就带领儿童走出教室,来到野外观察说话写作。当情境教学过渡到情境教育时,数学、英语、音乐等各科都开始关注野外课堂,野外教育的内容随之丰富。如数学课常常带领学生走出校门,体会1千米的长度、1克的重量……李吉林老师将野外活动确立为学校的一门课程,固定下来,加以保障,成为学校课程的新样态。

野外情境课程并不是简单地把学生带出校门,它需要在课程设计和实施上精心策划。为了确保学生安全地学到在教室中无法获得的知识,确保每一次野外活动都有收获,需要制定明确的课程目标,明确具体清晰的学习内容,设计更为有序的活动。野外情境课程的实施首先要优选场景。情境教学认为,野外课堂的地点应该就地取材,不必舍近求远。选取路程近、风光美且能拓宽儿童思维的典型场景,带领儿童在其间充分观察、思维、实践。优选,是野外情境课程的独创之处。野外是广阔的,活动地点的选择直接关系到活动的效果。大自然对孩子的影响不会自发产生,优选的、具有代表性和典型性的情境,加上教师精心设计的活动过程与引导,更有助于充分发挥野外情境课程的价值,深化儿童对自然和社会生活的体验、观察和了解。

近年来,不少家长为了拓宽孩子的视野,在他们很小的时候,就迫不及待地带他们不远万里去到异国他乡,这是没有必要的。身边的世界,家乡的山水都没有细细品味,带着身心都比较弱小的孩子风尘仆仆,这不符合认知规律,也不符合教育规律。因此,应该由近及远,由单一到复杂,循序渐进地带领儿童到野外活动。

野外情境课程在李吉林老师所在的南通师范学校第二附属小学薪火相传好多年,各年级根据儿童的特点集体备课,分别实施。随着野外情境课程的不断建设、不断推进,它不但变得常规化了,而且有了制度的保障。学校对各年级的野外情境课程进行

---

① 教育部师范教育司.李吉林与情境教育[M].北京:北京师范大学出版社,2015:132.

整体安排,野外情境课程被排进课表,通常低年级两周一次,高年级一月一次。儿童能在制度的保障下,以集体的形式走进经过优选的自然与社会场景中,尽情享受自然的美景,在参与和交往中获得生动的经验和体验,活动自己的身体和心灵。

4. 衔接领域:"过渡性情境课程"

李吉林老师深入幼儿园,了解大班幼儿的学习与生活,发现幼儿园与小学在教学要求、教学方法、管理制度等诸方面存在较大差异。为了调和两个阶段的矛盾,特创建了过渡性情境课程,以减缓学前教育和小学教育的坡度,克服幼儿教育和小学教育课程缺乏衔接、严重挫伤入学儿童学习积极性的弊端。

概括起来有以下几种做法。首先是缩短每节课的时间,由 40 分钟减为 30 分钟,课间休息由原来的 10 分钟增加到 20 分钟;中午仍然像幼儿园一样安排午休;各科教学注意增强教学内容的形象性、趣味性。过渡课程既接近幼儿园,又高于幼儿园,这让一年级新生很快就适应了新的学习生活。教学中创设情境,把艺术直观和感觉训练引进启蒙教育,增强教学内容的形象性、趣味性及实际操作。

情境课程核心领域、综合领域、源泉领域和衔接领域的划分突破了学科的壁垒,拓宽了课程的边界,实现了课程间的联系,走向课程的综合化。情境课程是情境教育的重要组成部分,正是情境课程的不断丰富,促使情境教育加快了向学派的发展。

三、情境教育的学习范式的提出

随着学习科学理论的传播和情境教育的逐步发展,李吉林从刚开始关注教师的"教学"向关注儿童的"学习"转变。即从侧重于教的传统到侧重于学的探索,从单方面教的模式到注重学的情境的创设,这一转变彻底确定了教育过程中的主体对象——"儿童",试图揭开儿童学习的秘密,并且根据儿童的学习来确定教师的教学,真正做到"以学定教"。

李吉林于 2017 年构建了儿童情境学习范式,撰写出毕生最后一篇长文:《中国式儿童情境学习范式的建构》。[①] 她从丰富的教育实践和博大精深的情境教育理论中凝

[①] 李吉林. 中国式儿童情境学习范式的建构[J]. 教育研究,2017,38(03):91—102.

练出了"中国情境教育儿童学习范式",即:"择美构境、境美生情、以情启智,把情感活动与认知活动相融合,引导儿童在境中学、做、思、冶的儿童情境学习范式。"

情境教育的学习范式把情境与美、情感、儿童的智力发展以及儿童的活动等相互之间的关系联系起来,创设情境的标准是具有审美特征。用富有美感的情境激发儿童的情感,一方面利用情感作为中介发展儿童的智力,另一方面把情感视为"命脉",作为教育的最终目的。

早在20世纪90年代,李吉林老师就发现了儿童学习中将"情感活动与认知活动相结合"这把金钥匙,后将这一原则确立为情境教育的"核心理念",主张儿童在情感的驱动下积极主动、快乐高效地学习。在情境教育儿童学习范式中,李老师进一步将"结合"改为"融合",试图更加模糊认知活动和情感活动的分界点,追求情感与认知相互融合,形成你中有我、我中有你的新境界,希冀儿童在情境中学、做、思、冶,获取并创造知识。

第二节 情境教育理论概括

从"情境教学"到"情境教育""情境课程",再到"情境学习",情境教育所走的是一条从课堂教学改革,到形成思想理论体系的道路。该思想生根于实践,开花于实践,结果于实践,从实践中来又回到实践中去,并不断将实践中所获得的经验和智慧上升到理论上来概括和解释,贯彻了马克思主义的"实践——认识——再实践——再认识"的辩证唯物主义认识路线。

一、情境教育基本模式

情境教育从教育空间、心理距离、主体意识、创新实践等几个方面进行思考,构建了一个相对完整的情境教育模式,使情境教育的可操作性得到了加强。

(一)拓宽教育空间,追求教育的整体效益

这是从影响儿童的教育环境角度而言。每一个儿童都生长于十分具体的环境中。

环境与活动于其中的人群构成了一个静态与动态、物质与精神相互交织缠绕的儿童生长环境。这个环境潜移默化地影响着儿童,而且影响极其深远。[1]

影响儿童生长的环境是十分广阔的。情境教育认为,教育应是一个开放的系统,必须打破传统教育封闭的狭窄的天地,将教育的空间从课堂这一主区域向外延伸,翻越校园的高墙以及教室的门窗,通过形式多样的课外活动,把儿童活动空间中的每一个区域渲染成一个连续的、目标一致的和谐氛围,从多个领域拓宽教育空间,形成多维结构的情境,使学生心灵无处不受滋润、感动,从而提高教育的整体效益。情境教育通过三个途径拓展教育空间:一是开展多样化的课外活动,把学生从课堂内解放到课堂外;二是开展主题性大单元活动,将学科教学与课外活动通过相同的主题统整起来,把教育空间向纵深处拓展;三是通过系列性野外活动,把学生从校园内带领到校园外。三个途径拓展了教育的空间,拓展了儿童生活空间的教育性,丰富了"教育源"。

在这一基本模式中,教育者根据教育目标,通过利用环境、控制环境,将儿童生活的所有空间,从不同角度向着共同的方向,整合成和谐的、步调一致的大环境,多维度对儿童的心灵产生影响。

(二) 缩短心理距离,形成最佳的情绪状态

基于传统教育中师生之间存在隔阂,学生和教材存在距离,生生之间存在隔膜的情况,情境教育提出"缩短心理距离"的主张,以及缩短心理距离的具体策略:师生进行对话时,要创设"亲、助、和"的师生人际情境,拉近学生与教师的心理距离。生本对话时,要创设"美、智、趣"的教学情境,缩短学生与教材的心理距离。从而使儿童对教师"亲",对教材感到"近"。[2]

其具体表现为,教师与学生共同组织、共同参与活动,增加交往的频率,增加相互关心和相互帮助的机会。在情境中,教师将奉献自己的爱心视作自己的职责,当收到学生的情感回馈时要珍惜,这样师生之间就形成了积极的情感交流,形成了亲和的人际关系。教师要真诚地给予学生期待,鼓励他们树立学习的信心。在教学过程中,教师要"以教为乐",从而熏陶感染学生"以学为乐",师生共同沉浸于教学之欢乐中。这样,"亲、助、和"的人际情境就形成了。美、趣、智的教学情境,意味着使学生能够感受

---

[1] 李吉林."情境教育"的探索与思考[J].教育研究,1994(01):53.
[2] 李吉林.情境教育的独特优势及其建构[J].教育研究,2009(3):54.

到教材中的情境之美,形象之美,其中所蕴含的趣味性深深地吸引学生的注意力,所蕴含的智慧给予学生启迪。学生兴致勃勃地去体会、去感受,在不知不觉中学到知识,获得成长。

(三) 利用角色效应,强化主体意识

学生学习的热情主要源自于两方面,一个是本能的对学习自发地喜欢;另一个是外在的刺激引起学生的兴趣。激发学生兴趣的外在刺激需要结合学生的身心特点。情境教育充分结合学生爱表演的特点,通过创设一定的情境,让学生扮演该情境下的角色。在角色扮演中,学生对学习产生兴趣,以愉悦的心情,积极主动的态度完成学习目标,促进自我发展,从而实现从外在兴趣到内在兴趣的转变。为学生设计的角色可以是教材中的角色,可以是学生一心向往的角色,也可以是童话中的某个角色和现实中的角色。通过角色扮演,学生以情境中的人物身份思考、说话和行动。通过与角色互动,学生体验角色的内心世界,并用语言和动作表达出来。

情境教育中的角色扮演,是为了强化学生的主体意识。鼓励学生在情境中投入角色,用语言和肢体将所学的知识、所感悟到的情感恰当地表达出来。学生为了表演好自己的角色,需要仔细研究学习内容,与角色不断对话,这激发了学生积极主动探究、思维的能力,从而由被动的学习者变成学习活动的积极创设者。同时,角色的转换为学生营造了值得记忆并安全、有趣、低焦虑的学习环境,教学内容以更加新颖、更易理解的方式走近学生,学生因感到新异、轻松而情绪热烈,在积极情绪的驱动下,全身心地投入活动,全面地活动起来。[1] 这一过程调动了学生学习的主动性和创造性。

(四) 注重创新实践,落实全面发展的教育目标

实践能力是解决实际问题的能力,以实践活动为基础,是通过实践而培养的能力。有别于单纯的知识告知,实践能力是在具体的情境中有步骤、有目标地体验实践过程而获得的。情境教育注重训练学生的实践能力,创新儿童实践方式和实践内容,关注儿童的应用操作能力,创设情境,在"做"中落实实践。

情境教育将应用操作分为实体性现场操作、模拟性相似操作和符号性趣味操作三种。现场操作数学应用较多,比如测量大树的影子,担任统计员收集数据。模拟操作指创设与生活相似的情境,让儿童模仿。例如学完《九寨沟》这篇课文后,请学生担任

---

[1] 顾明远.李吉林和情境教育学派研究[M].北京:教育科学出版社,2011.101.

导游,介绍九寨沟的美景。符号性趣味操作主要包括趣味计算、趣味默写之类,为符号性操作添"趣",让儿童在快乐热烈的情绪中进行符号性操作。

情境教育基本模式中包含了环境(教育空间)、目标(教育的整体效益)以及心理效应上的知、情、意、行。[①] 教育教学的主体从教师拓展到学生、家庭成员,以及有教育影响的社会人,强调各种对象、各种环境、各种方式构成的教育合力的影响。

二、情境教育基本原理

情境教育在探索之初并没有既定的原理,经过相当长的探索性实践后发展,从几个关键词的提炼到形成雏形,既而融合进自己对教育的愿景、追求,最终构建了"情感驱动""暗示导引""角色转换""心理场整合"四大基本原理。1996年,中央教科所与江苏省教委联合举办"全国'情境教学—情境教育'学术研讨会",李吉林老师汇报了概括出的四大原理,最终获得70多位专家教授的认可和支持。

(一) 情感驱动原理

情境教育的最大特色就在于它突出了情感教育的巨大作用。情感在情境教育中既是激发儿童学习认知活动的"动因",又是可供凭借的"手段",更是儿童发展的最终"目的"。情境教育通过创设情境,引导儿童把情感投入所应关注的认知对象上,激发起相对应的情感,在情感伴随中开展认知学习。利用情感的中介作用或纽带作用,发展儿童的高级情感。

(二) 暗示导引原理

李吉林老师抓住儿童易被暗示的特点,特别关注情境所具有的强大的暗示功能。主张根据儿童的身心发展规律,结合所制定的远期目标或近期目标,运用各种艺术的手段优化情境,用一种"不显露目的"的"间接方式",渲染一种可接近的、令人愉悦的、富含智慧的及蓬勃向上的氛围。儿童一旦进入情境,很快被情境中的氛围感染,情不自禁地受到这种富有教育者目的的情境影响,主动投入到学习活动中去。这种不显露目的、用优化的情境潜移默化对儿童的心理及行为产生影响,从而一步步达到既定的教育目标的过程,就是暗示发挥作用的过程。

---

① 顾明远.李吉林和情境教育学派研究[M].北京:教育科学出版社,2011.240.

(三) 角色转换原理

情境教育常常结合教材创设情境,与所扮演的角色进行对话,体验所扮演角色的情感,从而使教材中原有的符号化内容现实化,使原来抽象的富有逻辑的内容变得形象化。角色扮演满足了学生爱表演的本能,实现学生积极主动参与课堂的教学转变。

学生转换角色,走进别人的生活世界,与不同角色之间进行心灵碰撞,体验所扮演的角色的思想、行为、需要和期盼,能够激发其分析、想象、创造等思维活动,引发其内心深处的真实情感,促进其价值认识的调整。在教学实践中,情境教育总结出学生通过角色扮演培养主体意识的途径:首先进入情境,然后担当角色、理解角色,接着体验角色,通过表演表现角色,最终自己与角色同一(浑然一体),产生顿悟。

(四) 心理场整合原理

根据场论,儿童生活的周遭空间,都会对他的心理产生或直接或间接的影响。人为优化的情境实际上就是一个综合的多元"心理场"。情境教育通过创设渗透教育者意图的,富有美感、充满智慧和儿童情趣的教育情境,优化富有教育内涵的人际情境、活动情境、校园情境,使儿童的整个成长空间得以优化,从而激活师生的思维,激发他们的想象,调动他们的情感体验,促使他们主动投入教育教学活动。

情境教育四大基本原理的提出,使情境教育探究出的理论主张逐渐条理化,走向系统化。

三、情境课程的操作要义

为了方便一线教师实施情境课程,李吉林老师从各科具体操作中寻找共性,从而概括出情境课程的五点操作要义。

(一) 以"美"为境界

情境教育认为,美具有"激智""发辞""冶情"和"育德"等多方面的教育功能。"幼小的心灵需要美的滋润,儿童的智慧活动需要美的激活,教学的高效能需要美的推动。一句话,孩子的发展不能没有美。"[1]因此,在情境课程开创前期,提出"以美为突破口",从美着手。此时,将美作为教育的手段,利用美来教育教学。后来逐渐发现,美与

---

[1] 李吉林. 为儿童的学习:情境课程的实验与建构[M]. 北京:外语教研出版社,2012:420.

儿童主体性的形成、精神世界的丰富、完美人格的培养,甚至最初的人生幸福都息息相关,因此,将美作为教育应该追求的境界。

在情境课程中,我们可以通过选择图画、音乐、实物等艺术的富有美感的教育教学手段,挖掘再现学科中蕴含的"美"的教学内容,运用"美"的教学语言,让儿童感觉到美,联想到美,感悟到美。这些连同教师渗透着美,焕发着美的仪表、体态,构成一个多向折射的"审美心理场"。儿童作为审美主体,在与审美客体相互作用及审美愉悦中,获得素质的全面和谐及主动发展,有效地促进了他们"知识的掌握,能力的形成,以及健康审美情趣和道德情感的发展"。

(二) 以"思"为核心

情境教育高度重视儿童思维的发展,并将此作为教育教学的核心。情境教育认为,每一个发育正常的儿童,都蕴藏着丰富的创造力的可能性。它们是一股不易被发现的力量,如同沉睡在土壤中等待唤醒,期待有机会萌发的种子。作为教师,我们有责任和义务为这一粒粒珍贵种子的萌芽培育土壤,提供支撑。①

在情境课程的具体操作实施过程中,可以通过以下几个方面来发展思维、培养创新精神。首先,利用美开发潜能。美能吸引儿童积极参与,启迪他们的智慧,润泽他们的心灵。审美愉悦的心灵有利于儿童思维的发展。其次,用情感点燃智慧的火花。情境教育倡导和谐的师生关系,教师对学生充满爱和期待,创设"宽容、宽厚、宽松"的师生氛围,学生从中获得自信和力量,有利于发展儿童的思维。最后,选取典型场景,拓宽思维空间。情境课程优化情境,选取宽阔的、意境广远的典型场景,激发儿童想象,拓展儿童思维空间。因此,要带领儿童观察周围世界,在观察中培养观察力,为储存思维材料、组合新形象打好基础。在获得直接印象中,通过引导、发展儿童的想象力,进行新形象的组合,为创新提供契机。

(三) 以"情"为纽带

情境教育以情感为纽带,以促进儿童主动发展为目的。其实质是通过优化情境,激发儿童强烈的情绪情感,利用情感的动力机制,拉动儿童积极主动投入到教育教学活动中的引擎。在具体操作中,首先,要建立良好的师生关系,教师首先要将情感融入教学过程,建构起情感性的师生关系。其次,要通过情境这一中介,缩短远离学生生活

---

① 李吉林.为儿童的学习:情境课程的实验与建构[M].北京:外语教研出版社,2012:430.

经验的教材内容与学生之间的心理距离。最后,不能忽视学习者之间的情感。通过相互交流、相互切磋的团队活动培育学生的合作精神、团队意识以及交往能力,形成学生之间亲近、互助、和谐的人际情境。

(四) 以"儿童活动"为途径

喜欢活动是儿童的天性。情境教育摒弃传统的主张"静听"的课堂,顺应儿童的天性,强调活动的重要性。同时警惕活动课程带来的无序低效和华而不实。因此,在情境课程的具体操作中,提出"活动融入课程,以求保证"。将活动融入学科课程,既保证了活动的按时开展,确保了儿童的主体地位,又遵循了教材的体系,保证了知识的系统学习。在情境课程中,还主张"活动结合能力训练,以求扎实"。情境课程中的活动不是花架子,不是追求课堂表面热闹的效果,而是"活中见实",最终为了学习知识,发展能力。在儿童活动中,情境课程最青睐角色扮演,主张"利用角色效应,以求主动"。

(五) 以"周围世界"为源泉

情境教育认为,书本不是知识的唯一来源,知识也蕴含在"周围世界"中。因此,情境教育提倡推开校门,让儿童走进周围世界,与自然和社会接触,充分领略大自然的美感,并逐步认识社会。然而,"周围世界"是一个庞大的整体,且良莠不齐,在带领儿童认识大自然时,"不宜一览无余地呈现在他们面前",建议分层次逐渐地在儿童眼前揭开它的面纱,[1]引导他们由近及远、由表及里渐次认识周围世界。"周围世界"错综复杂,事物与事物之间存在着千丝万缕的联系,恰巧弥补了各科书本知识的单一性。情境课程提倡,在周围世界中不仅要引导儿童观察说话,更要利用这一"源泉"激发儿童的思考,培养儿童的思维,潜心启迪他们的智慧,并对儿童进行思想品德、审美情趣的教育。

情境课程的操作要义为一线教师践行情境教育提供了抓手,为情境课程的广泛实施提供了可能性。

第三节　情境教育基本观念

情境教育从基础教育经历和经验中感悟、思索、归纳、升华而来,是基于中国实践

---

[1] 李吉林.谈情境教育的课堂操作要义[J].教育研究,2002(03):73.

的原创教育理论。五十余年的小学工作,上千节的亲授课堂是情境教育各种观念形成的基础。

一、情境观

情境教育的实验起点或突破口是情境,情境是情境教育思想的核心范畴。情境教育之"情境"来源于外语教学法中的"情景",从中国古代文论中汲取营养,发现"情境"比"情景"更有深度和广度,于是改为"情境"。后又深受马克思主义哲学"人与环境"的关系的启迪,将情境界定为"人为优化的环境",促使儿童能动地活动于其中的环境。这种环境蕴含了教育目标,充满美感和智慧,激发儿童潜能和主动性,促使儿童全面发展。

(一) 情境是主—客体相关联的中介

认识是人与外部世界之间的一种关系,在这种关系中,人总是在一定的时空和条件下,作为具体的现实主体把外部世界的某种事物、事件或现象作为自己活动具体指向的现实客体,形成一种在共时空结构中相关联的统一的主客体关系的结构系统。[①] 主客体间相互作用、相互转换的关联关系的发生是借助和通过一定的中介系统来实现的。

认识的主客体以何关联、何以关联是诸多认识论专家探讨的话题。情境教育找到了"情境"这一中介。主客体相关联的结构可以表达为:儿童←→情境←→认识客体。即借助情境这一中介,儿童能掌握和占有认识客体。情境是儿童和认识客体之间实现物质的、能量的和信息的变换与转移的中间环节或转换器,它把儿童和认识客体相互介绍、引渡给对方。借助于情境,儿童能发挥自己的本质力量,与客体发生相互关联;同时,又以不同的形式使得认识客体变成自己物质和精神生活与活动的一部分。从其职责和规定性来说,作为中介系统的情境,是作为主体的人处理自己同客体相关联关系的手段。

首先,情境是链接经验和抽象概念的中介。

学生在原有生活经验的基础上建构知识,学校教育源于生活,发展到后来脱离了

---

① 夏甄陶. 认识的主—客体相关原理[M]. 湖北:湖北教育出版社,1996:16.

生活,抽象为一个个符号。为了让生活经验有限的儿童学习抽象的符号,情境教育找到"情境"这一中介。

情境教育主张在课堂中创设情境,从教材原有的情境出发不断生成新情境;或优选生活中具有教育意义的场景,用情境连接抽象符号和生活经验。值得一提的是,情境教育所创设的情境,并不是自然生活本身,即使是带领学生走近生活,这里的真实情境也是经过筛选安排过的,也不全是自然生活。情境是介于生活与经验之间,帮助儿童从生活经验走向抽象概念的中介。

其次,情境是外部世界和主体内部心理的中介。

外部世界独立于个体而存在,在没有主体参与的情况下不具备情境的意义。人作为主体,通过情境同外部世界发生相互作用,通过物质的、能量的、信息的变换与转移,不断引起主体内部世界的变化,并实现与外部世界的结合、同化和对客体的掌握、占有。① 情境是连接个体意识范围和周围环境的中介。

人同外部世界发生对象性关系和相互作用时,总是和意志、情绪的情感活动交织在一起的。意志、情绪等情感方面的因素,是主体有选择地受外部环境世界的影响和刺激而成。如诗句"相看两不厌,只有敬亭山。""感时花溅泪,恨别鸟惊心。""山"看"人"不厌,"花"也会"溅泪","鸟"也有"心",情境中的景和物引起了主体内部心理的情绪情感。在特定的境遇中,情境成了外部世界和内部心理的桥梁。

(二) 情境是儿童学习的背景

一切知识都是在情境中产生的,情境是知识产生和运用的"境脉"。"境脉"的英文原文是"context",在英汉词典中的语义是"上下文""语境""文脉",是指人或事存在于其中的各种有关的情况,来龙去脉、发生的背景、环境,等等。

知识源于生活。传统的学校教育将知识从情境中剥离,变成封闭的、抽象的概念,这种"去情境化"教学的结果导致学生不理解概念,形成"惰性的知识"。情境教育主张关注知识产生的儿童家庭、游乐场等日常生活情境,主张将知识镶嵌到多姿多彩的大背景中。所学到的知识再也不会躯壳般地沉睡在学生脑海里,而是转移应用到课堂之外。

含有待解决的问题是情境的内核。儿童在所提供的问题情境中进行观察、尝试实

---

① 夏甄陶.认识的主—客体相关原理[M].湖北:湖北教育出版社,1996:33.

验、调查研究等。在这个过程中,获得结果是次要的,重要的是提供了儿童探究、思维发展的背景、"境脉",使儿童的探究有根、有联系,从而更好地促进思维、智慧的发展,而不仅仅是知识的获得。

情境还是情感生发和培育的背景。有血有肉的情境渲染了一种热烈的氛围,为儿童的情感提供了生发的背景,同时儿童在氛围中受到感染熏陶,获得情感的发展。

(三) 情境是育人的综合场域

1997年,李吉林对"情境教育"之"情境"进行了界定,认为它实质上是人为优化了的环境。① 这里的环境包括客观存在的环境。李吉林用"生活空间"来表示儿童生活的外部世界,包括校园环境、教学环境、人际环境、家庭环境等。人为优化的环境还包括心理环境,互动的生活空间和心理环境构成了综合的情境场。如图3-1所示。

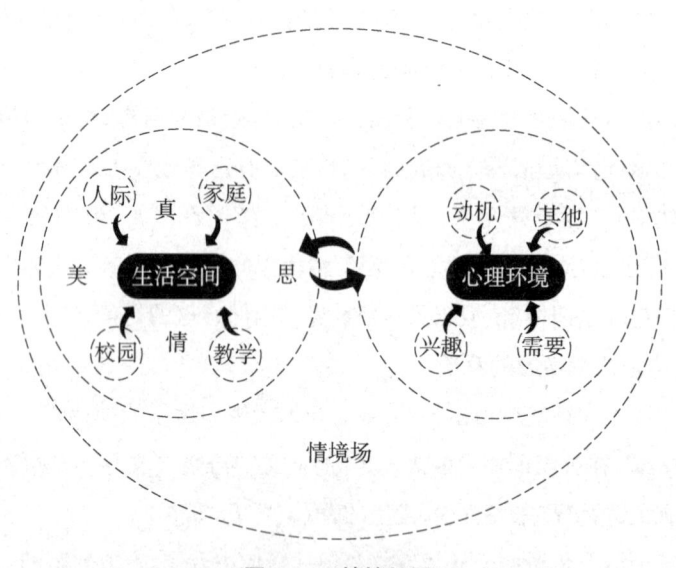

图 3-1 情境场图

优选、优化的,蕴含"真""美""情""思"的校园、家庭等儿童生活的各个区域的环境,通过满足儿童的需要,激发儿童的兴趣,唤起热烈的情绪等方式作用于学生和教师的心理,形成一种良好的心理氛围。同时,儿童和教师在积极的心理环境中激活思维,

---

① 李吉林.为全面提高儿童素质探索一条有效途径——从情境教学到情境教育的探索与思考(下)[J].教育研究,1997(04):55.

激发想象,体验情感,改变行为,进而反过来又促进环境的优化。"情境"实际上就是一个情景交融、师生共建的多维情境场,是个体和环境互动的学习的生态系统。

"人为优化"体现了人对环境的积极主动作用,根据教学目的,优化教学场景;优选道具、音乐、图片等,对环境进行优选、改造、重组。勒温认为,人的行为都是在一定的情境之中发生,情境中会有一个或多个系统或区域处于紧张的状态,紧张系统存在着诱发力(即区域间互相吸引或排斥的力量)。正是由于紧张系统中的正反诱发力之间相互作用,刺激人的思维,最终决定人的行为。优化的情境是一股强有力的正诱发力,具有激发儿童潜能,唤起儿童学习经验、学习需要的动力的功能。处在环境中的每一个儿童在优化的环境中接受影响也影响别人,受到影响的人的活动反过来又影响了环境。这样,生活空间与处于情境中的主体人互相交融,共同作用于人的心理。

二、儿童观

联合国《儿童权利公约》(Convention on the Rights of the Child)中认为,"儿童指每一个 18 岁以下的人。"[①]由于儿童期处于未成年人阶段,其经验和知识的缺乏容易误导人们把儿童变成等待教育填充的"容器",因为儿童身体的弱小和对成人的依赖,则容易把儿童变成受控制的对象。

情境教育批评传统教育中对儿童的漠视现象,高度重视"儿童"的存在意义,满怀情感地研究儿童,以促进儿童发展为最终目的。可以说,情境教育是源于儿童、为了儿童,属于儿童的。儿童是什么?通过五十多年与儿童生活的经验,李吉林研究儿童的所需、所爱、所求,建构出了情境教育儿童观。

(一) 儿童是生长性存在

儿童是生长着的个体,他们每时每刻都在生长,生长本身就是儿童的内在价值之一,也是教育内在价值核心之所在。[②] 儿童的生长以未成熟为条件。李吉林高度重视儿童时期,认为这是一个人为自己的一生奠基的关键时期。儿童的不成熟、经验少、能

---

① United Nations Child's Fund(ED.). Implementation Handbook for the Convention on the Rights of the Child [R]. Geneva: UNICEF.2001:1.
② 张华.儿童学新论[M].山东:山东教育出版社,2018:18.

力弱,标志着他们拥有无限潜能,丰富的可能性,然而他本人毫无知觉。因此,作为他们成长过程中重要他人的教师就显得责任格外重大,需要凭着自己的良知,付出真挚的情感。① 对儿童生长性、不成熟性的认识,使得情境教育的儿童观区别于卢梭、蒙台梭利等人的观点,她拒绝神化儿童,拒绝无条件地推崇"儿童中心"。在承认儿童是发展主体的同时,仍然肯定教师对学生的教育引导职责。

(二) 儿童具有积极向上性

在与儿童长期朝夕相处的过程中,李吉林认为,儿童本性中具有积极向上的力量,他们的身上时常呈现出美好的情趣和美妙的幻想,那种"永不怠倦地向上性,不可遏制地积极参与的主动性,真是令人叹服"。每个儿童都是爱好学习的,都具有强烈的求知欲望和好奇心。"他们总是不停地寻求新的信息,获取新的信息。"②求知是儿童的天生本能。教师管制、家长胁迫并不能激发学生的求知欲望。或者说,如果儿童学习求知的欲望被泯灭,学校教育、家庭教育需要承担一定的责任。因此,教育要充分信任儿童,让儿童作为学习的主体,教师成为他们的学习伙伴,在需要帮助的时候,又成为他们亲和的教练,保护、维护好儿童原有的求知欲望是教育的职责。

(三) 儿童具有创造性

创造是儿童的生存方式。③ 李吉林老师认为,儿童拥有创造的本能。"每一个大脑功能健全的孩子,都蕴藏着潜在的智慧,蕴藏着创造的活力,这是沉睡的巨大力量。"④本能意味着无限的潜能和变化的可能。儿童创造的本能意味着儿童蕴含创造的潜力,但如果不在这个时期被唤醒,就难以再发展了,最后就会像灿烂的火花得不到氧的供给而泯灭。⑤ 因此,教师要无比地珍惜、珍爱儿童迸发出的创新火花。李吉林还指出,儿童的创新与科学家、艺术家以及能工巧匠的创新是有着很大的差异的。小学生的创新是在有意无意间进行的,如果教师不加以细心的发现和及时的鼓励,可能就不会发现。而且他们在课堂上不可能有什么显赫的创新。⑥ 因此,儿童的创新重在

---

① 李吉林. 情感:情境教育理论构建的命脉[J]. 教育研究,2011,32(07):65.
② 李吉林. 为儿童的学习:情境课程的实验与建构[M]. 北京:外语教研出版社,2012:403.
③ 张华. 儿童学新论[M]. 山东:山东教育出版社,2018:15.
④ 李吉林. 创造的启示[N]. 光明日报,1999-01-20.
⑤ 李吉林. 为儿童的学习:情境课程的实验与建构[M]. 北京:外语教研出版社,2012:269.
⑥ 李吉林. 教育的灵魂:培养学生的创新精神(上)[J]. 人民教育,2001(09):50.

创新精神、创造愿望的培养,重在创造乐趣的体验,而不能功利地看重创新成果。

三、教师观

教师是最重要的财富,是教育改革得以成功的重要保障。每一种教育学派都高度重视教师的作用和教师的素养,情境教育也不例外。

情境教育对教师的要求全面且严格。首先认为良好的基本功是出色的小学教师的前提,因此要求教师在语言、书法、美术、舞蹈等方面进行自我锤炼;其次认为,优秀教师还应具备一定的教育理论视野和精湛的教学实践能力。因此,对教师的教学业务进行辅导和演示,同时聘请专家作为导师,系统提高教师的理论水平。当然,优秀的教师还应是具有过硬思想境界的人,因此,在对教师进行业务培训的同时还要对其进行思想政治教育。①

此外,情境教育具有独特的教师观。不同于以往"教师是无所不知的圣人",拥有"春蚕到死"的自我牺牲式的奉献等传统教师观,情境教育认为,教师应是"长大的儿童","是教师也是诗人",是思想者……

(一)"长大的儿童"

苏霍姆林斯基曾经诚恳地劝告不愿与儿童交往,或者遇到儿童吵闹就心烦不已的人不要从事教师工作。爱孩子是优秀教师的首要素养,是教师工作的"入门证"。李吉林是爱孩子的典范:"在我心中,儿童至高无上。"②"儿童是我的挚爱,是我心灵的寄托。"③

李吉林认为,作为一名小学教师,不仅要热爱儿童,还应该尽量成为儿童,小学教师应是"长大的儿童"。"长大的儿童"首先意味着自己就是儿童——拥有儿童的眼睛、儿童的耳朵,用儿童的方式去看世界,听声音。李吉林自称为"长大的儿童"。她备课的时候,时常会想:孩子们看到这样的情境会说些什么,想些什么。只有这样,所备之课才是基于儿童的,从儿童视角出发的。④ 其次,"长大的儿童"要比"儿童"更为成熟。

---

① 李吉林.李吉林文集(卷八)[M].北京:人民教育出版社,2006(4):299—303.
② 李吉林.60年,我在爱儿童中成长[J].教育文摘,2017(1):5.
③ 李吉林.情感:情境教育理论构建的命脉[J].教育研究,2011,32(07):65.
④ 李吉林.我在实践中研究教育[M].北京:教育科学出版社.2019:17.

教师毕竟不是儿童,他们应该是去除了懵懂富有智慧的。因此,教师要了解儿童、研究儿童,进而引导儿童。

(二) 是教师也是诗人

李吉林认为,当教师的乐趣是难以言喻的。她"深感当教师永远比蜡烛永恒,照亮了别人,升华了自己";即使是春蚕,但"丝虽尽,却身不死。蚕化作蛹,蛹变成蛾,蛾又孕育出蚕宝宝,无穷无尽……!"①教师精神富足,工作辛苦却也幸福。② 在教师职业中,李吉林感受到诗意般的存在,她的很多作品都与"诗"有关:"如诗如画""情境教育的诗篇""塑造孩子的心灵,简直是诗一般的工作"……③所以,李吉林认为,老师也是诗人。

教师需要具有诗人般的激情。没有激情的驱使难以成就精彩的诗句。朱小蔓曾说情境教育的一大特色就是抓住了人类情感这个十分关键的要素。李吉林就是一个激情洋溢的人。

教师的诗意存在,决定了他们脱离低俗和诣媚,会像诗人般纯情,纯洁地不顾一切地钟爱着自己的事业。在第一轮五年情境教学实验中,李吉林为了给孩子们增加阅读量,自己编教材、自己刻蜡纸、自己油印;没有教学用具,就亲自找材料动手制作,或向别人借道具,实在没有,自己出钱购买。所有这些,没有人强迫,都是李吉林心甘情愿、乐陶陶地去做的。这股诗人般的纯情,让她将学问事业当作一件艺术品看待,只求满足理想和情趣,不计较利害得失。功成名就后的她常常说,她没有什么野心,也不追求什么名誉,就是觉得自己还可以做得更好。但正是这种"无所为而为"的精神,成就了情境教育。

(三) 教师还应该是思想者

小学教师自己不能妄自菲薄,应该鼓励自我成为一个思想者,而且要成为丰富而开放的思想者。④ 教育实践需要思想的指导和支撑。善于反思,不断反思是教师成为思想者的重要途径。李吉林常说,情境教学的一步步发展就是一次次反思的结果,在

---

① 李吉林. 李吉林文集(卷八)[M]. 北京:人民教育出版社,2006:9—10.
② 李吉林. 李吉林文集(卷八)[M]. 北京:人民教育出版社,2006:3.
③ 李吉林. 李吉林文集(卷八)[M]. 北京:人民教育出版社,2006(4):2.
④ 李吉林. 教师应该是思想者[J]. 中国教师,2007(06):17—21.

反思中产生顿悟,情境教学在反思中发展。① 反思,就是立足于自我之外,用批评的眼光回过头来看自己的行为,对成功的经验进行总结,对失败的经验进行反省。要做到反思意识的觉醒、反思能力的增强,理论学习是必要的。"缺乏教育理论的支撑,教师的工作,只能是凭着感觉走,充其量是经验型的;只有在理论的导向下,才有可能掌握教育规律。"将实践中反思出来的问题上升到理论层面加以剖析,才能探寻到根源。

四、教学观

教学观支配着教学实践活动。情境教育认为,教学不仅是一种科学,也是一种艺术活动;习得知识是教学的目的之一,但精神世界的丰富是更为根本的教学任务;教学不仅是为了学生能适应未来做准备,还为让学生体悟到人生最初的幸福。

(一) 教学是科学,也是艺术

教学的科学性毋庸置疑:首先,对于教学中出现的不以人意志为转移的公式、概念以及规则等,教学需要尊重,并以此为基础,引导儿童掌握体系化的科学的知识。其次,教学过程需要遵循和依据一定的教学规律,如由浅入深、由感性到理性等。情境教学尊重教学规律,尊重儿童身心发展的规律,尊重教材的客观知识,实施科学性教学。

然而,最能打动人心,或者说与众不同的,是情境教学所具有的艺术性。李吉林说:"教学是一门科学,也是一门艺术。我们常常听到这样的议论:'听某老师的课简直是一种享受'。……所谓'简直是一种享受'实际是教学艺术的效用。"②情境教学的艺术性主要体现在方法的艺术性。教学中运用图画、音乐、表演等多种艺术的手段创设情境,有助于将严肃的课堂变得生动、富有美感,从而激发儿童兴趣、维持儿童注意力。上述艺术形式的共性就是表现情感、激发想象与创造力。因此,艺术的教学有助于激发、培育儿童美好情感,培养儿童的创新能力。

(二) 教学不仅为了知识的习得,还为了学生精神世界的丰富

李吉林对应试教育深恶痛绝,曾几次撰文进行批判和呼吁:在《搬掉语文园地的

---

① 李吉林.情境教育的诗篇[M].北京:高等教育出版社,2010:62.
② 李吉林.李吉林文集(卷八)[M].北京:人民教育出版社,2006:138.

两座山》中,将课堂上的"问答式的分析"和"习题式的训练"比作两座大山,认为它们压得学生喘不过气,泯灭了小学生的学习兴趣,扼杀了他们的创造力。在《指挥棒的"阻"与"导"》一文中称:"片面追求升学率已成为一种顽症。学生负担重,耗时多,学习成为了一种'苦差事'。"

情境教学认为,教学不仅是为了习得知识,更重要的是为了塑造儿童的心灵,丰富儿童的精神世界,引导儿童成为"爱美""乐善""求真",洋溢着美好情感的生命个体。因此教学中摒弃高耗时低成效的教学,认为学习活动过程是学生与外界环境互动的过程,主张开放学习系统,将知识与儿童丰富的生活联系起来,用儿童的活动代替教师的讲解,化被动接受为主动探索。逐渐培养儿童对知识的兴趣,培养探究的能力,重视探究的经历体验带来的情绪情感。情境教学认为,儿童的学习不存在单纯的知识学习,其间一定蕴含着情感。情感与认知是儿童学习不容忽视的两翼,二者的结合是儿童学习的秘密。教学中通过营造最佳的学习环境,促进儿童情感和认知同构共生般的发展。

(三) 教学不仅为学生的未来做准备,还为使学生获得最初的幸福人生体验

"吃得苦中苦,方为人上人"的科举信条影响了中国学子上百年。这种为了明天的功利目的而牺牲现实幸福的教学观摧毁了众多儿童的幸福童年。李吉林撰文呼吁,如果我们真的爱孩子,就不能目光短浅,而要长远思考孩子的发展,不能让孩子死读书,成为"万般皆下品,惟有读书高"封建思想的牺牲品。学校教育不仅仅为明天的辉煌做准备,而且也是为了满足今天幸福生活的需要。而且,如果在儿童生命拔节生长最为欢欣的日子里,让他们感到的是压抑、低沉、苦涩等消极的体验,会影响学生明天的幸福。"如果学校生活不能给儿童留下美好的童年回忆,相反却给他们增添了无奈、疲乏、郁闷和失望,那么怎么企望他们有美好幸福的未来?"[1]

情境教学深知,儿童明天的幸福生活,是今天的点滴幸福汇聚而成的。因此,非常关注儿童的今日快乐,主张教学应该"快乐、高效"。关注儿童的主观需求、积极情绪,通过"美智趣"情境的创设,激发儿童的热烈情绪,通过让儿童在活动中探究,让学生体会到探究的、审美的、认知的、创造的等各种乐趣。

---

[1] 李吉林.为儿童的学习:情境课程的实验与建构[M].北京:外语教研出版社,2012:288.

第四节　情境教育特征

情境教育是李吉林扎根教育教学实践 60 余年创立的教育理论与操作体系。从情境教学的探索，到情境教育的拓展、情境课程的开创以及情境学习范式的建构，李吉林将教育视为一门科学，不断探索，继而形成教育思想体系。

一、对"静听课堂""主知主义"等传统教育模式的超越

情境教育产生于改革开放初期。历经十年文革后的教育一片荒芜，作为教育者的教师饱受打压，成了抬不起头的"臭老九"。长时间的残酷阶级斗争让许多知识分子在改革开放初期仍然心有余悸，加上近十年的教育教学研究的停滞，教学内容的政治化倾向，使得当时的小学课堂没有生气，一片沉寂。

李吉林敏锐地发现了这一现状，对当时的教育模式提出了挑战和质疑。认为规定学生正襟危坐，将学生禁锢于课堂，让学生只关注知识的记忆和背诵的教育不利于儿童的发展。于是，情境教育将教学活动"艺术化"，在课堂教学中引入艺术的手段。别具一格的教学方式调动了儿童的学习热情，儿童在课堂中充分活动，再也不是"静听者"，也不再是被输入的"容器"。高超的教学艺术"把课堂教活了，把孩子们教活了"。

随着情境教育的发展，儿童的心理感受、情绪体验等各方面得到关注，儿童的终极发展目标被重新思考。情境教育开始建构系统的课程体系，营造整体的教育氛围。对只注重知识的记忆和背诵的应试教育进行批判，对单薄落后的教材进行整合、改编、充实，高度重视儿童的情感发育，关注儿童"人性"的丰满。可谓是将人本主义思想充分贯彻至小学教育的先驱。

二、具有浓厚的女性主义特色：关注情感、情境

李吉林天生具有悲天悯人的情怀，细腻丰富的情感让她所创立的情境教育具有女

性主义特色:关注情感,关注人与周围世界的关系。试图通过优化周围环境,创设儿童身心愉悦的情境,激发儿童的潜在智慧,培养儿童的审美情感和道德情感,最终把儿童培养成"洋溢着生命情感的个体,甚至自觉不自觉地把自己的情感移入大自然、移入生活、移入他人。"①

传统教育注重训练,注重学生认知能力的培养。李吉林以女性的独特视角,发现机械式训练培养出的学生高分低能现象的根源,从心理学角度从儿童的"需要""兴趣"着手,首先将情境中的情感作为引擎,引导儿童学习,然后又将受教育者情感的发育、人性的丰满、生命的成长和发展作为教育的归宿。同时,情境教育认为,教师应该是对学生以诚相待的关怀者,在情境中要不断关怀学生的情绪情感,满足学生的需要,引导和帮助儿童走进情境内外的各种关系之中,体验到价值感和尊严感,从而培养学生的情感体验能力。

然而,女性主义的思维视角也给情境教育的发展带来了一定的弊端,如对理性的关注不足,对思维发展的关注偏颇:更重视发散思维,忽视严密的逻辑思维的发展。关注知识在丰富的情境中的应用和发展,忽视了"入境"后的"出境"。情境性的学习具有即时性、不稳定性,不利于从一系列的不确定的情境中抽象出具有逻辑的、稳定的方法原则。

三、秉持折衷主义立场

在儒家文化熏染下成长的李吉林所创立的情境教育,在诸多方面透露出中国教育思想特有的"不偏不倚"的特点。

情境教育的发展伴随着改革开放的大背景,当时国外的各种理论蜂拥而至,中国的教育界也涌现出学习国外理论的热潮。情境教育不闭关自守,敞开心扉学习国外的各种理论,但是在学习借鉴的过程中没有全盘西化,仍然坚守本国的文化根基,将理论之根深扎中国文化土壤。这种既不保守固执,也不盲目崇洋的折衷主义立场,让情境教育成为具有民族特色、国际视野的理论思想。

---

① 李吉林.学习科学与儿童情境学习——快乐、高效课堂的教学设计[J].教育研究,2013,034(011):81—91.

当现代教育理论席卷整个教育界,儿童的主体性得到了前所未有的重视,教师的主导性渐渐被淡化。情境教育并没有像激进主义那样,不假思索地把"婴儿和澡水一起倒掉",而是采取了比较温和的态度。在她看来,传统的教育具有弊端,但是现代派所提倡的放任主义同样危险。因此,情境教育思想一方面坚持教育的主体性原则,反对灌输;另一方面,拥护教育的传递、传授功能,重视基本知识和技能的学习,重视教学的质量。在教师和学生的关系上表现为,一方面反对教师的权威主义中心,高度关注儿童在学习中的主体地位,将儿童作为教育的中心,将儿童立场作为教育工作的出发点;另一方面反对放任主义的教师立场,主张教师不能放弃对教育教学的组织和规划、领导,不能放弃对儿童经验的指导。

在教学目标中,情境教育关注儿童情感发展的同时,并没有否认认知的作用,相反,对认知的作用给予了合理的定位:情境教育是"情感活动与认知活动结合起来"的教学模式,"情感与认知结合"是儿童情境学习的核心理念。可见,情境教育在"认知"和"情感"两方面并没有顾此失彼,在重视情意发展的同时,肯定基础知识和基本技能对于儿童发展的重要作用。

遗憾的是,很多一线教师没有充分理解情境教育思想的折衷主义立场,在教学实践中出现诸多问题,有些课堂只注重创设情境的一招一式的学习,注重课堂的活跃,却忘记了要"活中见实";只注重运用图画等手段展示学习对象的"形真""情切",却忘记引导儿童的思维往纵深处发展,发现"寓其中"的"理"。

四、来源于实践,并在实践中不断修正完善

情境教育扎根于教育教学实践,是长期的实践活动中结出的硕果。创始人李吉林一刻也没有离开小学教育,拒绝了当运动员、跳伞员、领导等各种岗位的机会,坚守教学第一线。从幼儿园大班的衔接,到语文学科的识字教学、阅读教学、写作教学等多领域,再到其他各科的拓展,她一步步亲自去做,从丰富的实践经验中提炼理论。就这样坚持几十年,才形成了今天的情境教育思想。因此,"脚不离地",蕴含着"泥土芬芳"是情境教育思想的重要特色。

情境教育的实践不是盲目的实践,而是以坚实的理论为基础的。一方面,她努力学习国内外各种心理学、教育学、哲学、文学等理论,把握其精髓。另一方面,她虚心向

国内的专家学习,紧跟理论工作者,汲取最前沿的科学研究结果,并在实践中"为我所用"。这些经典的和前沿的理论使她的教育教学实践一开始就有坚实的理论基础,成为她构建理论体系的基石。

情境教育的实践是检验和完善情境教育理论的根源。所有理论都来源于情境教育的实践,并在实践中接受检验,根据检验的结果修正、完善理论,然后把修正过的理论再运用于实践。是从下而上再下的螺旋发展。

情境教育不同于其他自上而下的教育思想,她没有先前的"理论假设",用李吉林老师自己的话来说,是"想到哪做到哪"。也正因为此,情境教育思想是鲜活的思想,具有很强的实用性和可操作性。

第四章

情境教育学派的形成

第四章　情境教育学派的形成

教育学派是各种教育理论的派别[1]，它由一定的教育哲学理念作为指导，突出某种教育思想宗旨和方法，且有领军人物和志同道合者共同组成的思想流派。[2]

一个学派的构成需要具备一定的特点和条件。有学者认为，要成为一种教育学派，应该既有教育实践上的创造，又有教育理论上的创造，而且这两方面的创造是相关联的。同时还总结形成了较为系统、新颖、先进的教育思想或理论，且他们的思想和实践，对一地、一国乃至世界教育的发展起到了重大的推动作用，产生了重大的、长期的影响。[3] 也有学者认为，学派的形成需要人物的代表性和研究的群体性；立场的一致性和发展的脉络性；学说的独立性和发展中的对话性。[4] 还有学者认为，一个学派的崛起，要求具备：核心概念及围绕核心概念的理论阐述、学术团队或学术共同体、对核心概念的实践验证及推广、相关的学术杂志、以组织形式存在的学术团体或学会、围绕核心概念的理论与实践讨论的国内及国际会议。[5] 虽然对学派形成的条件和标志有不同的解读，但具有一些共同的关键因子。如成熟的教育思想、领军人物和立场相同或相近的核心团队，以及具有一定的辐射影响等。

经过40余年的不懈努力，李吉林及其团队探索出具有自身理论体系、独特逻辑结构与规范系统的情境教育。在本章中，我们将呈现情境教育从最初的单枪匹马搞改革，到由一帮志同道合的人形成一个科学研究的群体，成立了专业学术研究机构，围绕核心概念召开了数十场研讨会，从江北小城走向世界的过程，以展现情境教育在中国大地发展成一个生机勃勃的，既有教育思想又有实践范式的教育学派的过程。

第一节　情境教育核心团队的形成研究

"从某种意义上说，李吉林就是一所教师进修学校"[6]。在情境教育发展的过程

---

[1] 李江源. 论教育学派[J]. 社会科学战线，1999(04)：174.
[2] 李欣复，祝亚峰. 论教育学派的建设及其意义[J]. 当代教育论坛，2005(03)：19.
[3] 李江源. 论教育学派[J]. 社会科学战线，1999(04)：174.
[4] 李政涛. 论中国教育学学派创生的意义及其基本路径[J]. 教育研究，2004(01)：6—7.
[5] 顾明远. 李吉林和情境教育学派研究[M]. 北京：教育科学出版社，2011：132.
[6] 杨九俊. 人生的意义——试说李吉林老师对教育的贡献[J]. 人民教育，2006(19)：38—40.

中,一批教师被情境教育吸引,主动加入,紧紧相随。他们拜李吉林为师,学习情境教育思想。李吉林视培养青年教师为职责,心甘情愿为他们的成长倾注大量心血。于是形成了情境教育的核心研究团体。

一、情境教育研究团队的壮大历程

情境教育研究团体的壮大过程可以分为三个阶段。从开门弟子施建平和吴云霞的专业快速成长,由此吸引学校众多教师拜师,到李吉林在南通师范学校第二附属小学成立"青年教师培训中心",再到突破学校、地域的限制,成立了国家培训基地,李吉林及其情境教育由于自身所具有的独特魅力,吸引了一群志同道合者的参与,不断发展壮大。

(一) 最早的两个徒弟:施建平和吴云霞

1980年,李吉林先后收吴云霞、施建平为徒。那时,施建平刚工作两年,吴云霞才开始工作。李吉林老师给初入教坛的他们从业务、生活以及思想上予以最为及时的指点和帮助。

1. 业务上要求严格

李吉林老师没有传统师徒制下"教会徒弟,饿死师傅"的狭隘与担心,也不肯虚挂"师傅"之名。自师徒关系成立之日起,就开始严格带教。她完全开放自己的课堂,要求徒弟跟班学习。两位徒弟每天和学生一样端坐在教室里听课,边听边做详细的课堂实录。课一结束,李吉林老师就毫无保留地向他们讲述教学设计思路,两位徒弟则交流听课心得体会,双方琢磨、咀嚼其中的奥妙。两年时间中,吴云霞、施建平共听了李吉林老师四五百节课。

李吉林老师的课堂灵动有趣,给两位徒弟极好的示范和启发。据他们回忆:"那时常常被她的课吸引,情不自禁地举手,和学生抢着回答问题。""记得李老师在讲蒲公英最后一个环节时,带着蒲公英来到窗口,鼓起腮帮,吹起蒲公英,问:'你们想想,蒲公英可能飞到哪里?'我们也情不自禁地跟着蒲公英畅游世界各地。"

徒弟通过观察师傅的课堂学习其经验,倾听讲解,明白其理念,然后在课堂中加以应用,亲身体验、感受情境教学的魅力,最后通过师傅的反馈和自己的反思进行调整。这种"学习——应用——反馈"的具身式现场观察学习,节约了徒弟走弯路摸索的时间,有利于徒弟快速成长。

李吉林老师精彩的情境课堂让两位徒弟成为了坚定的追随者。吴云霞暗暗模仿李老师的举手投足,学着李老师上课的表情、姿态反复练习,并暗暗下决心:"一定要全方位地学习李老师,人品、师德、教学技艺……要像李老师那样,把青春的激情,融化为十足的干劲,投入火热的工作。"施建平在听完李吉林老师几百节课后,渐渐明晰了心中的梦想:"成为一名像李老师那样卓越的教师,将自己的一生献给钟爱的教育事业。"

2. 生活中循循善诱

青年教师的专业发展面临的主要困难一是教学领域,另一个是非教学领域。比如情感适应、沟通交流、班级管理,等等。普通的师傅只能对徒弟的教学技能等业务方面进行指点,但是李吉林老师除了对他们进行业务培训,还关注他们的生活、思想动态。在生活上以母性的情怀、仁慈的秉性感染激励着徒弟;在思想迷茫处循循善诱,及时从根源上对他们进行指点。

施建平平时学习勤勉,为了腾出更多的时间钻研、学习,每天中午到食堂打饭时就把晚饭打上,晚上就吃开水泡饭。李老师从食堂师傅口中得知后,连夜给他送去一篮鸡蛋和酒精炉,说:"身体重要啊,小施! 老这么将就不行的。"在参加全国比赛时,李吉林老师又省下自己的鸡蛋,塞给备赛的施建平。在施建平的内心深处,觉得自己是一位男子,教小学很丢脸,准备继续攻读大学。于是,白天在学校惜时如金地复习,晚上用功于高考复习班,无暇顾及教学工作。李老师发现后,没有指责,和他进行了一番长谈。她从自己说起,谈了她毕业时放弃考大学的良机,后来又放弃当跳伞队员、歌舞演员的机遇,而选择小学教师作为终身职业,"把青春献给孩子,从生命的价值观来衡量绝不是廉价的,那是美好的人生,富有诗意的篇章。"[①]自那以后,施建平全身心投入到教育教学工作中。

吴云霞是以总分第一的成绩考进南通师范学校第二附属小学的,随着年龄渐增,该退团了。她在退团会议上表达了对团生活的恋恋不舍,对未来方向的迷茫。李吉林老师听后,连夜带着学校党支部书记周琪去吴云霞的家,鼓励她入党。"现在的她能清

[①] 施建平.洒向青年都是爱——记李吉林老师对青年教师的培养和关怀[J].江苏教育,1992(23):6.

楚地记得周书记带来了一本党章,李老师递上了一本刘少奇同志写的《共产党员论修养》。"①于是吴老师连夜写了入党申请。"从此以后,得到李老师更加无微不至的帮助,悉心的指点,用党员标准严格地要求,推荐去通师上党课,指导写思想汇报。"②在回忆时吴云霞动情地说:"李老师,您不是母亲,胜似母亲。"

李吉林老师对徒弟全方位的关心让他们的师徒关系亦师亦友亦家人。在她严慈并济的指导下,两位开门弟子都成长得很好:施建平在全国小学语文阅读观摩比赛中获一等奖,继而又成为江苏省最年轻的语文特级教师。吴云霞也成为学校的骨干,青年教师的带头人,后也成为江苏省特级教师。

(二)学校创办"青年教师培训中心"

施建平和吴云霞的快速成长,引来南通师范学校第二附属小学众多老师的关注,他们纷纷向李吉林老师打"拜师报告",希望被收为徒弟。面对青年教师们的热情,李吉林老师向校长建议,成立"青年教师培训中心"。这一决定得到校领导的认可和支持。南通师范学校第二附属小学于1990年3月成立了全国第一个以学校为基地的"青年教师培训中心"。

1. 制订计划,情境式培训

李吉林老师亲任"青年教师培训中心"的辅导员,时任副市长的李炎担任培训中心的顾问。内容全面、注重情境化的培训方式让此培训颇具特色。

(1)培训内容全面

全面培训开始后,李吉林老师首先要求每位老师制订自我发展计划,在计划后附"作息时间表"。从思想品德、教学基本功、教学技艺、教育理论等多方面进行有计划的系统培训。

首先,狠抓基本功。李吉林老师要求青年教师提高作为一位优秀小学教师所应具备的基本功,包括课堂语言、书法、音乐、美术、舞蹈等。她一直抱有没有人天生都会,不擅长就练的理念,鼓励教师练书法、画简笔画、做读书卡、写论文,并将这些任务作为青年教师假期及平时的作业布置,经常检查、评比。

其次,提高业务能力。李吉林老师根据小学语文课文中常见的文体进行分类,如

---

① 成尚荣.我们是长大的儿童:情境教育中走出的名师[M].北京:教育科学出版社,2012:15.
② 成尚荣.我们是长大的儿童:情境教育中走出的名师[M].北京:教育科学出版社,2012:25.

诗歌、散文、童话、寓言和常识性课文等,讲清各类课文特点,备课的注意点及上课时教具的操作,提高他们把握教材的能力,控制课堂教学的能力。为了更具体真切地认识教学过程的实质,还与培训中心的学员就具体例文共同备课,讨论交流,再集体作出最优教案,推选一位教师执教,然后一起听课、评课,使他们真正学到本领。[①] 有时为了上一堂公开课,李吉林老师不厌其烦地修改教案,并说明修改理由,还安排他们试讲。李吉林老师"常常和校长、书记以及培训中心的学员当'学生',从教学过程的安排,教学手段的运用,以及教学语言、声调到姿态、眼神、仪表一一指点"。

再次,进行情境教育理论的培训。李吉林老师给青年教师们讲述从情境教学到情境教育的探索历程,情境教学的理论与操作要义,一起观看"李老师与青年教师谈情境教学"专题片和情境教学经典课例并展开研讨。理论的培训提升了教师的理论认识,有助于培养青年教师抓住本质,发挥自我创造的能力。

(2) 培训方式与众不同

青年教师的培训任务重,但培训方式与众不同。李吉林老师根据年轻人的特点,采取生动的情境式培训,给年轻教师留下了终生难忘的印象。

任美琴回忆道:"那是一个黄昏,我们一起来到江边,倾听惊涛拍岸的水声,眺望浩荡的江面,我们师徒在那里毫无顾忌地畅谈教学、畅谈人生。那次还带了一个很大的旧式录音机,在那里放声歌唱。"关勇回忆:"李老师不喜欢正式的方式,和她在一起就是随便聊聊,在聊的过程中我们能学到很多。"

青年教师培训中心的培训不是正襟危坐、高高在上的,而是通过不断转换读书上课的场景,在美的、轻松的"聊聊"中对话交流,青年教师学习热情高涨,"每周二下午四点、周五晚上的学习时间一到,大家准时集合,全身心地投入,年轻的爸爸甚至忘记了参加儿子的生日会,做母亲的竟忘记了在幼儿园里等接的孩子,生病在家半个月回到青培中心,第一句话就是'在家躺在床上就怕掉队'。"

2. 营造氛围,合作互助

李吉林和学员之间气氛宽松友好。在她的引领下,培训中心成员之间也具有"亲助乐"的良好氛围,既积极进取又相互帮助,形成一个专业学习、共同合作的大集体。

唐颖颖在文章《我在培训中心里》中提及她需要上一堂公开课,可是李老师出差,

---

① 李吉林. 我身边的一群年轻人[J]. 江苏教育,1992(23):4.

在她手足无措的时候,学友们个个伸出援助之手:"花爱民老师为我选了《春雨》这篇课文,还借来资料供我参考;施建平老师逐字逐句地帮我分析教材,从情境创设、课堂提问,到教具使用等方面都作了精心设计。教案写好了,上课要用一张背景图,可只剩一个晚上了,还来得及吗?美术组沙蔚静老师知道了,笑着说:'小唐别急,明天上课准能让你用到春雨图。'"①凭借集体的智慧和自我的努力,她成功地完成了任务。

这样互助的场面绝对不是个别现象。张洪涛说:"好在生活在通师二附这样一个团结和谐、底蕴深厚的大家庭中,参赛从来就不是一个人的事。师傅李吉林老师放下了手头极其重要的工作,手把手地辅导,不厌其烦地指导备课、听试教,几个回合下来,几遍教案中都有李老师详尽地批改。"黄美华感慨道:"没有二附这个一流团队的支撑,不会有如此丰硕的成果;为了上课取得好的效果,吴校长将自己刚买的新衣服给我穿上。要去南京比赛了,很多老师都抢着代课,解决我的后顾之忧……"

教师成长个人的天赋和努力固然重要,但是也离不开合作互助的环境。李吉林老师用诚心、真情营造了具有合作氛围的实践和研究的共同体,为青年教师的成长助力。

3. 搭建舞台,拓宽渠道

李吉林老师想方设法为年轻人的成长搭建舞台,拓宽渠道,促进他们的成长。

青年培训中心除了组织老师们系统学习外,还帮助他们聘请名师。"请来中央教科所的伍棠棣教授,北京师大的桑新民副教授,江苏省作协主席海笑和南通师范学校的李庆明讲师等国内知名的学者来校讲学,春天又特地去上海请杜殿坤教授做'情境教育'实验的导师。"②外面专家的到来使青年教师们拓宽了视野,增长了见识。

在学校里,李吉林老师向学校领导建议,大胆任用年轻教师,将一些重大活动交给年轻人办,让他们挑大梁。有时,外地请她讲学,她就带上年轻人去开阔眼界,甚至索性把机会留给年轻教师,让他们到外地交流、上课、讲学。青年教师在李吉林搭建的舞台上完成了一次次重大任务,经受了锻炼,获得了成长。

李吉林老师培训青年教师8年,教导学员42名,为南通师范学校第二附属小学储备了一批人才力量,培训中心的很多教师都成为现在学校的中坚力量,他们在李吉林老师的严格要求和亲自指导下成长起来,他们的师德、教学基本功、教学艺术、教育理

---

① 唐颖颖.我在培训中心里[J].江苏教育,1992(23):7.
② 李吉林.我身边的一群年轻人[J].江苏教育,1992(23):4.

论、教育科研等能力得到了全面提高,取得斐然的成绩:语文学科中曹桂林、唐颖颖、王美、张洪涛、陆红兵等老师参加全国全省课堂教学大赛获一等奖。数学学科近年来连续夺下江苏省数学课堂竞赛十六连冠。音乐老师黄美华荣膺南通市第一个小学音乐特级教师。其他的英语、美术、体育、电教各科,都在情境教育思想的滋养下蓬勃发展。

(三) 江苏情境教育研究所暨江苏省小学教师情境教学培训基地的成立

"江苏情境教育研究所"是我国第一个以教师个体的教改研究成果命名的研究所。它的成立,为情境教育的研究、推广工作的开展提供了便利,也标志着情境教育学术共同体的诞生。

1. 成立的历史背景及缘起

1998年,已入花甲之年的李吉林根据南通市的人事政策,面临退休,教育局领导和校领导也向她传达了政策意见。李吉林从来没有想到过退休,因为她对学校、对孩子、对自己的情境教育事业非常依恋,时时刻刻沉醉在情境教育的探究中,正全身心投入教育改革的她接到退休的消息,如五雷轰顶。

同年暑假开始不久,南通市教育局打电话通知李吉林去北戴河疗养。李吉林一听说是要去休假,婉言谢绝,因为暑假是她时间相对最集中的时候,是学习总结的最佳时间,省市曾多次安排她去外地休假疗养,都被她一一谢绝了。中午,教育部打电话到李吉林家里,再次邀请,并且告知是中共中央办公厅、国务院办公厅联合发出的邀请,是一项政治任务,她还要作为优秀教师在会上发言。一听到这是政治任务,并且有机会在国家领导面前为全国教师发声,李吉林立即答应,并做好了相关准备。

8月21日,中央领导在百忙之中亲切接见了来自全国的20位杰出科学家和34位优秀教师,李吉林作为江苏省唯一的代表和全国小学教师的唯一代表,受到了党和国家领导人的亲切接见。

李吉林作为小学教师的代表在当天召开的座谈会上作了"运用情境教育 着力提高学生的素质"的发言。发言中,她除了简要地汇报了情境教学—情境教育的探索历程以外,还就基础教育中的一些问题与现象提了一些建议:(一)为了进一步推行素质教育,建议大力推广现有的成功经验;(二)教材建设,要宏观调控,坚持优质;(三)教育投入根据国力应增加,尤其基础教育这一部分要保证比例;(四)提高中小学教师的社会地位和待遇;(五)学校与社会协同起来对青少年进行扎实的道德教育。会后,李岚清亲切地对李吉林说:"李老师,你讲得非常好,对于我们下一步的工作有很重要的帮助。我也是江苏人。请代我向江苏的老乡问好。"

回到南京,江苏省委、省政府非常重视这次会议,省委常委们专门接见了李吉林。李吉林汇报了中央领导接见的情况和会议精神,并吐露心声:情境教育正在深入发展,希望江苏能成立情境教育研究所。江苏省教育厅很快落实此事,还建议同时成立情境教育青年教师培训基地,并表示省政府将支持李吉林,发挥名人效应和情境教育的优势,为江苏乃至全国的基础教育改革作更大的贡献。会谈中他还恳切要求李吉林暂时不要退休,请她为江苏的基础教育"超龄服务",继续深化情境教育研究,培养和指导青年教师。之后,江苏省教育厅积极策划,筹划建所的工作。江苏省教育厅人事处建议成立"江苏省情境教育研究所",但是如果加上"省",需要通过省编制办的批准。为了避免影响进程,李吉林就省略了"省"字。省里很快发文,成立"江苏情境教育研究所",由南通市教委管理,李吉林任所长,所里有三到五人编制,办公点放在南通师范学校第二附属小学内。

经过一段时间的紧张筹备,1998年10月16日下午,"江苏情境教育研究所"在南通师范学校第二附属小学正式挂牌成立,李吉林亲任研究所所长。南京师范大学、江苏省教科所、江苏省教研室等有关专家组成立江苏情境教育研究所专家指导小组,江苏省教委拨款20万元作为该所开办经费。同时挂牌的还有"江苏省小学教师情境教学培训基地"。

情境教育研究所的成立,为情境教育的研究在组织机构上提供了保障,搭建了更宽广、更自主的平台。

2. 教师培训的"摇篮"

江苏情境教育研究所同时还是教师培训中心,在研究所里,教研一家,以研为主,以研促教,以教促研,研教互动,成为培训教师队伍的"摇篮"。研究所开展多次教师培训研修活动,举办教师培训班,成为教师队伍成长的"孵化器",发现、培养了一批人才。具体工作如下。

(1) 整合校内外科研资源,增强科研资源的配置能力

由于研究所人员编制在小学,隶属于南通市教育局管理,这给成立后的研究所的后续发展带来很大的障碍。为了研究所能聚集更多智慧,李吉林聘请大量优秀的兼职人员。研究所人员采用兼职与专职并举的方式。具体组织机构如图4-1所示。

① 专职人员负责研究所的运营及情境教育研究

第四章 情境教育学派的形成

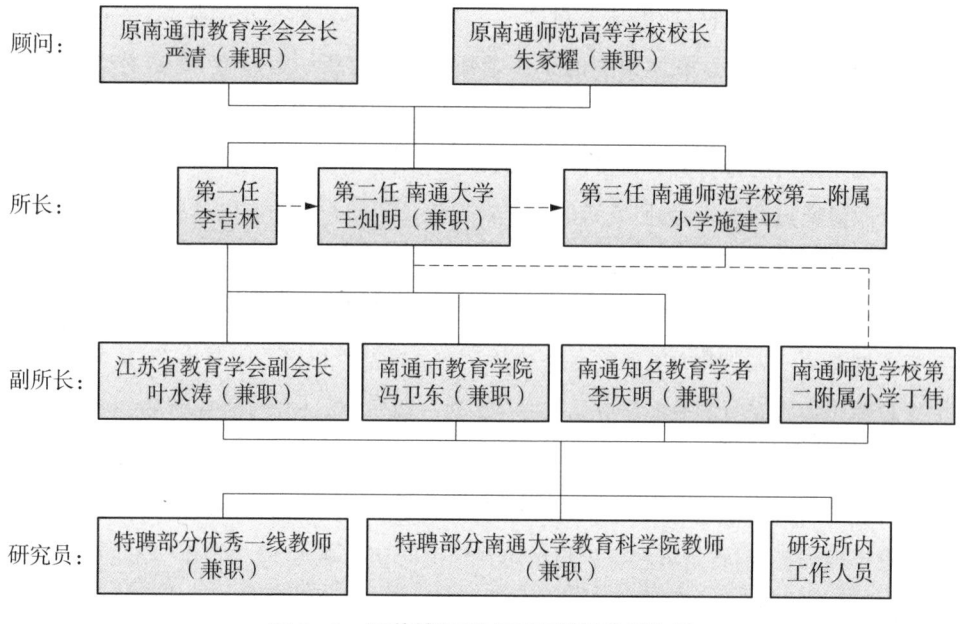

```
顾问：   ┌─────────────────┐  ┌─────────────────┐
        │原南通市教育学会会长│  │原南通师范高等学校校长│
        │  严清（兼职）    │  │  朱家耀（兼职）   │
        └────────┬────────┘  └────────┬────────┘
                 │                    │
所长：   ┌───────┐ ┌──────────────┐ ┌──────────────────┐
        │ 第一任 │→│第二任 南通大学│ │第三任 南通师范学校第二│
        │ 李吉林 │ │  王灿明（兼职）│ │  附属小学 施建平   │
        └───────┘ └──────────────┘ └──────────────────┘

副所长： ┌──────────┐┌──────────┐┌──────────┐┌──────────┐
        │江苏省教育学││南通市教育学││南通知名教育││南通师范学校第││
        │会副会长   ││院         ││学者       ││二附属小学 丁伟││
        │叶水涛（兼职）││冯卫东（兼职）││李庆明（兼职）││          ││
        └──────────┘└──────────┘└──────────┘└──────────┘

研究员： ┌──────────────┐┌────────────────────┐┌──────────┐
        │特聘部分优秀一线教师││特聘部分南通大学教育科学院教师││研究所内   │
        │   （兼职）       ││       （兼职）          ││工作人员   │
        └──────────────┘└────────────────────┘└──────────┘
```

图 4-1 江苏情境教育研究所组织机构图

研究所专职人员并不多，主要负责辅助李吉林的研究工作，以及研究所的日常事务。

尹志一是江苏情境教育研究所的第一位专职人员，毕业于南通中专计算机专业，于2003年进入研究所，专门负责情境教育研究所的书稿编辑，视频、照片的拍摄与制作，网页的维护等。

王亦晴是江苏情境教育研究所的第一位专职研究员。毕业于南通师范学校，于2004年进入研究所，追随李吉林老师16年。原为南通师范学校第二附属小学的语文老师，后被李吉林老师看中，调入江苏情境教育研究所。进入研究所后，曾辅助李吉林老师完成研究所的大量工作。为画册《为了儿童的飞翔》撰文8万余字；辅助编写《为了儿童的学习》《情境教育三部曲》《情境教育精要》等重要著作，参与策划"情境教育展览馆"，协助申报各类成果，参与各类会议的开展、材料的整理等。王亦晴悟性极高，曾受到李吉林老师的高度评价。经过李吉林老师的精心培养，成为其最为重要的助手。

此外，2007年，毕业于南京师范大学的丁玲老师教学三年后加入研究所，成为研究所的又一位专职研究员，负责研究所的日常接待、情境教育实验学校的交接以及书稿的校对等，成为李吉林的又一有力臂膀。2011年，本人硕士毕业，不久被研究所借

143

用,后成为情境教育研究所的研究员之一。2018年,李吉林早年的徒弟,一直在南通师范学校第二附属小学教学语文的丁伟老师加入研究所。2019年,李吉林老师去世后,大弟子施建平老师勇于担当,来到情境教育研究所,挑起研究所所长的重担,带领大家继续完成情境教育的资料整理与后续研究工作。

专职研究员的加入,为研究所的工作常规化及活动开展的有序化提供了保障。

② 兼职人员负责研究所的发展与研究

江苏情境教育研究所1998年建所到2003年招收第一位专职人员,其间研究所仅有李吉林老师一人。此时的研究所密切联系南通师范学校第二附属小学,从各科挑选优秀教师作为研究所的兼职研究员,一边教学一边研究。同时,研究所的一些日常工作也由学校老师承担,如"李吉林情境教育网站"的维护,书稿的校对等。同时,情境教育又将最新的研究成果应用于指导一线教师的教学。具体表现为运用情境教育思想指导青年教师备课,将情境教育思想运用到学校活动的举办、学生评价标准的评判等。后逐渐有了专职人员、其他研究人员的加入,但是研究所密切联系一线教师的工作方式一直未变,沿袭至今。一线教师的加入,使得研究所的研究工作始终没有离开实践的土壤,带有"泥土芬芳"。

研究所成立后,同时与高校、各研究机构紧密联系,聘请了一群志同道合的兼职研究员。聘请南通师范高等学校校长朱家耀、南通市学术委员会主任严清为研究所顾问;聘请南通大学王灿明教授为研究所所长;聘请江苏省教育学会副会长叶水涛、南通市教育学院冯卫东为研究所副所长;聘请南通大学钱小龙教授、陆平博士、严奕锋博士为兼职研究员……众多专家学者的加入,使得研究所的研究有了厚度,开始关注实践中所蕴含的理论,从实践走向理论再回归实践。

(2) 承担科研任务,产出优势科研成果

以李吉林为研究主体的研究团队,以课题为抓手,开始了马不停蹄的研究。李吉林主持了全国"九五"课题"情境教育促进儿童素质发展的实验与研究"、"十五"课题"开发情境课程的实验与研究"、"十一五"课题"情境教育与儿童学习的实验与研究"等教育部重点课题。加上之前的"八五"课题《情境教学实验与研究》,共几十年的课题研究,带领教师一级一级攀上新的台阶。

课题研究中,李吉林老师一方面不断回顾已有的教学改革,进行系统性地整理,并不断归纳总结反思,在反思中深化,提炼出情境教育的各种要素、原则,便于教师学习理解；另一方面，结合其他领域进行新的探索。如结合脑科学、学习科学，对原有的教学改革进行新的探索。

此外，研究所遴选组织了一批包括严清、冯卫东老师在内的了解情境教育的专家组成讲师团，到各个应邀学校单位进行讲演传播、情境课堂演示。在自主申报、情境教育研究所验收的前提下，在南通、兰州、新疆等地成立了情境教育实验学校，在南通市如东县成立了情境教育实验区。2004年，还专门创立专刊《中国情境教育》，给情境教育研究共同体创建相互学习和交流的平台，宣传情境教育的理念，介绍情境教育的方法，报道情境教育的发展动态、情境教育的研究成果，及时反映当前课程改革的进展，引导教师反思自己的教育教学行为。为研究所的科研产出提供了平台。推广情境教育已有的研究成果以及最新研究成果，让情境教育惠及更多教师学生。

(四) 国家级教师培训基地

随着情境教育的影响日益扩大，想来求教的已经不止是南通师范学校第二附属小学的老师，还有来自南通市其他学校的老师，如刘昕、杨川美等；也有来自其他省市慕名而来的拜师者。如1996年，北京市海淀区二里沟实验学区有27名优秀教师拜李吉林为师；来自扬州的于强主动申请在情境教育研究所蹲岗学习两年；天津的靳淑梅于2004年南通第十四届班集体建设理论研讨会上，拜李吉林为师……后李吉林情境教育研究所与南通师范学校共同成为小学语文骨干教师国家级培训基地，影响了国内外一批语文教师。

一个人可以走得很快，一群人可以走得很远。众多受到情境教育滋养的教师茁壮成长，成为践行情境教育理念和实践的重要队伍，李吉林心中的愿景逐渐实现："假如是一只鹰，在黄昏的崖头，欣喜地看到许多雄鹰在自由翱翔；又好像一颗星，和许多新星交织成璀璨的群体，让身边的这群年轻人在未来教育的苍穹更加光彩夺目……"[1]

情境教育学派团体以李吉林为代表，一定数量的徒弟为中坚力量，还有来自省内外、全国情境教育实验学校、情境教育专业委员会等追随者为成员组成。

二、情境教育核心教师成长阶段及影响因素模型构建

本研究以22位践行情境教育思想、形成独特教学方法和教学主张的教师为例，采

---

[1] 李吉林.我身边的一群年轻人[J].江苏教育,1992(23):6.

用扎根研究的方法,对从情境教育中走出的部分核心名师的成长进行扎根研究,力图探索情境教育学派教师团体所具有的特质,继而提炼出情境教育学派教师共同体的特征。

(一) 情境教育教师的样本选择与编码过程

1. 样本选择与资料收集

从情境教育中走出的老师很多,本研究精选了22位作为研究对象。这22位名师是经过李吉林、成尚荣等老师认真考察和讨论后确定的。从所处的学校和地域来看,主要来自三部分:一部分是来自情境教育的发源地南通师范学校第二附属小学的老师;第二部分是在南通市和有关单位工作的老师;第三部分是其他地区的老师。他们都是在李吉林情境教育的引领下,在情境教育的实践中快速成长起来的典型代表。其中有的是李吉林的嫡传弟子,长期在李吉林身边聆听李吉林的教诲和指点,如施建平、吴云霞、陈志萍、唐颖颖、张洪涛、生家琦等;也有的是慕名而来,专程拜李吉林为师,通过阅读李吉林的著作了解情境教育思想,诚挚地向李吉林请教,求得他们在实践情境教育过程中遇到的问题,如天津的靳淑梅、扬州的陈萍等老师。他们大部分工作于小学,也有的工作于幼儿园、科研单位等。

22位研究对象中有15人获评江苏省特级教师,22人次在国家或省级教学大赛中获一等奖,21人次主持过国家级和省级课题,都提出了自己的教学主张。

2. 研究工具与编码过程

借助Nvivo10.0质性分析技术进行编码。在准备阶段,选择22位情境教育教师作为被访问者,让其用文字描写出自己在情境教育影响下一步步成长的历程。依据研究对象的成长故事,辅之以问卷调查、访谈等,建立相应的"资料库"。

在编码阶段,以开放心态对材料进行逐字逐句分析编码,赋予概念,最后把相似概念聚集一起,概括出高级别的概念。如原始资料中有这样一句话:"李老师经常鼓励我们要挤时间学习,不断充实自己。"提炼出的概念是"李吉林鼓励我们不断学习"。Nvivo软件允许重复编码,若一句话有几层含义,就可以编码几个"自由节点",这样便于充分挖掘原始文本的深层内涵。通过对原始材料的一级编码,在软件中形成若干个"自由阶段节点"。

然后,又对自由节点进行结构化,完成二次编码,形成若干个一级"树状节点"。进行质性分析时,树状节点分析一般包括以下几个过程:观察树状节点,找出包含信息多的节点,并比较相关论述。在二级编码时,考虑类别间的相关,考虑时还要结合当时语境。比如:在完成"参加情境教学论坛"等的一级编码后,又将类似的一级编码进行二级编码,命名为"李吉林的课堂、著作、讲座的影响"。

在整合阶段,针对情境教育教师成长的历程,经梳理和发现核心范畴,并将核心范畴和其他范畴系统地结合,在二级编码的基础上形成两个"核心类属":"教师成长阶段""教师成长因素"。由此建构"情境教育教师成长阶段""情境教育教师成长影响因素"两个模型。模型里的每个因子皆来源于原始材料,保证了整个研究的客观性和科学性。

(二) 核心教师成长阶段模型构建

每位情境教育教师从最初走上讲台,到逐渐成熟,直至形成自己独特的教学风格,都经历了长时间多阶段的磨砺。纵观他们专业发展历程,会发现他们的成长轨道大致相似,都经历了四个阶段。

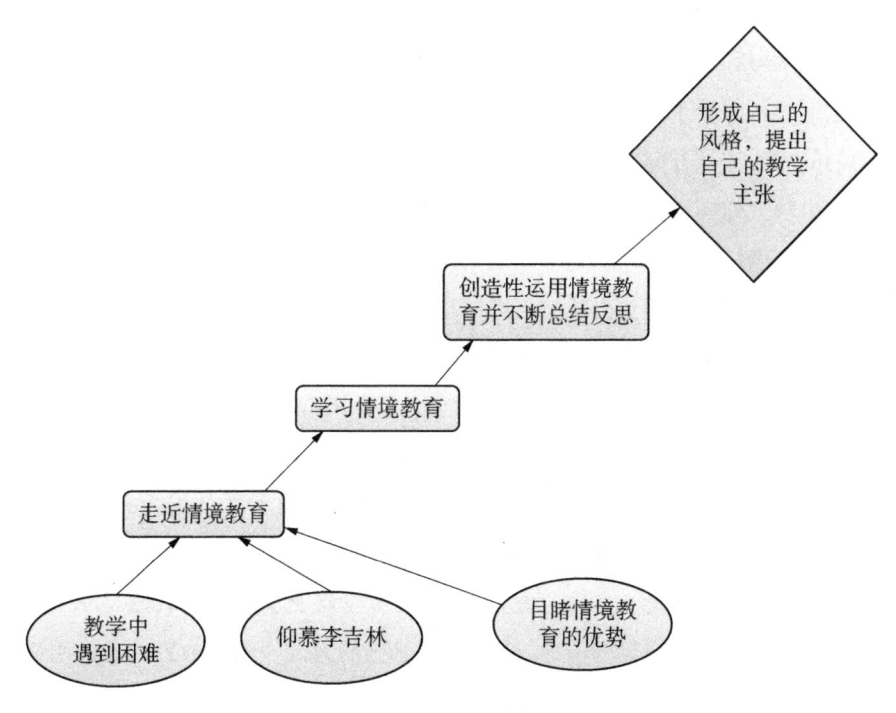

图 4-2 情境教育走出的名师成长阶段分析

从最初的"走近情境教育"到"学习情境教育"再到"创造性地运用情境教育",最后"形成自己的教学风格,提出自己的教学主张",可见,情境教育教师的成长过程是历经磨难与不断抗争的过程,是多台阶的渐进过程,也是不断学习、不断实践、不断创造的过程。

1. 摸索期:发现问题,引领方向

第一阶段处在工作的摸索期。该阶段的教师通过一段时间的彷徨摸索,由于各种因缘际会而走进情境教育:或因工作中的困惑而求教于情境教育,或为了突破专业成长"高原期"而借力于情境教育,或被李吉林的学术成就吸引而研究情境教育,或尝试多种教改后最终选定情境教育。如刘昕在实习的时候对李吉林书籍中介绍的课例依样画瓢地使用,发现学生们在课堂中学得很快乐,在后面的工作中就一直研究、践行情境教育。董一红一直因自己课堂沉闷、学生提不起劲儿而烦恼,当有一次走进李吉林情境教育课堂后,不禁感叹于情境教学的魅力,也在那一瞬间,找到了自己课堂不生动的原因。因为有过彷徨和摸索的深刻体验,一旦发现情境教育这座"富矿",他们就会如饥似渴地学习和钻研。

摸索期的教师处于职业的迷茫时期,情境教育着重激发此阶段教师的职业动机,并对他们的成长进行方向上的引领。情境教育教师摸索期都感受到李吉林老师温暖的关怀和引领。如吴云霞在第一次上公开课时,李吉林亲自备课,上课前还给她打气;上课时一直用满怀期待和鼓励的目光激励她,这种关切让她终生难忘,也正是这份关切成就了她前行路上的第一次成功。南通市通州区实验小学校长王笑梅回忆在南通师范学校求学时,印象最深的便是李吉林的一场报告带来的心灵震撼,使她的"童年梦想变得清晰起来,像李老师那样做最好的老师"。扬州市教研室教研员陈萍在泰兴师范学校读书时,亦醉心于李吉林做的一场讲座,立志"以李老师为目标,做李老师那样的好老师"。毕业以后,他们幸运地得到李吉林的指点。这种关怀成为召唤他们奋力前行的力量。正如董一红老师所说:"每次得到德高望重的教育家——李老师这样的肯定与鼓励,如获至宝,浑身充满了力量,并把目标定得更加高远!"教改是"一场没有终点的旅程",如果缺乏路标的引导,就会迷失前行的方向。情境教育的及时引领,给教师们指明了前行的方向。

2. 研修期:体验学习,拓展空间

第二阶段是研修期。他们在这一阶段"学习情境教育"。从语文情境教学的早期探索,到情境教育的系统建构,再到情境课程的精心开发,李吉林创建了一个以儿童为主体的原创性教育思想体系。为了掌握情境教育的精髓,22位徒弟大量阅读李吉林在不同时期出版的著作,想方设法聆听李吉林的讲座和报告,千方百计参与江苏情境教育研究所、青年教师培训中心组织的各种教研活动,跟随李吉林一起备课、听课,开展课题研究。王美、于强还有幸进入研究所,成为李吉林的得力助手,在她的身边学习和研究。

获得足够的知识经验是在特定领域做出杰出成就的必要条件。事实也证明,对情境教育的理念和思想研修越全面,理解越深刻,他们的发展就越顺遂,取得的成就也越大。李吉林开展的研修活动,主要特点是基于问题、基于需求和基于体验的情境学习。

3. 践行期:实践反思,转识成智

践行期阶段的教师们"创造性地践行情境教育并不断总结反思"。多年的教改实验使李吉林深知"知易行难"的道理,她的带教始终强调在"做中学",认为只有实践才能"出真知",鼓励徒弟大胆尝试,开展行动研究,并通过不断反思来提高自己的教学水平。在这个时期,徒弟们将所学到的情境教育思想运用到教学实践中,"每一堂课的设计我都在思考如何体现李老师讲的要领,就在日有所思中,课有所见,课堂技艺的提高如'春起之苗,不见其增,日有所长'。"(靳淑梅语)随着实践的深入,多数老师都将情境教育思想运用于某门学科的教学中,如语文、数学、音乐、美术等,但也有少数教师选择了某门学科的某个领域深耕细作,如情境语文的识字教学、阅读教学、作文教学,情境数学的概念教学、计算教学以及应用题教学,努力探寻教学改革的新模式与新路径。通过李吉林的悉心指导,这些行动研究深化了他们对情境教育的认识,提高了他们驾驭教学改革的本领,为日后的教学创新夯实了基础。

俗话说:"师傅领进门,修行靠个人。"通过第二阶段的研习,多数教师已经具备较高的理论修养,李吉林引导此阶段的他们躬身实践,鼓励各种不同的教改尝试。当然,投身实践并非盲目尝试,一味苦干,其关键是能否打破"路径依赖"。"路径依赖"如同经典力学中的惯性现象,如果我们顺利实现了某一路径选择,就会透过积极的收益递增与持续的自我强化而形成依赖性[1]。打破"路径依赖",不断否定自我,强化教学反

---

[1] North, D.C. The Contribution of the New Institutional Economics to an Understanding of the Transition Problem [M]. WIDER Annual lectures. 1997:1.

思,透过坚持不懈的反思转识成智,这个过程虽然是痛苦的,却是自我超越的前提。

4. 创新期:环境支持,人文关怀

创新期阶段的教师们形成了自己的风格,提出了自己的教学主张。在情境教育思想的影响下,他们积累了极其丰富的课堂教学经验,形成教学智慧,不断将理念转化为行动,将经验升华为理论,并结合自己的个性特征,形成了各种独特的教学风格和教学主张,使情境教育进入了"春风十里,百花争艳"的发展新常态。如今,祝禧的"文化语文",王笑梅的"生命语文",施建平的"情境作文",周益明的"诗化语文",张洪涛的"游戏作文",生家琦的"情境教学",顾娟的"通透情境数学",黄美华的"音乐情境课程",张宏云的"美术情境教育"等,都在江苏省内外产生了较大影响,形成了情境教育新生代名师群。

值得一提的是,将情境教育教师成长阶段分为上述四个阶段仅仅是为了研究方便,它们之间并无明显界限,有时还是相互交叉的,在前一时期往往就能看出后一时期的某些特征,后一时期也常常保留着前一时期的部分特征。

(三) 教师成长的影响因素模型构建

情境教育教师的成长过程,既是教育过程,也是自我发展的过程。在这一过程中,情境教育教师团体的成长受主客观多方面因素的影响。

1. 主观因素

影响教师成长的因素既有主观原因,又有客观原因。主观因素决定了同一环境条件下教师个体成长的不同水平和方向。研究发现,情境教育教师团体主观方面都具有以下特征:对儿童充满深情、对工作充满热情、革新开拓、坚定自信、勇于进取、勇于挑战、有理想抱负的个性特征;具有不辞劳苦、勤奋自觉、不安于现状、不断总结反思的工作态度。

(1) 热爱教育事业

热爱的动机对在任何专业取得高水平的创造力都是关键性的[1]。情境教育教师团体热爱教育事业,对儿童充满深情,对教育工作充满热情。他们有的自小就喜欢"教师"这一职业。如张宏云在读书时,看到学前班的老师带着孩子们做游戏,"不禁时常有个梦想:在明媚的阳光下,在绿色的草地上,孩子们围着我坐成一圈,听我讲故

---

[1] 罗伯特.J.斯腾博格.创造力手册[M].施建农,译.北京:北京理工大学出版社,2005:142.

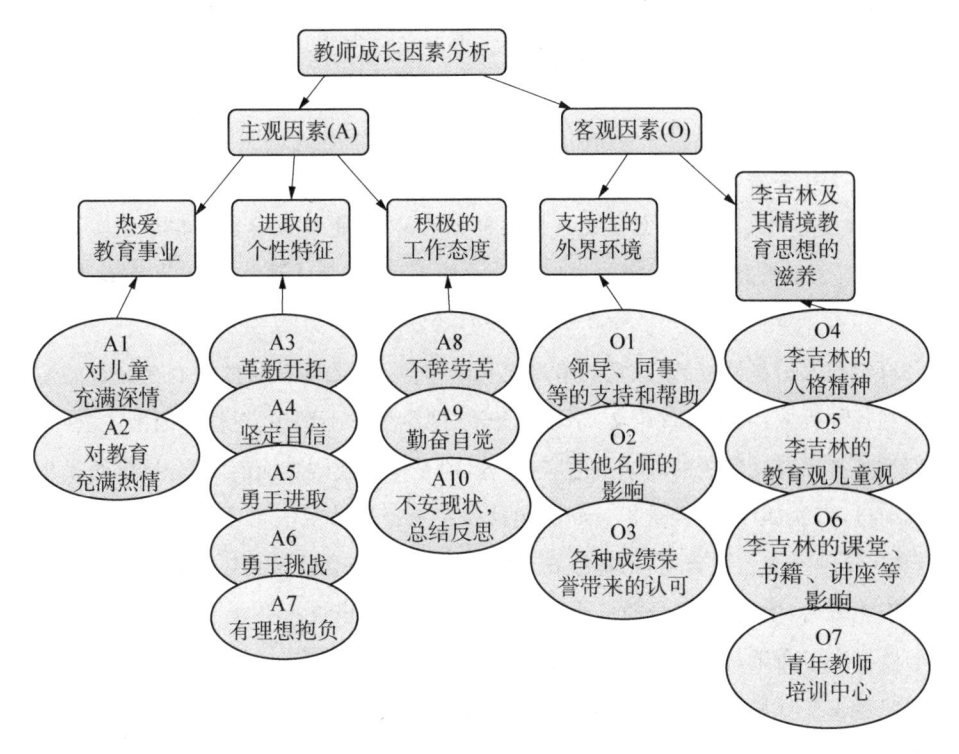

图 4-3 情境教育教师成长因素分析

事⋯⋯"有的老师为了从事小学教育,拒绝去机关工作、放弃继续深造的机会,志愿将自己的知识才能和青春年华奉献给自己热爱的儿童。如陈志萍以高分毕业后,在同学不解的目光中,放弃了重点高中,选择就读南通师范学校,成为一位小学教师。李伟忠是南通师范学校的首位大专班学生会主席,当时学校缺一位管理老师,领导决定让他留校。但为了从事自己热爱的小学教育,他毅然选择了回家乡小县城做小学教师。

在一系列纵向追踪研究中,托兰斯发现,在事业上更富有创造力的人往往都从事着自己喜爱的工作。诺贝尔奖得主崔琦说:"从心里热爱,才能激发出想象力和创造力。"李吉林也说,没有这种深沉的爱,就没有情境教学,更没有情境教育。"爱能产生智慧",正是情境教育教师团体对儿童、对教育事业的虔诚与热爱,产生了源源不断的创造热情和创造动力。

(2)具有不断进取的个性特征

本研究发现,情境教育教师团体具有革新开拓、坚定自信、勇于进取、勇于挑战、有理想有抱负的个性特征,这些个性特征成为他们不断攀登的动力。

情境教育教师们不甘平庸,对碌碌无为的惧怕逼着他们改变自我,在教学实践中革新开拓、坚定自信,并善于在教学中抓住机会,挑战自我。如柳小梅说:"扪心自问:我是一个不甘平庸的人,所以我时时提醒自己,不要让碌碌无为淹没了自己!现在想来,也许就是这个最朴实的想法成为最初努力的动力,也让以后的坚持中有了自己的目标。"①靳淑梅在屡次得不到一等奖时说:"偏不信,其他人可以做到的事情,我就做不到。"

科学的大道是崎岖的,探索的路途也从未平坦过,情境教育教师们在探索的途中也遇到各种挑战:从未写过论文、学校任务重、课堂教学不理想、对教学渐渐失去兴趣、长期教高年级对低年级的教学不适应,等等,但是他们在困难面前没有退缩,而是积极探索前进,自我加压,勇挑重担。如唐颖颖说:"一个人的成长离不开自我锻炼。工作中,我常主动给自己找难题,主动给自己压担子,主动给自己设目标。"吴云霞在送走了一个毕业班后,主动请缨,任教一个全校闻名的脏乱差班级。

性格决定命运,情境教育教师们的个性特征决定了他们不会按部就班地工作,不会甘愿迷失在日复一日的机械劳作中,他们必然会在实践中不断尝试,不断变化。

(3) 具有积极的工作态度

态度是专业发展中最敏感又是最有可塑性的一个因素,是影响教师成长诸因素中最值得重视的因素。

22位教师都有着积极的工作态度,他们不辞劳苦,勤奋自觉。

有老师回忆她读师范时的日子:"师范学习,课堂总有我专注的神情,图书馆、路灯下总有我专心阅读的身影,琴房常传出我练唱的声音,橱窗里常展出我的作品,舞台上常有我跳舞、朗诵、讲故事、主持节目、指挥大合唱的身影……即使寒暑假在家,我也坚持每天写上几黑板。假期里,我到母校借来脚踏风琴,买来口琴,在家里吹拉弹唱。"

当机会来临时,他们毫不懈怠,抓住机会,认真对待。黄美华为了参加南通市音乐教师基本功大赛,给自己制定了一套满负荷工作时间表:白天在学校利用课余时间准

---

① 柳小梅. 寻找属于自己的句子[J]. 江苏教育,2013(7):15.

备教案、试教,晚上回家再练习基本功,钻研理论……①对试教过的教案不厌其烦地琢磨、修改。"一个人在家,写了擦,擦了写,餐桌上一圈橡皮碎屑见证了我数十次修改教案的过程。"

22位教师积极投入实践,又不满足于实践。为了提升业务水平,他们常常以教学实践为反思对象,坚持定期写教学日志,记录每天的教育生活;及时记录自己课堂生活的成败,并努力寻找原因;结合所学理论,反思自己的实践。他们在长年的教学实践中不断钻研,不断感悟,不断调整,不断利用优势、创造条件,在成长的每一个阶段,踏踏实实地完成相应的成长任务。

2. 客观因素

研究情境教育教师成长故事,会发现他们在故事中提及最多的客观因素是李吉林及其情境教育思想的滋养,主要包括"李吉林的课堂、书籍、讲座、课题""李吉林举办的青年培训中心""李吉林的人格精神""李吉林的教育观儿童观"。此外,也离不开"领导、同事、教研员等的支持、帮助","其他名师"等支持性的外界环境。

(1) 深受李吉林及其情境教育思想的影响

情境教育教师发展的显著特征就是,他们的成长过程都深受李吉林及其情境教育思想的影响。22位教师中有10位是李吉林的徒弟,有7位曾在李吉林身边工作过。他们通过走进李吉林的课堂,聆听李吉林的讲座,阅读李吉林的书籍,和李吉林一起备课等方式在专业上得到情境教育的滋养。

首先,情境教育教师人格深受李吉林影响。

苏霍姆林斯基说过:"能力只能由能力来培养""人只能由人来建树②";乌申斯基说:"教育者的人格是教育事业中的一切③。"李吉林几十年来对教育研究的执着之"真"、对儿童学习与发展的关切之"情"、构建情境教育完整理论体系的深沉之"思"、追求教育和人生的完美境界的精神之"美",令情境教育教师们感佩,同时也激励着他们在教育研究和人生之路上形成正确的价值追求。

情感上,李吉林对儿童的爱影响着徒弟们。

---

① 成尚荣. 我们是长大的儿童:情境教育中走出的名师[M]. 北京:教育科学出版社,2012:32.
② 苏霍姆林斯基. 给教师的一百条建议[M]. 杜殿坤,译. 天津:天津人民出版社,1981:译者的话.
③ 乌申斯基. 教师心理[M]. 张承芬等,译. 济南:山东教育出版社,1984:6.

情境教育教师们都热爱儿童,热爱教育事业。然而,教师对儿童的爱不是简单的喜欢,而是基于教育者天职产生的"教育爱",与自然而然的母爱相比,多了一些理性,①即教师之爱需要智慧。

对于年轻教师来说,"爱"是抽象的话语,李吉林将这一抽象具体化、理念化,对徒弟们产生了潜移默化的影响。周益明回忆了一个略有寒意的秋天,情境教育学术研讨活动在南通师范第二附属小学举行。中间安排了孩子们的舞蹈表演。在候场时,一个个校舞蹈队员穿着单薄的舞蹈服,被李老师看见了,连忙对老师大声说:"快,赶快让孩子穿上衣服!孩子的身体要紧,穿着外套跳②。""也就在那一刻,'爱'在我的心中获得了前所未有的存在感。这个以前飘渺的字眼,是李老师,用她不经意中的一个无心举动,让我真切感受到了。"一个不假思索的、毅然决然的决定,让徒弟们有了巨大的收获。真正的爱学生,就是从学生角度出发,为学生着想。

在李吉林的影响下,情境教育教师们将这种对儿童的理解、关爱融入进自己的人格。正是受到李吉林对儿童、对教师,乃至对教育的"爱"的熏陶,情境教育教师为了"儿童"更好的发展,不断给自己提出问题,然后又竭尽全力地寻找答案。

意志上,李吉林执着进取的品质激励着徒弟们。

李吉林认准目标、百折不回的意志品质让从情境教育走出的名师深受感染。李吉林虽年岁已高,但仍然保持旺盛的求知欲,已入古稀之年的她完全有理由停下前进的脚步。然而,她甚至连前行的节奏也没有放慢。

"尽管已是功成名就,但先生仍然对新的知识保持着浓厚的兴趣。记得2002年,先生对建构主义很感兴趣,……她的那种热情饱满的学习劲头和汲取新知的能力速度真让我们这些年轻人自愧弗如!"

"李老师每天早晨早早到校,中午才离开,下午顶着烈日又到了校,夕阳西下才离开,天天如此,双休日也一样。"

李吉林的这种学习热情成了情境教育走出的名师前行路上的标杆,激励着老师们

---

① 高德胜.论爱与教育爱[J].教育研究与实验,2009(03):5—6.
② 成尚荣.我们是长大的儿童:情境教育中走出的名师[M].北京:教育科学出版社,2012:254.

更加认真细致地读书,深入缜密地思考。"感觉每一次听李老师讲话,都有一种充了气一样的激情。是的,李老师本身就是个榜样,一个年逾古稀的人,还在孜孜不倦地学习、钻研,比我们哪一个年轻人都勤奋、刻苦,是不是让我们汗颜呢?只要和她一比,你便没有理由不用功,没有理由不勤奋、不上进。"

在李吉林的影响下,她的 22 位徒弟在教育探索之路上永不满足,持续努力,永葆学习的热情。施建平先后参加北京语言文学自修大学、中华青少年创造教育函授学习和中国科学院心理所的进修,参加南通教育学院中文大专、中央电大汉语言文学本科学习和国家级骨干教师培训班。通过进修,李吉林的大多数徒弟已取得本科学历,部分徒弟还获得了研究生学历,其中王美在获取学习科学与技术设计博士之后,又进入华东师范大学心理与认知学院从事博士后研究。

性格中,李吉林谦虚谨慎、平易近人、荣辱不惊的品性潜移默化地影响着徒弟们。

李吉林,一个蜚声国内外,受人们仰慕的教育家,"平易近人,没有一点儿'名人'的派头架子,如师长般坦诚,似亲友般和气。"无论任何时候,得到任何荣誉,她都不自满,就是到今天成为了教育家,她仍然认为"我的第一身份是小学教师",她常和徒弟们说:"一线的老师最缺的还是理论的指导,在这方面,我永远是小学生……"深受李吉林的影响,徒弟们即使再优秀,都不锋芒毕露,无论取得多少成绩,都仍脚踏实地地工作学习,无论取得多少成绩和掌声,仍然沉浸在爱儿童的世界中不能自拔。

其次,情境教育教师教育能力深受李吉林情境教育影响。

能力是在学习吸纳前人经验基础上逐渐形成的。情境教育教师们的教育教学能力的提高建立于情境教育理论和实践基础之上,他们一方面通过阅读李吉林的著作、观摩她的课堂、聆听她的讲座等方式了解情境教育思想,另一方面又通过参加李吉林举办的青年教师培训,和李吉林一起搞实验、做课题,接受李吉林在备课、上课、著书立说等方面的指导,准确全面地理解情境教育思想。

许多情境教育教师都提到"青年教师培训中心"给予他们的帮助。其实他们不仅在青年教师培训中心接受统一培训,还得到了李吉林的个别化指导。指导时,李吉林不会直接呈现备课结果,而是提供"参与"的机会,指导他们在"战场"上磨砺技艺。

此外,李吉林的讲座、著作、课堂录像传播,深化了情境教育思想,为教师学习情境教育思想提供了便利。情境教育教师通过阅读李吉林的《训练语言及发展智力》《小学语文情境教学》《情境教学实验与研究》《李吉林文集》《情境教育的诗篇》等著作,观摩《桂林山水》《燕子》《萤火虫》等课堂以及现场讲座等方式,对李吉林的专业成长轨迹及学术研究思想有了较为宏观的了解,并渐渐有了心得。

在李吉林的亲自指导下,情境教育教师的教育教学技能迅速提升。学会了备课要"放飞想象读教材""联系儿童生活进行备课""用儿童的视角思考问题",上课时"要将话说到孩子的心里去""要用教师的真情感动学生的真情""课堂要有自己的主张",课后要"及时总结反思""将理论学习与实践探索结合起来"。教会他们怎样用语言去感染学生,怎样用生动的教学手段去启迪学生的智慧与美感,让他们明白教学是为儿童展开的,教师就是一个长大的儿童,永怀童心、童真、童趣①。在李吉林的指导下,徒弟们的教育技能日益娴熟,教育教学能力日渐增长。

(2) 支持性的外界环境是教师发展的坚强后盾

环境是个体发展的关键因素。即使个人拥有创造性思维所需的所有内部资源,如果得不到环境的支持,他的创造力也没有展示的机会。西蒙顿还就此做了许多研究,发现在很大的时间跨度上,不同文化中杰出水平的创造力都与环境变量相关②。本研究发现,情境教育教师们的成长也离不开团队的支持,领导的鼓励、帮助、严格要求,教研员、同事、其他名师的帮助。支持性的团队为情境教育教师的成长提供了保障。在此不作为重点阐述。

三、情境教育教师成长共性分析

通过研究发现,情境教育的教师成长表现出一定的共性,主要表现为师承,具有共同的研究范式。

(一) 师承

师承是情境教育学派最为显著的特征。徒弟通过耳濡目染老师的言行举止,逐渐形成在教育科学领域内基本观点一致、研究风格相似的情境教育学派。李吉林对徒弟们的影响主要体现在两个方面。一个是他们的教育思想与情境教育思想都有共同之

---

① 祝禧. 锻造美丽的金蔷薇[J]. 教育家,2012(1):17—18.
② 罗伯特.J. 斯腾博格. 创造力手册[M]. 施建农,译. 北京:北京理工大学出版社,2005:9.

处;另一个是师傅在人格、思维方式、教育技巧等方面影响了徒弟。

李吉林作为情境教育学派的代表,在团队建设中起发起、带头作用,不是作为"行政"领导依靠权力发挥作用,而是依靠其思想、精神发挥作用。思想的传播主要通过自己的著作传播;通过徒弟去宣传,或通过讲座、讲学等方式传播。教育学派的传人们大多不仅继承了师傅的衣钵,而且融入了自己的观点,形成了自己的教育思想。

如开门弟子施建平,1994年32岁的他成为当时江苏省最年轻的特级教师,后又破格晋升为中学高教师,现为正高级教师。施建平跟随李吉林学习两年多,亲眼目睹李老师班上的学生高涨的习作热情,充分感受到情境作文的魔力。然而现实中,作文教学存在写作热情低迷、训练无序、儿童生活单调枯燥、语文教学中阅读与写作的分离、教师指导单一、教学评价中缺乏鼓励等现状。于是,施建平对情境作文产生了浓厚的兴趣和进一步探究的欲望。结合自己的教学实践,走上了情境作文的探索之路。

施建平提出的"情境作文",继承情境教育中儿童习作与生活链接的观点,主张充分利用生活中的各种资源和时机熏陶、感染孩子的心灵。在作文教学中,通过培养学生对生活的热爱与发现、对生命的敬畏与悲悯、对事物的思考与追问进行心育。情境作文关注情境教育所提出的"情感"的作用,强调作文命题契合孩子的心灵,通过设置充满情趣的"情境性"题目吸引学生注意力,触动他们的心灵,激起习作热情。通过"先玩后写""先做后写""先听后写""先演后写"等方式提供素材,摆脱习作教学中"无米之炊"之现状。情境作文吸纳情境教育主题大单元的综合思想,通过关注各科教学内容、整合各类相关资源,打开学生的习作视角,鼓励各种表达方式,破除习作内容和表达方式的单一。在"亲自上研究课、展示课""情境作文的课程开发,主编出版各种情境作文课程"的基础上,构建了情境作文体系。在全国小学语文界产生了较大的影响。

再如祝禧提出了"文化语文"的教学主张。"文化语文教育"吸纳情境教育的重要理论来源之一的境界论,让儿童接受传统与现代文化的哺育和滋养。从多种途径中选择童话、诗歌、小说,乃至民歌、成语、谚语、对联、童谣等,让儿童关注汉字的"立象尽意",词语的"情境建构",文学语言的音韵节奏、语气语感,实用语言的清晰明确,凝练有序,等等。

"文化语文教育"还关注情境教育四大元素之一——"美",建设文学意象阅读课程。编写《文学意象阅读手册》,建设网络环境下的"文学意象网"。改进情境教育的"阅读补充教材",由师生共同推荐48本精读书目,编写48本《阅读手册》和百本泛读书目,以及供每个学生使用的《阅读评价手册》。经过不懈的努力,祝禧取得了很多成果,在全省具有一定的影响。

江苏省小学音乐特级教师、全国模范教师黄美华,针对学生传统音乐教学中存在内容单一琐碎的问题,力图改革一节课一首歌,一学期一本音乐书的传统教学模式,长期跟随在李吉林身边的她吸纳情境教育综合课程的理念,主张在整合重构的专题教学中,建设音乐文化专题课程。专题文化读本的编写主要内容包括以下几个方面:以核心作品为主的"1+N"首音乐作品;开展适合学生参与的音乐活动;将作品中的基础音乐知识和技能提炼出来;介绍作曲家的故事和创作轶事;拓展符合学生年龄特点的纪录片、电影、电视剧等艺术作品。

(二) 共同的研究范式

范式规定着一门学科的边界,规定着共同体成员的工作方向。情境教育学派作为一个学术共同体,它的形成、发展具有共同的研究范式。包括具有相似的学术话语以及相似的研究方法。

首先,相似的学术话语。情境教育学派成员阅读的文献和参考资料离不开李吉林的著作,加之他们与李吉林本人有充分的交流对话机会,因此,专业问题、自己教学主张的提出,与李吉林的学术话语体系相似。

其次,相似的研究方法。情境教育的探索所遵循的是一边探索实践,一边总结提高为核心的认识路线,贯彻了马克思主义的'实践——认识——再实践——再认识'的辩证唯物主义认识路线的研究范式,其间理论学习贯彻始终,所出成果是一个研究循环的终点和下一循环的起点……李吉林所创造的这个研究模式,堪称理论与实践相一致的教育家的研究范式。① 其共同体研究人员,都是从实践中来、又回到实践中去,生根于实践,开花于实践,结果于实践,表现出相似的研究方法。

---

① 张定璋.情境教育的教学论发展观[J].教育研究,1998(05):17.

第二节 情境教育研讨会研究

自1996年至2018年,情境教育共召开学术研讨会12场。研讨会的持续召开对情境教育起到了总结回顾、提炼延伸及促进引领等作用。李吉林及其团队及时整理、反复阅读、理解消化,选择吸收专家们的观点、争鸣,促进了情境教育的进一步发展。

一、情境教育发展五阶段

情境教育邀请国内外知名专家学者围绕主题展开探讨。主题的变化与发展过程即情境教育逐步深入发展的过程。

通过对12次研讨会主题的研究分析,可以提炼出情境教育发展线索:情境教学—情境教育的跨越——深入研究情境课程——聚焦儿童的情境学习——情境教育学派的形成——提出情境教育"儿童学习范式"。也就是说,情境教育的发展过程大致可以分为五个阶段。如图4-4所示。

第一阶段,从情境教学到情境教育的跨越。情境教学是李吉林在小学语文学科教学探索的教学法。情境教育则将情境教学法运用到各科,即从语文学科的改革延伸至全科,从课堂内延伸到课堂外,是小学阶段全面的教育改革。

第二阶段,深入研究情境课程。虽然在第一场研讨会的主题报告《为全面提高儿童素质探索一条有效途径——从情境教学到情境教育的探索与思考》中已经有情境课程的踪迹,但尚未提出"情境课程"这一表述,直至此阶段才公开提出"情境课程"这一概念。情境课程是情境教育发展过程中的产物,探索历时近6年。为了更好地整合对儿童产生影响的环境,突破儿童学习与生活的断裂、分科造成的割裂等局限,设计了四个系列的情境课程。

第三个阶段,聚焦儿童的情境学习。这标志着情境教育思想历经情境教学、情境教育、情境课程后,回归到学习的主体——儿童的学习;也标志着情境教育研究的聚焦

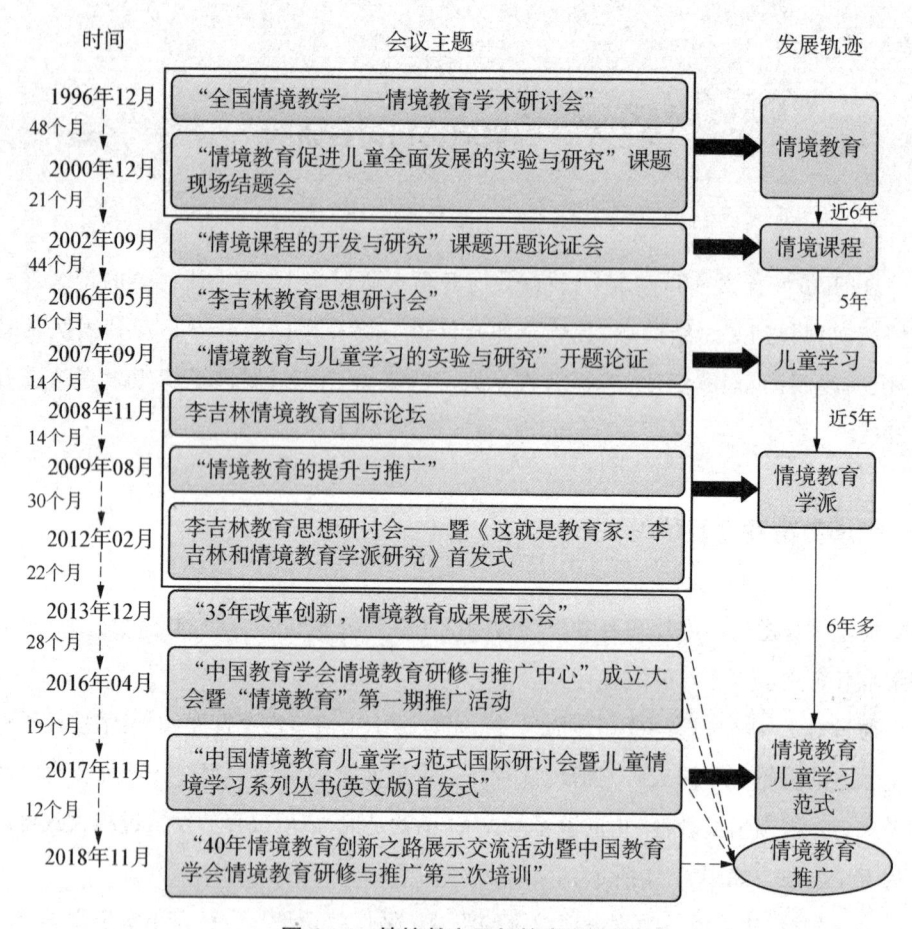

时间	会议主题	发展轨迹
1996年12月	"全国情境教学——情境教育学术研讨会"	情境教育
48个月 ↓		
2000年12月	"情境教育促进儿童全面发展的实验与研究"课题现场结题会	
21个月 ↓		近6年
2002年09月	"情境课程的开发与研究"课题开题论证会	情境课程
44个月 ↓		
2006年05月	"李吉林教育思想研讨会"	5年
16个月 ↓		
2007年09月	"情境教育与儿童学习的实验与研究"开题论证	儿童学习
14个月 ↓		
2008年11月	李吉林情境教育国际论坛	近5年
14个月 ↓		
2009年08月	"情境教育的提升与推广"	情境教育学派
30个月 ↓		
2012年02月	李吉林教育思想研讨会——暨《这就是教育家：李吉林和情境教育学派研究》首发式	
22个月 ↓		6年多
2013年12月	"35年改革创新，情境教育成果展示会"	
28个月 ↓		
2016年04月	"中国教育学会情境教育研修与推广中心"成立大会暨"情境教育"第一期推广活动	情境教育儿童学习范式
19个月 ↓		
2017年11月	"中国情境教育儿童学习范式国际研讨会暨儿童情境学习系列丛书(英文版)首发式"	
12个月 ↓		
2018年11月	"40年情境教育创新之路展示交流活动暨中国教育学会情境教育研修与推广第三次培训"	情境教育推广

图4-4 情境教育思想的发展阶段

点从教育的外部因素"环境"转向内部因素"儿童"，从关注"教师的教"到聚焦"儿童的学"，这本身是认识论上的深化和突破。

第四个阶段，情境教育学派的形成。情境教育能否成为学派？抑或是流派？李吉林对此谨慎对待，于2009年6月第一次邀请专家在江苏情境教育研究所就"情境教育学派"的标准、构建要素、推广等问题进行讨论，同年8月又再次邀请专家进行论证。直至2012年顾明远主编的《这就是教育家——情境教育学派的研究》一书出版，顾明远建议提出"情境教育学派"。要能形成一个派别，需要有一个践行情境教育理念的群体。于是，在后来的工作中，"情境教育的推广"成为情境教育发展的重要任务。

第五个阶段,情境教育儿童学习范式的提出。随着情境教育影响的扩大,有专家建议,情境教育需要从哲学层面凝练出简洁的语言,回答情境教育到底是什么的问题。很多实验校也希望情境教育能概括出模式,便于实践者去践行。李吉林认为,教育是个性化的,是因人而异、因地而异的。因此拒绝了"模式",提出了"范式"。

情境教育在 23 年间迈上 5 个发展新台阶,平均四五年就有新的突破。值得一提的是,这五个阶段并不是截然分开的,后一阶段的萌芽在前一阶段已经呈现。如在 2013 年"35 年改革创新,情境教育成果展示会"上,李吉林作了《一个主旋律"三部曲"——儿童"快乐、高效"情境学习范式的构建历程》的主题报告,其中提出了"情境学习范式"的构建,但是此时还不够成熟,经过几年的斟酌,终于于 2017 年正式提出"情境教育儿童学习范式"。后一阶段轨迹的发展也并不意味着对前一阶段的扬弃,更多的是在继承中发展。如情境教育学派提出后的许多年,情境教育一直致力于推广、核心概念的解读等构建完善本学派的工作。

二、研讨会的专家群体及其影响

几百名专家参加了 12 场研讨会。然而,在会议上发言,贡献智慧的共 115 名(据不完全统计)。可以说,情境教育思想汇集了当代诸多学者的教育智慧。

(一) 发言专家群体研究

12 场研讨会发言专家群体主要来自于国家教委/教育部、中国教育学会、国内外师范院校或一般大学、各科研单位以及杂志社。具体情况如图 4-5 表示。

专家们来自各个不同的研究领域,有研究美学的,如吴功正、许明等;有研究心理学的,如林崇德、郭亨杰等;有研究文学的,如巢宗祺、方智范,儿童文学家金波等;为了研究数学情境课程,还邀请了我国著名的思维科学专家张光鉴、数学家李大潜。当然,教育学类专家是最多的。如王策三、顾明远、钟启泉、任友群,等等。涉及教育学原理、课程与教学论、比较教育学、教育技术学等多个方向。不同领域的专家贡献出各自的智慧,情境教育思想凝聚百家之长。

大多数专家都不止一次参加研讨会并且在会议上发表言论,有些专家还对情境教育的发展持续关注,多次在会议上献计献策。十二场研讨会出席并作重要发言三次及以

情境教育研究

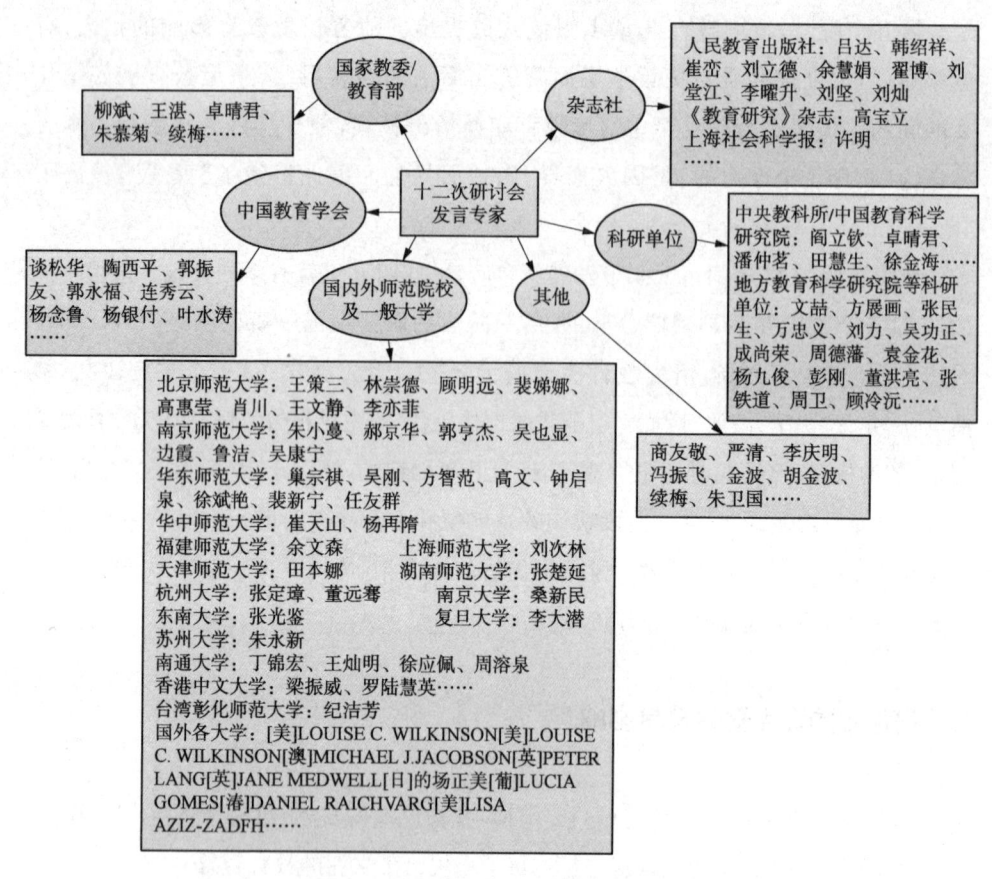

```
                                    国家教委/
                                    教育部
    柳斌、王湛、卓晴君、                              人民教育出版社：吕达、韩绍祥、
    朱慕菊、续梅……        杂志社           崔峦、刘立德、余慧娟、翟博、刘
                                            堂江、李曜升、刘坚、刘灿
                  十二次研讨会                《教育研究》杂志：高宝立
                   发言专家                 上海社会科学报：许明
      中国教育学会                              ……

    谈松华、陶西平、郭振                              中央教科所/中国教育科学
    友、郭永福、连秀云、  国内外师范院校    其他        研究院：阎立钦、卓晴君、
    杨念鲁、杨银付、叶水涛   及一般大学                潘仲茗、田慧生、徐金海
    ……                                            地方教育科学研究院等科研
                                                单位：文喆、方展画、张民
        北京师范大学：王策三、林崇德、顾明远、裴娣娜、      生、万忠义、刘力、吴功正、
        高惠莹、肖川、王文静、李亦菲                  成尚荣、周德藩、袁金花、
        南京师范大学：朱小蔓、郝京华、郭亨杰、吴也显、      杨九俊、彭刚、董洪亮、张
        边霞、鲁洁、吴康宁                          铁道、周卫、顾泠沅……
        华东师范大学：巢宗祺、吴刚、方智范、高文、钟启
        泉、徐斌艳、裴新宁、任友群              商友敬、严清、李庆明、
        华中师范大学：崔天山、杨再隋              冯振飞、金波、胡金波、
        福建师范大学：余文森      上海师范大学：刘次林   续梅、朱卫国……
        天津师范大学：田本娜      湖南师范大学：张楚延
        杭州大学：张定璋、董远骞    南京大学：桑新民
        东南大学：张光鉴         复旦大学：李大潜
        苏州大学：朱永新
        南通大学：丁锦宏、王灿明、徐应佩、周溶泉
        香港中文大学：梁振威、罗陆慧英……
        台湾彰化师范大学：纪洁芳
        国外各大学： [美]LOUISE C. WILKINSON[美]LOUISE
        C. WILKINSON[澳]MICHAEL J.JACOBSON[英]PETER
        LANG[英]JANE MEDWELL[日]的场正美[葡]LUCIA
        GOMES[海]DANIEL RAICHVARG[美]LISA
        AZIZ-ZADFH……
```

图 4-5 12 次研讨会发言专家分析图

上的专家如表 4-1 所示（表中专家简介信息是笔者在研究时搜集的，以当时的信息为准）。

表 4-1 12 场研讨会中作 3 次及以上重要发言专家的情况分析表

发言专家	简介	发言次数
郝京华	南京师范大学教学论专家　教育部基础教育课程改革南京师范大学	10
吴刚	华东师范大学教授　博士生导师	8
成尚荣	原江苏省教育科学研究所所长　中国现代教育专家	6
朱小蔓	中国知名教育家　南京师范大学教授　情感教育专家	6

续 表

发言专家	简介	发言次数
裴娣娜	北京师范大学教育学院教授　教学论专家　博士生导师	5
张铁道	博士研究员　原任北京开放大学校长	5
吴康宁	南京师范大学副校长　教授　博士生导师	4
柳斌	原国家教委副主任	4
王灿明	中国创造学会副秘书长　中国馆发明协会中小学创造教育分会常务	4
顾明远	时任中国教育学会会长　北京师范大学博士生导师	3
张光鉴	国家有突出贡献的科学专家　五一奖章获得者和全国劳动模范	3
任友群	现任教育部教师工作司司长　教授　博士生导师	3
周德藩	江苏省教委副主任　极力推广"素质教育"	3
方展画	浙江省教育科学研究院院长　浙江大学博士生导师	3
李庆明	江苏省特级教师	3
丁锦宏	南通大学教务处处长　南通大学情感教育研究所所长	3
……		

(二) 几代学者的持续关注

情境教育得到相关专家的持续关注,甚至还得到了有些学者师生几代人的共同关注。如在情境教学发展之初,李吉林有幸得到华东师范大学著名的苏俄教育研究家、翻译家、教学论专家杜殿坤的指导。李吉林将实验中遇到的难点和困惑积攒起来,向杜殿坤请教,杜殿坤总是不吝赐教,始终认真倾听她的想法,耐心为她释疑,鼓励她将实验继续深化。"他见我来了,总是微笑着接待我,没有多少寒暄,很快进入主题,有时他索性解下手表就像给我上课一样。他总会关心地问我:'这一段做得怎么样?'然后我便扼要地谈一谈,说完便听他的指导。"[①]他关心李吉林的实验,给予她最及时的理论上的指点,常常将自己刚翻译完尚未发表的国外的教育资料复印寄给李吉林,送给

---

① 李吉林.情境教育的诗篇[M].北京:教育科学出版社,2009:40.

她《把整个心灵献给孩子》,指导她看《教学与发展》。杜殿坤告诉李吉林:要认识到教育教学是为了儿童的发展,要形成自己的理论体系。他还为李老师的第一本学术专著《情境教学实验与研究》的初版和再版两次作序。

杜殿坤还将李吉林引荐给时任华东师范大学校长的刘佛年。李吉林多次随杜殿坤到刘佛年府上请教,受到刘佛年校长和夫人的热情接待和悉心指导。当时,教育部希望刘校长从基础教育界挑选好苗子,作为研究生亲自培养,将来成长为中国自己的教育家。刘校长选中了李吉林和当时在上海青浦从事数学教学改革的顾泠沅老师,一个来自小学,一个来自中学,代表了语文和数学两个基础性学科。根据刘佛年先生的意见,准备让李吉林先读他的硕士,继而读他的博士。然而名单上报后,根据教育部研究生司法规章制度,读研究生必须是45岁以下,大学本科毕业。而当时的李吉林已年近半百,且为中师学历,条件都不符合,进修的事最终未能如愿。但是刘佛年校长仍然想方设法为李吉林另创学习条件,让华东师范大学聘请她为兼职研究员,这样她就可以享受华师大丰富的图书信息资料。

杜殿坤是高文的硕士生导师,刘佛年又是高文的博士生导师。杜殿坤和刘佛年与李吉林老师之间的学术交往也随之延续到了第三代学者高文身上。早在20世纪80年代初,高文还在苏联访学时,杜先生就向李老师介绍了高文,推荐李老师阅读高文关于"场论"的一篇文章,李老师后来在此基础上发展出的"心理场整合原理",成为情境教育的基本原理之一。

在高文的带动和影响下,华东师大学术团队的伙伴们和弟子很早就认识了李老师,大家主动关心并研究情境教育,协助李老师在情境教育的发源地南通举办了一系列学术研讨活动。如吴刚、任友群、裴新宁等学者,多次参加情境教育的课题活动并作报告,在学术刊物上撰文。

再如南京师范大学鲁洁曾出席"李吉林情境教育国际论坛"和"情境教育的提升与推广"两场研讨会,并作重要发言。两次发言对于情境教育的推动极具意义。第一次发言中指出,情境是将生活以及抽象的符号化的世界相连的中介。[①] 并认为,李吉林解决的是一个世界性的难题。这对情境教育坚守教学与生活相连接的信条有很大的指导意义。第二次发言中,给"情境"作了一个界定:所谓"情境"实际上就是它能够把

---

① 顾明远.李吉林和情境教育学派研究[M].北京:教育科学出版社,2011:186.

人的学习的需要、动机充分地调动,同时可以使他更好地获得学习的智慧。这一界定,对情境教育作为一个学派发展所必需的核心概念的界定起到奠定基础的作用。鲁洁虽然仅两次参会并发言,但事实上,李吉林与鲁洁经常互通电话,交流探讨生活、工作及学术上的心得,李吉林常常和鲁洁阐述自己观点的产生与变化,鲁洁也常常予以回应,有时还推荐李吉林一些书籍。参会并作重要发言多达10次的郝京华和6次的朱小蔓都是鲁洁的博士,也给予了情境教育持久的关注。

几代学术人共同关注情境教育,除了因为李吉林谦逊好学的人格外,更为重要的是,独具慧眼的专家看到了情境教育作为一项基础教育改革,本身所具有的重要价值。

(三) 与重要专家教育思想存在的契合

专家的重要论述为情境教育的发展奠定了基础,与李吉林交往甚好甚为密切的专家之间的观点甚至出现交融的现象,以朱小蔓情感教育为例。

朱小蔓教授对"情感教育"领域的关注始于20世纪八十年代中后期,其中伴随着我国中小学教育的几次改革热潮。李吉林开展的情境教学实验,是第一次教育改革浪潮中最具代表性的实验之一。朱小蔓教授对于耕耘在一线的李吉林所创立的情境教育持续关注,多加扶持。曾6次参加情境教育论坛,并作重要讲话。早在1996年,情境教育开展第一场学术研讨会"全国情境教学——情境教育学术研讨会"时,朱小蔓教授便发表了《情境教育与人的情感性素质》的重要讲话,2002年,朱小蔓教授应邀参加李吉林老师的全国教育科学规划"十五"课题"情境课程的开发与研究"的开题论证会;2006年,李吉林教育思想研讨会暨《李吉林文集》首发式在北京举行,朱小蔓教授在会上做了《从教师走出的教育专家和儿童教育家》的专题发言;2008年,朱小蔓老师再次赴南通,参加"李吉林'情境教育'国际论坛",并发表《情境教育与儿童学习》的重要讲话……此外,两人或通过电话或利用学术活动常常联系。两位惺惺相惜的学者的频繁交流促进了"情感教育"与"情境教育"两种理论的生长、交融。

李吉林曾表示:"情境教育是情感教育的一个案例。"而朱小蔓多次在学术会议中说:"作为一个学者,在多年的情感教育研究中,不断得到李老师情境教育实践智慧的滋养。""李吉林的情境教学实践一直是我做情感教育研究最直接的理论想象和证明的源泉。"并将情境教育作为与情感教育宗旨有关的典型教育实验。可见,情境教育从情感教育思想中汲取部分理论养料,探求发展方向;情感教育思想又从情境教育的实践中不断淬炼出理论。

情感教育和情境教育都重视"情感"对于学生成长的重要意义。李吉林认为,情感素养是人的一切素养的血肉,没有了情感,就没有什么素养可言。她高度重视情感,把"情"视为情境教育的四大元素之一,把"情切"视为情境教育四大特点之一,将"情"视为情境教育的命脉、根本、灵魂。情境教育起初关注情感的动力功能,将"以情感为纽带"作为"教学成功的诀窍"。之后将培养儿童"健康地成长为洋溢着情感生命的个体,甚至不自觉地把自己的情感移入大自然、移入生活、移入他人"作为教育的最终目的。

朱小蔓把情感视作道德、教育发生的基础和源泉,认为人的本质是情感的质量及表达,人的情绪情感支撑着人的几乎整个精神世界,对人的整体素质发展具有根基作用,是培养一个人、一个群体精神的最好原材料。在回顾了古今中外关于情感本质的研究概况后,朱小蔓对情感进行了界定,她认为情感是人类精神生命的主体力量,是主体以自身精神需求和人生价值体现为主要对象的一种自我感受、内心体验、情境评价、移情共鸣和反应选择。可见,情感与个体需要的满足和价值的实现直接相连,其内在的活动过程从自我感受,到内心体验,到情境评价、移情共鸣,最后反应选择。情感反映了一个人认同的价值观,从内部影响着人的价值方向与生活态度。

在工具理性主义观宰制的现状下,两位学者对"培育什么样的人"这一教育的终极目标进行了思考,并不谋而合地认识到"情感"的强动力性、内隐性,对教育活动辐射的全程全域性,以及对完整的人素质发展的根基作用,找到一条从情感入手,最终培育情感的育人路径。

应该培育什么样的情感?朱小蔓教授说:"情感教育是指学校教育教学中关注学生的情绪、情感状态,对那些关涉学生身体、智力、道德、审美、精神成长的情绪与情感品质予以正向的引导和培育。"情感教育肯定积极情感对个体发展的作用,将情感教育过程看作是不断促进情感正向功能发展的过程。她还认为,在童年时期,享受惬意的感觉应当是他们生活的主流、主基调,应当是情感色彩的主色调。对于孩子出现的负性情绪,要适度,尤其在童年,不能够过度地压迫了孩子的正向的、积极的情感。无独有偶,情境教育主张"用美占据儿童的心灵",让儿童知美而恶丑,从而乐善、求真。

如何培育积极情感?朱小蔓教授主张"体验","营造产生情感的环境","强调在教与学的过程中,在学习、掌握方法的过程中将学习知识、提高能力与情感态度价值观的成长统整起来"。"情境教育"探索出一条将"情感活动与认知活动相结合"的情感教育道路,在情感的纽带作用下,学生"以情来想象,以情来感受,以情来记忆"。随着体验的不断深化,儿童自然而然地产生审美情感和道德情感。这正是一条将学习知识与提高能力,培养情感态度价值观相结合的道路。朱小蔓认为,这不仅是有效、有魅力的教学,且是实在的情感教育。它充分展示了情感的神奇功能,也有力地证明了情感与儿童发展的重要价值:从儿童身心内部实现了智、德、美的统一。情境教育为儿童积极情感的培育提供了一种成功范式。

情感的发展具有一定的过程性。布卢姆情感领域的教学目标包括接受、反应、形成价值观念、组织价值观念系统和价值体系个性化,每一步情感目标的实现就是情感发展的历程。我国著名情感教育专家朱小蔓认为,情感教育是在教育指导下,个体情感世界发生变化、人生经验发生改变的过程,是由情动—感受、体验—理解、价值体系化—人格化三个相互联系并相互过渡的过程构成。① 李吉林从大量的教学实践中,提炼出情境教育的情感过程。在语文教学中,概括出从"入情"到"动情"到"移情"到"抒情"的情感过程,后来又用"关注""激起""移入""加深""弥散","最终由于情感的弥散渗透到儿童内心世界的各个方面;作为相对稳定的情感态度、价值取向逐渐内化、融入儿童的个性之中"来概括情感过程。三者最终目标一致:促使情感的个性化、人格化,具体过程中的关键要素相互重叠,交相辉映,各成特色。

尤其值得一提的是,朱小蔓和李吉林都关注"移情"("移入")能力对于儿童发展的意义。所谓移情指的是在人际交往中,人们彼此在情感上的相互作用,这种情感上的分享是个体对他人情感所产生的一种情绪性反应。朱小蔓情感教育的目标在于扩大人的移情领域,增加人的移情训练,找到人移情的"最近发展区",使移情能力逐步提高。②

情感教育和情境教育都以关注儿童的心灵成长为出发点和归宿,对儿童的情感、精神领域给予深切的关注,把与儿童心灵沟通和精神建构的过程视为教育的首要任务。她们反对教师的灌输,主张营造丰富的情感氛围、情感环境,唤醒儿童的心灵。主

---

① 朱小蔓.情感教育论纲[M].南京:南京师范大学出版社,2019:121.
② 朱小蔓.情感教育论纲[M].南京:南京师范大学出版社,2019:105.

张教师用心灵去感受学生,成为走进学生心灵的人。情境教育高度重视情感,在情感教育专家朱小蔓的引领下不断探索情感培养的实践。"情"字贯穿教学过程始终,弥补了教学认识论一大块缺陷。①

三、情境教育团队的吸纳与思考

专家团队在情境教育发展的不同阶段给予不同的解读和发展建议。李吉林团队无比珍惜,认真对待、虚心接受。难能可贵的是,团队还将专家的观点建议付诸行动,让思想落地生根,成为了"行动的巨人"。

情境教育发展每迈入一个新阶段,李吉林都会召集专家,对其可能性和可行性进行研讨。每次研讨会召开前夕,李吉林都会用心撰写主题报告。召开多次会前会,讨论会议议程,寻找与主题相关的专家,然后诚恳邀请,并将主题报告发给邀请专家,给他们充足的思考钻研时间。大部分发言专家都论述充分,一篇发言稿就是一篇文章,基本都得以发表。

研讨会结束后,李吉林及其团队高度重视专家的解读及其建议。先是紧锣密鼓地组织研究所人员将专家发言的录音整理成文,然后研究所所有成员学习专家发言,汇报学习体会,并汇报自己认为有价值的精彩的发言内容。听完汇报后,李吉林会独自待在办公室里,反复研究专家论述,放置一段时间后再次研究,反复思考。其间会通过电话或者邀请顺路专家到研究所探讨,提出自己的不同见解或不理解的地方,有时也表达自己的理解。具体流程如图 4-6 所示。

图 4-6 李吉林及其团队对专家建议的处理过程图

---

① 顾明远.李吉林和情境教育学派研究[M].北京:教育科学出版社,2011:89.

李吉林从实际情况出发,以我为主,博采众家之长,将每一场研讨会作为情境教育发展跳跃前的助跑。

(一)专家的肯定增强了探索的信心

情境教育的发展没有既定的框架,也没有可循的经验,是"摸着石头过河",一边"思量着做",一边"做着思量"。李吉林完全凭借自己的经验和感觉及有限的理论知识,辅以团队智慧,常常对情境教育的探索持怀疑态度,也时常陷入迷茫。专家们的肯定给予了她探索的信心。

如在情境教学探索之初,杜殿坤主动找到李吉林,并对她说:"你应该形成自己的体系。"一个小学教师还可以形成自己的体系?这对当时的李吉林来说想都不敢想,但是晚年的李吉林回忆,"正是杜殿坤教授的这番话,成了她几十年探索努力的方向。"再如"全国'情境教学—情境教育'研讨会"召开之前,保守派认为,"情境教育"还不成熟,建议开"情境教学研讨会"。李吉林也认为,提出"情境教育"心里没底,想要听听专家的意见。因此,将会议主题定为"情境教学—情境教育研讨会",邀请专家论证从情境教学到情境教育转变的可能性和可行性。大会共收到二十多篇论文,分别从教学论、教育原理、文艺美学、教育实验、学科教学论、哲学、心理学等角度对情境教学——情境教育进行深入的讨论与阐释,对李吉林几十年来的探索给予了高度肯定,对其情境教学——情境教育在基础教育改革中应该发挥的巨大作用积极展望。著名的教学论专家王策三从教学实验的角度指出李吉林的情境教学使教学活动艺术化,为教学艺术认识论的探索作出开拓而又扎实的工作。张定璋教授从教学论的角度论述情境教育的理论建构及研究范式、情境教育的评价取向,充分肯定了情境教育对教学论的理论与实践发展的作用。朱小蔓、方展画、田慧生等都从各自的研究领域角度论述了情境教学—情境教育的丰富内涵。

情境教学理所当然地迈入情境教育的研究。在"情境教育促进儿童全面发展的实验与研究"课题现场结题会上,卓晴君代表专家组,从情境教育的理论和现实意义、研究成果、研究范式等方面进行了高度评价,称情境教育是"具有中国特色的、又富于时代气息的素质教育模式,既具有前瞻性,又具有重大的理论和现实意义。""李吉林同志开创性的研究所取得的丰硕成果已经成为中国特色的社会主义教育的一笔宝贵财富。"[①]

---

① 李吉林.情境教育的诗篇[M].北京:高等教育出版社,2010:233—234.

听到专家的评价,李吉林激动得流下了眼泪,"专家的肯定说明我路子对了!"专家的肯定对于在摸索中前进的李吉林来说,是莫大的精神支柱,给予她极大的鼓舞,也坚定了继续探索的信心。再如,探索之前,李吉林没有写过论文,都是用描述性的语调进行论述。有人对她写的文章冷嘲热讽:"李吉林,你别出心裁哩。用散文笔调写教育论文!这可是你的一大发明创造,我们可从来没有见识过,人家写教育论文总要提出论点、论据,论文还是应该有论文最基本的格式和规范。你这也叫论文?"李吉林也常常因为自己是小学老师,没有接受过专门的训练而怀疑自我。有一次,刘佛年的夫人转告李吉林:"佛年说,你的文风很好。"刘佛年德高望重,得到他的肯定,给李吉林吃了一颗定心丸,她不再徘徊犹豫,将此写作风格坚持了下去。

(二) 专家的建议指明了发展的方向

情境教育要发展,接下来怎么办?这是李吉林时常思考的问题。她将专家的建议视若珍宝,反复研读,从中寻找下一步工作的方向。

在"情境教育促进儿童全面发展的实验与研究"课题现场结题会中,吕达建议,情境教育不仅要研究教学这一层面,而且要关注情境课程的开发。成尚荣也建议,要深化情境课程开发的研究。两位专家的建议引起了李吉林的关注,也为下一阶段"情境课程"的开发与建构提供了方向。

会议中,翟天山认为,情境教育实际上是一种赋予教育性的环境的创设,通过这种教育环境的创设,诱导人的潜能的发挥,提供了学生表现自主的一种机遇,从而使学生在教学目标的导引下,走向一种可能的生活,从人格的成长,到心智的发展。李吉林开始思考教育与环境的关系,在情境课程的建构中,从教育与环境的角度首次对情境作了界定,认为"情境是一种人性化的教育环境,是特别适应儿童作为一个完整的人全身心地活动其中的教育环境。"[1]

专家在"全国情境教学—情境教育研讨会"上指出:情境教育、教学思想可以适用于自然学科。因为从教育文化学的视角来看,科学、文化、人生、教育是四位一体的。物质文化与精神文化都是人化的产物,就是自然科学也充满了人文因素。但如何使这一思想在自然学科的教学中也能开出艳丽的花朵来,还需要进一步探索。[2] 情境教学

---

[1] 李吉林.情境教育的诗篇[M].北京:高等教育出版社,2010:240.
[2] 马樟根.李吉林与情境教育[M].北京:人民教育出版社,2007:208—216.

思想可以运用于小学数学！这一论述给予了在情境数学探索上困难重重的李吉林团队莫大的支持，秉持这种信念，数学情境课程坚持探索了八年未放弃。

在"情境教育促进儿童全面发展的实验与研究"课题现场结题会中，张铁道认为，情境教育能够在中国这块土壤上生根发芽，而且能够产生成功的经验、取得成效，肯定具有国际意义，肯定有它的科学性、合理性，建议将现有的经验、理念、成果拿到国际上交流。之后又有专家多次提及并赞同这一建议。反复思考后，2008年，就情境教育召开了第一次国际论坛，2017年召开了第二次国际论坛。其间，李吉林还参与华东师范大学召开的国际论坛，积极参与国际交流。

在1996年"全国情境教学—情境教育学术研讨会"上，原杭州大学董远骞做了"从情境教学看中国教学流派"的发言，他认为："李吉林的情境教学是从小学语文教学论流派发展到普通教学论流派的典型。""作为小学语文教学论与教学论流派的情境教学，既是科学，又是艺术，是生长在中国改革开放的大潮中，具有中国特色的教学流派。它与国外一些侧重教法的教学流派相比较，也是毫不逊色的。不仅如此，它还回答了认识与情感结合的难题，在培养学生情感和发展儿童素质中，显示出旺盛的生命力。"这是专家第一次提出情境教育是具有中国特色的教育流派。2006年，在"李吉林教育思想研讨会"上，顾明远在发言中指出："此次研讨会的召开，标志着具有中国特色的，我国原创的教育思想流派的出现和成熟。"[1]在2008年"李吉林情境教育国际论坛"中，他进一步指出："情境教育是在中国本土上生长，具有浓厚的中国文化内涵，是有中国特色的、原创的教育思想流派。虽然它也借鉴了国外的理念，但她把它融入自己的教学实践中，在实践中本土化并且丰富、拓展了，最后形成了具有中国特色、中国气派、中国风格的教育思想体系。"[2]专家的发言给情境教育的发展指明了方向。虽然行事谨慎的李吉林不敢轻易称"学派"或"流派"，但是开始朝着此方向努力。

2009年，"情境教育的提升与推广"论坛中，就情境教育发展为学派或流派进行了专门讨论。鲁洁建议，要发展为教育学派，需要对核心概念和核心命题仔细推敲。吴康宁认为，学派是学术领域的一个称谓；流派范围广，既可以是实践的，艺术领域的，也可以是理论的。要往流派发展，需要对核心概念再解读，对核心价值的再挖掘、再认

---

[1] 顾明远.在李吉林教育思想研讨会上的发言[J].中国教育学刊，2006(07):6.
[2] 顾明远.李吉林和情境教育学派研究[M].北京:教育科学出版社，2011:75.

识。最后,推广策略再思考,要在理论上进行深化研究,在实践上拓展。吴刚建议,情境教育向教育流派开始发展,要从三个方面进行深化。首先,在理论上要考虑核心概念、关键命题和学科扩展。已有的核心概念"情境"仍需拓展。其次,实践的支撑上有赖于教材的重建,按照情境教育思想编制教材,并且由这个教材培育一支优良的教师队伍。最后,从拓展和流传来看,可以考虑建设一个全国性的学会组织,帮助大家形成经验交流的平台;编一份杂志,编制一本情境教育手册或情境教育关键词,把核心概念理清楚,形成对情境教育的共同理解。其他专家也从各自领域提出了自己的建议。

情境教育到底称"学派"还是"流派",李吉林自己也拿不定主意,在确定《这就是教育家——情境教育学派研究》的书名时,顾明远建议:"就用学派吧!"该书由顾明远主编,教育科学出版社出版,2012年2月举行了首发式,并召开"李吉林教育思想研讨会"。会上继续就情境教育学派发展的问题进行了深入探讨。

综合专家们的意见,要发展成情境教育流派或学派,对核心概念进行界定和对情境教育加以推广是当务之急。联系到2008年国际论坛中专家提出:"加强情境教育的区域推广;呼吁成立一个全国性的情境教育研究机构"以及2009年提升与推广论坛中专家"可以考虑建设一个全国性的学会组织,帮助大家形成经验交流的平台"的建议,李吉林团队积极筹备,联合中国教育学会成立了"情境教育研修与推广中心",中心组织成立了一批"情境教育实验区""情境教育实验学校",还成立了"情境教育专业委员会",凝聚一批专家,继续为情境教育的发展献计献策。

有学者在研究范畴上建议,情境教育不仅需要从语文走向其他不同学科,还需要从小学走向中学,甚至扩展到幼儿园,需要延伸到课外,摆脱学科的局限,摆脱时间的局限。李吉林斟酌各方建议后,将情境教育拓展到幼儿园,拓展到特殊学校。

(三)专家的争鸣激发思考

对于专家的建议,李吉林也不是全盘接受。如在1996年会议中有专家提出,如果所创设的情境都是美的,但是实际生活中儿童看到的很多是不美的东西,甚至是丑陋的东西,儿童就容易缺乏判断能力,缺乏选择能力。李吉林思虑良久,还是坚持创设情境要以"美"为境界,并对专家的质疑作出解答:"社会生活中有美也有丑的一面。我之所以如此追求美,强调美,就是试图以美首先去占领儿童纯真的心灵,让他们从小懂得爱美。因为爱美而拒绝丑恶和凶残。爱美必然择善而行,从善必弃恶,爱美必憎丑,所谓知美丑,识善恶。有了对美与丑、善与恶的爱憎分明的态度,良好的道德品质的培养就有了情感基础。①"

再如,有专家建议将情境教育拓展到初中。但是李吉林认为,自己没有执教过初高中,不熟悉初高中的教学,没有十足的把握,不能随意将学生作为试验品。所以情境教育一直没有尝试拓展至初高中,但是有很多初高中的一线教师在教育教学中自觉尝试情境教育。

频繁地与专家对话,让李吉林的教学实践长出了理性的大脑,张开了智慧的翅膀。可以说,情境教育的发展离不开中国教育界的诸多专家,情境教育的成功也是中国教育界集体智慧的结晶。

第三节　情境教育推广研究

党的十一届三中全会以后,我国教育事业进入了全面改革和蓬勃发展的新阶段,教育界对作为教育科研成果推广的需求日益迫切。《中华人民共和国教育法》总则第11条明确指出:"国家支持、鼓励和组织教育科学研究,推广教育科学研究成果,促进教育质量提高。"原国家教委副主任王明达同志在全国教育科学规划领导小组扩大会议暨全国第二次教育科学座谈会上指出:"要高度重视科研成果的推广工作","重视教育科研成果的推广,也是繁荣教育事业的一项重要内容。"

何谓"推广"?"推"是指借助外力使得物体移动,"广"是"宽、大"。"推广"一词在我国公元5世纪就已经出现。南朝梁太子萧统在他的《文选》序言中说:"若其纪一事,咏其一物,风云草木之兴,鱼虫禽兽之流,推而广之,不可胜载矣。""推而广之",简称"推广",意思是在外力作用下,推展开来并且把它扩大,或从一件事情推广至其他。教育科研成果的推广是指在外部力量作用下,将教育科研成果进行广泛传播,并从理论运用到实践中。

本研究中"情境教育推广",是指依靠教育行政部门,通过行政手段,有组织、有计划、有步骤地将情境教育的思想、内容和方法进行传播,并在一定范围内运用,使之转

---

① 李吉林.情境教育的诗篇[M].北京:高等教育出版社,2010:265.

化为教育效益的过程。这里的"推广"不同于"传播",传播的实质是信息的接受和传递,其结果止于受传者对信息"知道了"。但"推广"不仅要"知道",还最要转化为教育实践。"传播"了不一定"推广"了,但"推广"常常需要"传播"。因此,李吉林撰写文章在各报纸杂志发表,四处做讲座,可定义为"情境教育的传播"。"推广"也不同于"推动"。"推动"是在外推力下有所运动,而"推广"表示在外推力下,成果中的思想观念、方法措施不仅运动,而且广入实践。因此,此处情境教育的推广不是行政领导的一次会议上的宣传,也不仅仅是一场活动的展示,它是在行政力量推动下学校有组织的行为过程,各学校持续地研究践行,并将其转化为教育实践。

一、情境教育推广历程概述

人们常说:"墙内开花墙外香,站在墙下不觉香。"幸运的是,情境教育"墙内开花",站在"墙下"的南通教育局领导敏锐地发现了"花香",并将花香及时广泛传播,现在不仅香满通城,香满江苏,还香遍全国,香至海外。本部分重点介绍情境教育在各级行政领导作用下的推广历程,从面到点地反映情境教育的推广以及所获得的启示。

(一)江苏省内的推广

情境教育教改实验的省内推广从李吉林老师所在的南通师范学校第二附属小学开始,然后在南通市有关领导和教育局相关负责人的推动下,推广到整个南通六县一市,最后在江苏省领导的关注推动下推广到全江苏省。

1. 南通师范学校第二附属小学的推广工作

南通师范学校第二附属小学既是情境教育的发源地,也是情境教育最先受益的学校。它们对李吉林的教改成果进行了大量的探索和尝试,并形成了自己的一套推广方法。

首先,从仿效李吉林的技艺操作层面开始,但又不止于此。情境教育有很多独特的教学方法和手段,学校鼓励教师仿效和学习。然而很快他们发现,这些技艺操作具有极大的个体性、随机性、灵活性,其选择和应用效果受到教师气质、学生素质、时间、气氛等影响,所以在推广的过程中,不能止于情境教育一招一式的学习,鼓励老师进一步学习了解情境教育思想产生的理论根源,学习其核心思想、精神实质,掌握情境教育的精髓,灵活应用于教育教学实践,并鼓励在此基础上的再创造。

其次,有组织有步骤地推广李吉林教改成果。从起始一年级开始,挑选了一个实验班进行全面推广,尔后每年在其他年级根据班级类型的代表性和典型性,增设一个点,五年后五个年级都有一个点班。并及时把在点班的实验中总结的科学可行的经验推向面,带动面的发展,并把面上的点滴经验和问题反馈到点班做细微的研究,丰富和改进点班的实验,以期做到以点带面,点面结合,人人参与。在实验的过程中,校长王秀芳"鼓励实验者根据各自的特点和实际进行大胆的再创造"[1]。

再次,重视教师培训,为情境教育的发展提供源源不断的教师资源。教改成果的推广,离不开一群充满活力、勇于创新的教改人。学校支持李吉林创立"青年教师培训中心"。此外,学校还十分注意为青年教师积极创造条件,鼓励青年教师学习进修,不断提高科学文化素养和理论素养。且大胆选用年轻人,为他们的成长搭建舞台,将重大活动交给他们去策划、组织、协调,鼓励他们开对外观摩课、见习示范课等。这些举措激发了他们的工作热情和强烈的主体意识,从而全身心地投入教改活动。

南通师范学校第二附属小学的推广伴随着持续研究,紧紧围绕李吉林但又鼓励创新,情境教育思想带动了学校的发展,同时学校创造性的实验和推广丰富了情境教育的实践,促进了情境教育的发展。

2. 南通市的推广工作

情境教育成长于长江北边的南通城,李吉林称"这里是一片沃土,一块风水宝地,小草、小花、小树都可以繁茂地成长起来。"[2]当然包括当时还很幼小的情境教学这棵小苗。

李吉林于1978年开始情境教学的实验,实验初步见效之时,南通市教育局除了经常安排课堂观摩活动外,还召开各种专题会议,重视支持、总结传播李吉林的教改实验。1980年"情境教学法"确立,南通市教育局召开"李吉林教改实验汇报会",第二年又召开"李吉林教改经验研讨会",对李吉林的教改实验高度重视,帮助、促进李吉林老师及时总结。

1983年第一轮实验结束后,教育局秦同局长建议学校不再安排李吉林课务,让她专心总结教改经验,并于1984年召开"李吉林教改成果报告会"。在这个会议中,展示

---

[1] 王秀芳.让李吉林教改成果之花开满整个校园[J].人民教育,1996(10):37.
[2] 李吉林.情境教育的诗篇[M].北京:高等教育出版社,2010:449.

了李吉林的备课笔记以及几易其稿的教案,编写的补充材料、发表的文章、学生的作文本、学生发表的习作、考试成绩等。这次全方位的展示给了一线教师近距离、较全面了解、学习情境教学探索历程和方式方法的机会。

为了让更多的教师学习了解情境教育,1986年南通市教育局召开"李吉林教改实验讲习会",开始向全市六县一市全面推广情境教育。首先确定了23个推广李吉林教改经验的实验班,然后层层建立领导小组,制定了统一规划,确定了教学目标,定期开展研讨活动。为了方便情境教学的广泛传播,南通市教研室还编印了《李吉林教案选》《李吉林经验选》。

南通市有关领导和教育行政部门对李吉林的教改实验采取"一培养,二支持,三推广"的态度,并且支持她立足教学第一线,不安排行政职务;支持她进行教改实验;支持她选苗带徒;支持她进修提高;支持她在学术活动中发表见解;支持她著书立说。[①] 在改革刚刚起步之时,领导及时的关心和扶持为情境教育的成长提供了有利条件。

2013年4月18日,南通市教育局成立了"南通市情境教育实验总校",先后由教育局副局长王笑君、金海清任总校长。市教育行政部门领导挂帅,相关职能科室的参与,确保了南通市范围内情境教育推广工作的切实推进,分别授予48所学校和18所幼儿园"情境教育实验学校""情境教育实验幼儿园"称号。60余所情境教育实验学校成了推进全国推广工作的牢固的"后方根据地"。

3. 江苏省的推广工作

情境教育的茁壮成长引起了江苏省相关领导的关注。时任教育厅副主任的吴椿多次到南通师范学校第二附属小学了解情况,副省长杨泳沂也前来视察,亲眼目睹了李吉林的教改精神和经验,决定在全省范围内宣传和推广情境教学。江苏省专门成立了江苏省推广李吉林教改经验领导小组,全面负责推广情境教学实验成果。这从教育行政部门的层面为李吉林教改经验在全省的推广提供了保证。

江苏省教委分别在1987年、1989年、1992年三次专门下发"苏教普研(87)8号""苏教普研(89)30号""苏教普研(92)11号"文件,部署情境教育推广的宣传工作。

1987年,为了在全省范围内宣传和推广李吉林教改经验,江苏省教育委员普教局于8月在南通师范学校第二附属小学举办了"李吉林实验讲习班",要求各市各县派小

[①] 南通市教育局.让更多的李吉林式的人才脱颖而出[J].江苏教育,1987(23):15.

学语文教研员或小学低年级语文骨干教师、实验小学分管语文教学的领导各一名前来参加。全省60多个市县代表参加了学习。学习班上,李吉林汇报了小学语文教改第一轮和第二轮前三年的实验情况和体会,作了三场学术报告。学习班还观看了李吉林的电视、电影教学片。代表们认真听记,不时提出问题,向李吉林求教,和她探讨。参会代表认为,从实际出发,根据不同的地区、不同的层次,采用不同的做法,通过"学习——借鉴——为我所用"的途径,在全省范围内推广李吉林教学经验是可行的。袁金华副局长提出学习要求:学先进要学根本,学习李吉林的忘我工作、不断进取、不断创新的精神。建议各市各县要有目标有组织地推广,"首先要组织一批志愿兵,改革不能用行政命令,但要靠行政来发动。""各级行政部门要关心搞教改的教师,为他们排除干扰,提供条件。"①讲习班结束后,《江苏教育》11月专门刊出"李吉林教改实验专辑",提出"让更多的李吉林式的人才脱颖而出"。

这是江苏省第一次以省教育行政部门的名义宣传、推广一位教师的教改精神和教改成果。这次讲习班,更像一个情境教育推广宣讲动员会。至此,轰轰烈烈的教改推广在全省各市拉开了帷幕。全省各市纷纷成立推广情境教学实验领导小组,各市县教育局的领导担任组长,设立点班。各市县教育局下发文件,召开会议,具体研究部署推广工作,各点班制定了具体的实验计划和方案。不久,全省点班达一千多个,包括苏北农村。

1989年,江苏省教委颁发《江苏省关于推广李吉林小学语文教改经验的实验意见》,确定省内要有组织有计划地推广李吉林教改经验,明确了推广李吉林教改实验的目的和要求,并具体部署了实验步骤,希望全省推广实验工作按照科学进程,走上"学习、融合、研究、创新"的健康道路。

1992年5月,江苏省教委在淮阴市召开了第三次"推广李吉林小学语文教改经验现场交流会",来自全省各地实验点班的教研员、教师以及淮阴市的教师代表五百人出席了会议。李吉林作了情境教学的专题讲座,上了示范课,参会老师都准备了各县市的交流材料,在观摩了淮阴市实验汇报课后,互相交流推广体会,探讨了实践中遇到的问题。

---

① 本刊记者.一朵盛开的小学语文教改实验之花——"李吉林教学实验讲习班"侧记[J].江苏教育,1987(23):15—16.

1994年12月，江苏省在南通师范学校第二附属小学召开推广李吉林教改经验表彰大会，以更大的声势向全省城乡小学推广李吉林教学法。这次表彰大会授予南通师范学校第二附属小学、淮阴市教学研究室为推广李吉林教改经验特别奖，还表彰了14个先进集体，20名先进个人。后《江苏教育》于1995年第3期刊登了表彰大会上评选出来的优秀论文和李吉林的学术报告，给其他的推广学校以启示。

被表彰的淮阴市在情境教学实验成果的推广工作中，做了大量的工作，把推广落到了实处。至1994年，淮阴市推广工作深入到全市4 000多所城乡小学。领导小组和研究小组听课1 975节，指导试点班教师备课682节，先后举办28期培训班，召开47次专题研讨会，并为专题研讨会提供了98节研究课，每学期期末，对试点班学生进行测试，并作分析总结。在1994年《认真推广李吉林教改经验，全面提高小学语文教学质量——李吉林教改经验推广工作总结》中总结了推广工作所取得的成绩。首先，用量化研究的方法，发现试点班学生和普通班学生个性特点和体质相差不大，但试点班识字阅读、观察思维、想象和表达能力都比普通班要强。其次，培养了一批教师。发表了大量的文章，积累了大量的学习笔记。

2012年2月，江苏省教育厅在南通市隆重举行"全国教书育人楷模李吉林先进事迹报告会暨李吉林情境教育思想研讨会"，号召全省教师学习李吉林的改革精神，学习情境教育思想。

为了确保在江苏省内开展好推广工作，一年半后，江苏省教育学会情境教育专业委员会成立，由南京师范大学教授郝京华担任主任委员。相关专家、名师纷纷加入情境教育专业委员会，从而组建了一支活跃在江苏的研究推广队伍，为情境教育的更大范围推广、示范提供了广阔平台。

（二）全国范围的传播与推广

早在20世纪80年代末，国家教委认为情境教学比较符合我国国情，发文将其列为向全国推广的八个项目之一。这为情境教学向全国推广提供了有力的支撑。

1993年，教育部为更加便捷、广泛地在全国推广先进的科研成果，中央电教馆拍摄《小学语文情境教学》15集录像，通过卫星向全国播放。录像受到小学语文教育界的热烈欢迎，并被要求再次播放。

1996年—1998年《人民教育》开设"李吉林教艺录"专栏，以进一步推广情境教学。李吉林先后发表《以训练代替分析》《让艺术走进语文教学》《教学成功的诀窍：情感为纽带》《教学的特殊任务:把孩子教聪明》《崇高的使命:教文也要教做人》《重要的观念:在教学过程中让学生充分活动》以及《一个值得倡导的教学原则:美感性》系列文章,在全国语文界形成广泛影响。

录像以及杂志专栏的开设,为情境教学的传播提供了平台。借助这些平台,情境教学及情境教育渐渐引起全国的关注、效仿、研究。

1998年,全国小学语文教学研究会为在全国推广情境教学,在南京开展了"情境教学课堂观摩"活动,全国28个省市派出代表参加比赛。各地教师在课堂上生动展现情境教学的实验。

2014年,《情境教育实践探索与理论研究》被评为基础教育国家级教学成果特等奖。2016年4月,为发挥基础教育国家级教学成果奖对推进教育改革、深化实施素质教育的示范辐射作用,中国教育学会成立"中国教育学会情境教育研修与推广中心",以加强情境教育的合作研究和试验推广。

为了适应全国推广工作的需要,2016年在南通成立了"中国教育学会情境教育研修与推广中心"。目前,全国情境教育实验学校已经达到374所。自2016年成立后,中国教育学会协同各单位每年开展一次活动。

在推广的过程中,根据不同的对象采取了多种方式。对于在推广活动中行政部门特别重视,积极性高的地区,如新疆克拉玛依、江苏徐州等地,设立了情境教育实验区,兰州设立了"李吉林情境教育工作站",与当地教育行政和教研部门加强联系,密切配合,定期开展培训与研讨活动,扩大受益面。

此外,南通大学教科院、南通师范高等学校国培班、江苏省国培班的学员多次赴南通学习情境教育。通过聆听李吉林及其弟子的报告、参观南通师范第二附属小学的教师课堂、参观李吉林情境教育展览馆等方式宣传、推广情境教育。自2016年以来,接待的访问教师近3 952人次。

这些教师都是当地学校、教育界的优秀教师,具有一定的影响力,有的本身就是学校校长或担任其他行政工作。他们的到来,将成为点燃所在学校、所在地区的点点星火,为情境教育起到很好的传播作用。

1991到2007年间,李吉林先后四次去中国香港讲学。第一次是香港邀请内地的几个教学流派过去讲演,情境教育是受邀学派之一。第二、三两次是内地小语会和香港小语会等一起举办活动。其中,在1996年7月题为"高效能中文教学研讨会"的会议上,李吉林发表题为"情境教学,儿童学习中文的有效途径"的演说。2007年,香港大学教育学院专门邀请李吉林携同弟子,围绕情境教育进行专题性的教师培训,活动历时五天,全香港每一个小学都派来了教师代表和校长。同时,《大公报》《星岛日报》《南华早报》、凤凰卫视等媒体进行了专访。

(三) 世界范围的推广

情境教育在国际教育领域积极发声,在世界教育论坛上争取话语权。

据李老师回忆,日本的教育研究杂志也曾刊登过研究情境教育的文章,也有一个日本人给李吉林写过信。此外,两次情境教育国际论坛的召开,也是情境教育与国际交流情境教育的重要舞台。

李吉林的著作《情境教育三部曲》由教育科学出版社出版,2014年8月,教育科学出版社与德国著名出版机构斯普林格出版社签约合作,《情境教育三部曲》作为8本推荐书目之一被翻译成英文,向海外传播。2017年11月,在情境教育国际论坛上举行首发式,向全球发行。据统计,直至2020年第一季度,《情境教育三部曲》(英文版)受到世界各地读者的欢迎,电子版下载量不断攀升,累计下载5 500余次(其中两本各1 000余次,还有一本3 500余次),多次在社交媒体被提及,并被Scopus数据库收录。

二、情境教育推广兰州个案研究

作为一项生长于中国实践土壤的教学成果,情境教育受到诸多关注。2010年,新疆克拉玛依市开始推广情境教育,并取得较大影响。《人民教育》《中国教师报》等都进行了大篇幅报道。2014年,教育部评选了首届基础教育国家级教学成果奖,并进行全国推广。获特等奖的情境教育再次掀起全国推广热潮。2016年12月,经过多次考察,决定在地处西部地区的兰州推广情境教育。目前,该地区实验校已达近253所,是情境教育推广力度最大、范围最广泛的地区。本研究决定以兰州为个案,深入研究其推广过程,了解情境教育在该地区的推广现状,提炼总结推广经验,探索优秀成果共享机制。

我国现有中小学教师近千万,其中个体差异极大,要想使其中的大多数深入掌握教育理论,艺术探索式地提高教育活动水平,缺乏现实可能性。因此,提炼总结优秀教学研究和实践的工作经验,形成基础教育优秀成果的共享机制,充分发挥优秀教育对深化教育领域综合改革、创新人才培养机制,对提高整体教学质量和水平、促进基础教育优质均衡发展,具有重要的推进作用。

(一)研究方法

本研究采用质性研究方法。在具体方法上,除了使用文献法外,主要采用访谈法。笔者对兰州市教科室科长、各区老师进行了面对面访谈,又通过电话、微信等多种方式进行二次访谈。每位访谈对象的访谈时间在 20~40 分钟之间。访谈前,简要介绍访谈目的,并在征得同意的前提下进行录音。访谈中,记录受访者的回答,并根据具体情况及时调整访谈策略。访谈后,对访谈材料进行详细整理,阅读分析搜集来的资料,最终获得结论。

(二)研究结果

兰州市教育局高度重视"情境教育"的推广工作,将其作为全面提升兰州市教育教学质量、均衡基础教育的有力推手。

1. 主要做法

(1)组织机构和职能

兰州市教育局组建"李吉林情境教育兰州工作室",并专门成立"情境教育"试点工作领导小组,教育局局长南战军亲自挂帅担任组长。同时将兰州东郊学校和兰大附小作为牵头学校,教育局师资处、基教处一处二处、财务处、教科所等部门全面加入,并明确相关职责。各县区和试点校成立相应工作组织,要求制定实施方案,明确时间表、路线图、任务书等。

推广工作由兰州市教育局统一领导,统筹推进;市教科所成立业务办公室,统整实验项目推进的实施方案和年度工作计划,向上联系市教育局确定方案、计划,向下跟进指导牵头校。牵头校负责联系各县区教研室,按照实验方案和计划,具体推进实验项目县区各教研室联系实验校,具体开展实验工作。机构设置如图 4-7 所示。

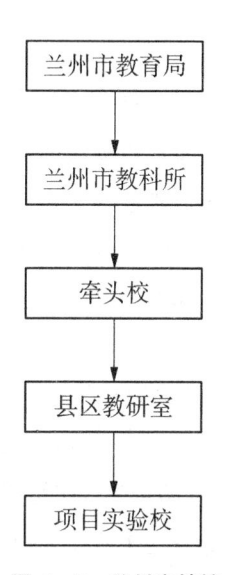

图 4-7 兰州市情境教育推广工作机构设置

(2)推广方式

兰州市推广的方式概括起来有以下几个方面:

首先,行政主导,整体布局。

自2016年至今，兰州市教育局共下发五份文件，其中专门文件四份，部署情境教育的推广工作。分别为：兰教发〔2016〕191号：《关于印发〈兰州市开展"情境教育"试点工作实施方案〉的通知》、兰教发〔2017〕123号《关于印发〈兰州市开展幼儿园"情境教育"试点工作方案〉的通知》、兰教发〔2018〕94号《关于做好2018年兰州市"情境教育"实验项目的通知》、兰教发〔2019〕157号《关于做好2019年兰州市"情境教育"实验项目工作的通知》、兰教发〔2020〕5号《关于整合推进"新教育""情境教育""自学议论引导"三大教育实验项目的通知》。在量力而行、自主申报等原则的指导下，全市前后共遴选253所实验学校、一个实验区作为试点单位。2016年，在全市范围内遴选了50所小学开展试点工作，2017年遴选了100所幼儿园开展试点工作，将情境教育推广至"学前教育"。2018年，新增实验校103所，将兰州新区作为"情境教育"实验工作改革实验区全面推广实施。至此，兰州形成了以牵头学校为中心，向区县试点校辐射的纵向实验网络。各县区又形成了以试点学校为中心，向区域内所有学校辐射和逐步渗透的横向实验网络。

目前，每个区县都有试点学校，为其他学校起到一定示范引领作用，也为全市全面推广奠定了基础。

其次，强化培训学习，促进教师本土化成长。

推广情境教育，教师的成长是根本。兰州市采取"走出去、请进来、长出来"的方式培养教师。

"走出去"，即奔赴南通，学习原汁原味的"情境教育"。2017年，兰州市全年分两批次组织了193名县区教育行政部门项目负责人及试点学校赴南通市参加培训，2018年全年又派出200多名；2019年派出206人；2020年派出25位老师。前后一共派出600余名教师前往南通实地感受情境教育。有的老师在南通师范学校第二附属小学蹲岗学习一个月，有的老师是通过参加情境教育培训活动学习。

"请进来"，即邀请情境教育专家和情境教育走出的优秀教师前往兰州培训。先后邀请施建平所长、冯卫东副所长等情境教育专家开展专题讲座，邀请王海霞、戴年明等情境教育名师走进试点校，做课堂教学示范。

"长出来"，即搭建教师成长平台，创新培训学习情境教育，促进一批本地教师的成长。

市项目组、试点校开展了形式多样的情境教育理论学习活动。鼓励阅读《情境教育三部曲》《情境教育精要》等原著原文,展示读书笔记,并开展读书心得交流分享,自主内化情境教育思想。

兰州市教育局又组织了"情境教育"主题征文活动,共征得作品528份,评选出优秀"教学心得体会""课堂实践反思""实践案例分析""课堂教学设计"一等奖19篇,二等奖34篇,三等奖43篇。各实验学校还积极开展大讲堂、大讨论,有效促进了教师对自身教育教学行为的反思与讨论,及基于"情境教育"实践的梳理、总结和提升。

项目组还开展兰州市"情境教育"教师基本功大赛、"情境教育"优质课赛课活动。教师基本功测试主要包括理论测试、现场情境创设、个人才艺展示等项目。理论测试主要考查情境教育理论要点,需要参赛教师对情境教育的基本理论烂熟于心。现场情境创设采用微型课方式,在15分钟内完成整节课的设计。个人才艺展示中有一个环节是"即兴演讲"。所有的演讲题目都是与情境教育有关,如"我与情境教育的遇见"。优质课赛课将是否采用情境教育作为重要评价标准。

再次,重视研究,在研究中推动。

引进新项目的实践过程必然困难重重。兰州市教育局鼓励实验教师关注实践中遇到的问题,并研究解决。2017年,兰州市教科所课题室开辟了"情境教育"专项课题研究通道,鼓励教师积极申报课题,课题室通过组织中期检查、结题等活动,督促教师实实在在做研究,在课题研究中获得成长。截至2019年年底,情境教育课题已经达到省级课题74项,结题17项;兰州市市级规划课题112项,结题29项;个人课题立项107项,结题31项。且情境课题研究已经触及了学校教育的各个领域。

最后,不断反省,及时纠偏完善。

情境教育在兰州的推广主要经过了几个阶段。第一个阶段主要是"拿来主义",试图将情境教育作为一种教学手段,提高教学效率。后来随着实践的深入和认识的加深,进入了第二阶段,主要以自身的教科研深化改革、促进推广。在领悟情境教育内涵、精髓的基础上,结合兰州实际,开展本土化研究。接下去可能还有更多阶段。每一个阶段的跨越,都是建立在无数次的总结反思、及时纠偏完善的基础上。

兰州市教育局每年都会组织一次督导调研,通过进课堂观摩听课、听取汇报、和老师座谈交流等方式,深入全面了解县区和学校实验工作。这是倒逼实验县区和实验老师不断反省的过程。对调研过程中发现的亮点特色工作、典型经验进行梳理总结、提炼升华,并及时在实验区、实验校内推广好经验、好策略、好做法;对调研中发现的问题与不足分析原因、寻求对策、制定整改方案、跟进整改过程。每年还会开展情境教育试点工作年度推进会,对情境教育项目实施一年,再做一次梳理和总结。在推进会上,观摩学习兰州市实验老师展示的情境教育课堂;倾听各县教育局及实验学校从不同层面和不同角度对情境教育项目实施项目经验介绍;表扬奖励一批情境教育先驱等工作。这些活动的开展系统地对情境教育教学行为进行了总结,及时发现工作中的得失,为灵活调整下一步战略奠定了基础。

比如,推广之初,为了能让更多的实验学校教师接触情境教育,教育局在选派教师参加情境教育培训的时候,总是会顾及面上的"广",不同县区不同学校分批参加。可是一段时间后发现,一两次的学习无法让教师深入理解践行情境教育。发现这一问题后,兰州市教育局立即做出政策上的调整,通过各类比赛选出基本素质过硬的优秀教师作为情境教育的"种子"教师,深入学习和研究情境教育,直至掌握情境教育的精髓。紧接着,又确立了"以点带面,全面推行"的策略,重点抓试点学校建设及语文学科,以期它们成为情境教育全面推广的"燎原火种"。再比如,原来推广情境教育的过程中,更多的是督促教师学习情境教育的理论和实践操作,教师们因为有了压力,学得被动。后来教育局作了调整,不仅要学习情境教育,更要学习李吉林潜心一线、教学研究的精神。

不断反省总结,不断纠偏,使情境教育的推广由浅入深,由边缘渐渐卷入中心。

2. 推广效果

经过三年多的努力,情境教育推广取得了一定的成果。其成果主要集中在以下几个方面。

首先,促进了学校的发展。

在情境教育的影响下,学校更新了课程样态,开发了一些新课程。如主题大单元活动,野外情境课程,学科课程统整等。这些课程的开展,打破了传统教学模式,激活了校园氛围。教师忙起来了,学生动起来了,校园热闹起来了。

其次,激发了学生学习的兴趣。

当访问实验老师们实施情境教育项目后有什么变化时,几乎所有的老师都不约而同地说到学生的变化。数学骆老师激动地讲了一个学生与自己争论的过程,然后说:"原来课堂死气沉沉的,实施情境教育后课堂更活泼,更乐于接受知识,更主动地学习,孩子更快乐了。我现在上课比以前更加轻松了,我只要做一个引导者。"英语侯老师讲了自己赛课的经过:"我研究原来课文的情境,对照李吉林老师创设情境的几个手段,有音乐、图画等,我还做了很多的道具。这节课上完了之后,同学们一拥而上,都围绕到我的身边,和我说,我还想上英语课,我还想上这样的课。这让我很感动。"其他老师也感同身受,说:"学习变得更有趣了。学生的参与度也更高,学习成了学生享受的过程,学生们都会积极参与,学习兴趣浓厚。""我们鼓励孩子们大胆表达,大胆质疑。学生们也变自信了。"

再次,为教师的成长提供了平台。

兰州市教育局为情境教育项目的推广举办了一系列活动,促进了教师的成长,给予一批优秀教师脱颖而出的机会。同时,"原来单打独斗的教师们由于工作的需要,开始学会了合作。""前几天我们举行'包饺子'的活动,学生和家长一起包饺子,然后在操场煮饺子,语文科目指导学生写作,数学开始计算,艺术老师开始画饺子……"不同科目的老师开始协作,同科目教师需要集体备课。

3. 存在问题

三年多的推广,取得了一定的成果,但也存在不少问题。"行政推广力度很大,但是各校执行的情况离我们的预期还是有差距的。"一位教育局项目负责人这样说。具体问题集中在以下几方面。

第一,实验项目的实施增加了工作负担,造成懈怠。

情境教育实验项目的实施打破了原来学校的宁静,教室的寂静,必然需要学校、老师动起来。然而,许多学校部分老师将情境教育的实施与日常的教育教学工作分裂,"推广文件一发下去,学校就开始成立各种工作领导小组,把情境教育的实施与学校的教育教学工作割裂。"情境教育的思想可以渗透到日常的教育教学工作管理的方方面面,割裂的工作目标意味着教师认为这是另加的任务,增加了工作的负担,必然引起教师的反感,影响教师实施的积极性。

另外,情境教育本身具有的特色需要教师倾情付出,全身心投入,必然导致部分追求安逸的教师负担加大。"情境教育和其他教育不一样,有些教育就像一个筐,什么都能往里装。但是情境教育不行。它很有特色,需要动些脑筋。这导致部分老师有抗拒心理。""情境教育有'范式',没有固定可操作的模式,这给教师的践行带来困难。也要求教师自己投入更多"。

第二,实验项目推进不均衡。

项目推进存在县区之间不平衡，学校之间不平衡的现象。有些县区推广力度大，也存在县区对推广工作敷衍了事。有些学校推广积极主动，有些学校只是依赖部分科研能力突出的骨干教师，把推广的实验项目作为一项上级布置的任务被动应付。"一把手局长很重视，兰州市教育局不断推动，但是下面没有能跟上步伐。各县区教育局局长、一把手校长也要高度重视才行。"

第三，实验项目教科研指导不到位。

推广问题中遇到的最大问题就是，对情境教育的理解浅显，理论水平有待提高。"面对情境教育的理论和实践，我觉得自己学得比较浅，都是自己在摸索。""直接学习情境教育的机会太少，都是自学为主，或者是学习别人解读过的情境教育。没有真真切切地看过情境教育的课堂。""我们这里没有产生很强大的本土团队，推广的面还是很狭窄。虽然一次会议能容纳一千人，但一个学校最多只能五到六人参加。所以很多老师不能深刻理解情境教育，教研员也不懂情境教育。""零散的不系统的培养造成大家都没有深入掌握情境教育的精髓，回家都不能指导别人。每次我在这边培训完后热血沸腾，可是回家想推广又推不动，因为其他人不懂情境教育，没有办法推进。"理解不深入，必然导致推进过程中存在情境表面化、为情境而情境、copy 走样的现象。如一位英语老师备课时，就拿着情境教育创设情境的几条途径——对照，哪幅图可以用哪条途径。

此外，老师在实践中存在很多困惑，比如："如何在情境活动中关注整体？""真正的情境英语的课堂是什么样的？""有时创设的情境感觉很别扭，是不是每节课都必须创设情境"？由于兰州与南通地理位置相距甚远，原有工作单位繁忙的工作让南通无法抽出专家团队长期蹲点指导，而兰州派出的部分学习人员对于广袤的兰州市来说，范围太小，分散到各个实验校更是凤毛麟角。这些困难导致两地的交流受限，推广的效果受限。

三、情境教育推广的若干启示

情境教育是在教育现场，在现行的教育教学体制中反复实验、不断扩展的产物，因此，能被现行的教育教学体制接纳，能得到教师经验的广泛支持。从兰州的推广过程中，我们可以获得如下启示。

(一) 教育改革经验的推广需要体制支持

情境教育在兰州的推广有一个鲜明特色——行政主导。行政的发起、中期检查督导以及最后的总结反思贯穿推广始终。教育局大力宣传情境教育试点的意义、内容和措施,及时报道情境教育试点的进展和成效,广泛宣传情境教育试点涌出的先进单位和先进个人,激发了学校、教师推广的热情,营造了热烈的推广的氛围。参与试点工作的教师在工作安排、教育教研、条件保障、考核评价等方面都被给予一定的政策倾斜,调动了他们推广的积极性,是推广得以顺利进行的保障。

把教科研成果运用到教育实践中去,必须有相应的"体制"保证。科学是一种建制。形成这种"建制"是我们努力的方向,"建制"的推行,是对推广问题的"综合解决"。

(二) 教育改革经验的推广重在内化吸收

教育工作者原有的内在工作习惯、教育科学认识水平等影响教改经验的推广。然而这些的改变绝不仅仅靠宣传、学习等途径能奏效,也绝不是照搬,而是类似于人体营养物质的消化吸收、转换的过程。真正吸收利用它,得靠接受者的长期了解、掌握、转换和再创造。这一过程就是内化过程。"教学经验是一个外在的认知体系,这种外在的认知体系,只有通过内心的催化、培植、扎根的过程,才能进入人的内在意识和认知结构中,成为指导人们实践的依据"[①]。

要充分内化必然伴随着教改研究过程。"人,正是在改造世界的过程中实现自身的改变。"教改研究活动正是一种改造、改善教育的活动。在这样的活动中,教师努力改造改善着他所置身于其中的教育活动,同时他的行为方式等也发生着改变。因此,推广与研究相结合是促成推广取得最大成效的方式。

(三) 教育改革经验的推广要促进教育实践的改变

教育改革经验推广的最终目标是引起学生素质的变化,但这不是直接目标,直接目标是改善教育实践,提高类似于"生产力"的教育力。

教育是一种影响,通过教师的行为方式、教学方法、教育内容、教学设备、教学氛围等养成学生的各种素养。我们绘制出了教改经验推广的目标结构图,如图 4-8 所示。

成功的推广会影响教师的行为方式、教学方法、课堂氛围、教学内容的选取和应用等。所有因素中最具意义的改变是人的改变。一项教改经验成果的成功推广,会带来

---

① 青浦县数学教改实验小组.学会教学[M].北京:人民教育出版社,1991:314.

情境教育研究

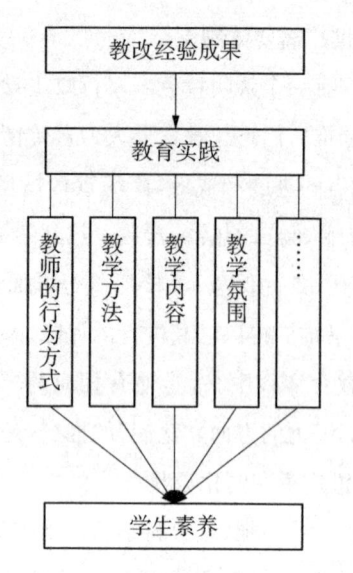

```
            教改经验成果
                │
            教育实践
       ┌────┬────┼────┬────┐
      教师   教   教   教   ……
      的行   学   学   学
      为方   方   内   氛
      式    法   容   围
       └────┴────┼────┴────┘
              学生素养
```

图 4-8　教改经验推广目标结构

教育工作者行为方式的变化。如果一场轰轰烈烈的推广过后，教师依然我行我素，推广活动就是一场瞎折腾。其中，教育观念和行为经验是影响教师教育行为方式的主要因素。教育观念决定着教师的价值取向和策略选取，教育经验则决定着教师教育教学行为的习惯技能。

（四）教育改革经验的推广要有艰苦奋斗、甘于奉献的精神

教育改革经验的推广需要广大推广部门、教师积极投身教育教学活动，摒弃传统的教育教学观念，改变不合时宜的教学习惯和经验，不断学习、揣摩、研究。这些必然需要教师离开"舒适区"，奔跑前进。因此，教改经验的成功推广离不开一批具有艰苦奋斗、甘于奉献的教育教学工作者。

情境教育从李吉林一枝独秀发展到李吉林团队蔚然成林；从教室实验室走到专门的研究机构；从江北小城南通传播到各种学术研讨会的频繁召开，影响不断扩大。从教育学派形成的关键因子看，情境教育学派是相当成熟的：它形成了比较完善的理论架构，开发了一整套情境教育的具体方法，以李吉林为领军人物拥有核心团队，具有一定的辐射面。然而，能不能继续深入扩大，挺立世界教育高峰的教育流派还需要经受时间的考验。

第五章

情境教育形成的背景及渊源

第五章 情境教育形成的背景及渊源

任何一种重要的思想、理论、学派的产生,都与其所生活的环境、所处的时代以及所借鉴的理论息息相关,情境教育也不例外。它的形成与李吉林生活的时代与背景有关,这是李吉林情境教育得以形成的客观基础。从大的方面来说,情境教育产生于改革开放初期,浓烈的求新求变的氛围是情境教育产生的大背景。从小的方面来看,李吉林一生的活动空间主要在南通,南通的区域文化对她的探索活动有着深远影响。此外,古今中外的各种理论又给情境教育奠定了深厚的基础。因此,将情境教育思想的形成置于宏观和微观的历史背景上,从它产生的地域文化、时代背景以及理论渊源等方面探究其客观基础,对于深入把握其教育思想十分有益。

第一节 情境教育产生地的文化背景

李吉林祖籍江苏镇江,到爷爷辈举家迁居到江苏南通。她在南通成长,并一直居住在此。

南通是中国近代民族工业的发祥地,被海内外誉为"中国近代第一城"。1984年,南通被国务院确定为全国第一批沿海开放城市,较早地沐浴了改革的春风,经受了改革的洗礼。它处于江海交汇处,东边靠黄海,南边临长江。这里物产丰富,被称为鱼米之乡。生活于此的南通人民勤劳坚韧、吃苦耐劳;乐善好施,兼济他人;重视教育,目光长远。李吉林就是浸染在这样的文化氛围中成长。

一、勤劳坚韧,吃苦耐劳

南通最早的先民中很多是"盐民",盐文化是南通的重要文化根脉。《通州旧志》载"通之资于盐利也久矣";《史记》中记载"彭城以东,东海、吴、广陵……有海盐之饶。"[①]南通人生活在极其严酷的煮盐制度的统治下,生活在封闭的生存环境里,为了

---

① 黄毓任.南通历史文化的基本特征[J].南通师范学院学报(哲学社会科学版),2004(04):106.

生存和发展，形成了勤劳、吃苦、坚韧的品格[1]。后来，南通成为著名的建筑之乡、体育之乡，曾获得"铁军""世界冠军的摇篮"等光荣称号。南通人体格并不特别健壮，之所以能够成为建筑和体育领域的佼佼者，主要是因为南通人特别能吃苦，特别能奋斗。[2] 这些是南通人艰苦自立的确证。一方水土养育一方人，经过长期的积淀，勤劳坚韧、吃苦耐劳已成为比较稳定的因子沉淀在每一个南通人身上。

科学探索的道路从来不平坦，没有吃苦耐劳、永不停歇的奋斗精神是不可能取得成果的。流淌在血脉中的勤劳坚韧、吃苦耐劳成为李吉林探索之途中克服困难的利剑。

二、乐善好施，兼济他人

儒家文化中的"仁""和"观念在南通人心中根深蒂固。乐善好施、兼济他人是南通人民的又一特征。

近年来，南通涌现出"磨刀老人"吴锦泉、"修车老人"胡汉生、见义勇为的周江疆等一批全国道德模范，以及不断涌现的无红包医院，遍布全市的江海志愿者，他们都是闪耀着和济利他、泛爱厚生道德光芒的灯塔。以获第四届全国道德模范提名奖的周江疆事迹为例，他救济家境一般、住院有困难的民工，救济家乡小学的贫困孩子，不顾自身安危，多次冲入火海救助普通的乡邻。再如"修车老人"胡汉生，他曾经获得首届"江苏慈善奖"和2012年"感动江苏"十大人物，在本可以安享晚年的时候，选择继续发挥余热，将修车的收入用来做好事、做善事，积善行德。和他邻村的另一位老人吴锦泉深受其影响，将磨刀所得的收入用来行善。2015年，88岁的吴锦泉被评为"感动中国人物"。自从1995年南通出现扶贫济学而不留姓名的"莫文隋"（"莫问谁"的谐音）以来，不留姓名的凡人善举大批涌现，形成了庞大的"莫文隋"家族。南通市委因势利导，把学习"莫文隋"和学习雷锋结合起来，并将学习活动制度化、社会化，于1998年成立了江海志愿者群体。志愿者们利用自己一技之长帮助他人，受助者又主动加入志愿者队伍。江海志愿者由最初的34人发展到现在已经超过百万人。

---

[1] 顾卫."南通乡土文化"地方课程的开发与实施研究[D].南京：南京师范大学,2007:6.
[2] 丰坤武.论南通的文化性格及其张力[J].南通职业大学学报（综合版）,2005(01):3.

乐善好施、兼济他人的文化基因在李吉林身上得到了很好的呈现。她关爱班级、学校里的每一个弱势儿童,关爱学校后勤处的员工,为改变儿童苦不堪言的学习现状、探索快乐高效的教育模式奋斗终身。

三、重教兴学,教育之乡

南通素有"教育之乡"的美誉,具有深厚的重视教育的优良传统。自宋太平兴国五年(980年)直至清末,通过考试合格获得儒学生员的数量众多:明代有2 069名,清代有6 386名。其中宋有进士13人,明清获进士者多达101人,包括乾隆朝期间的胡长龄、光绪朝期间的张謇两名状元;还有榜眼1人,为道光朝王广荫,探花1人,为雍正朝的马宏琦。

自古以来,南通人就重视教育,大力兴办学校。宋大观四年,通州知州朱彦大规模修建州学,所选送的3名生员入贡,均通过考试,获得"上舍"(第一等级)。朝廷大奖,通州被誉为"利市州",从而闻名全国。州学之外,还设有书院和小学、社学、私塾。宋代设有"紫薇书院";明代建立的书院众多,有铁渠、崇川、通川、忠孝、五山书院等;清代又建立了紫琅、东渐、鹤城、东瀛、精进等书院。此外,还设有众多私塾,民国31年私塾多达641所,这些私塾对少儿的启蒙教育起到巨大作用。南通不仅关注有能力供孩子上学的家庭的儿童,对于家境不好、无力供孩子读书的家庭的儿童实施救助,建"义学",让他们能够接受免费教育,清代通州建有义学9所。这些不同等级、不同形式的教育机构对当地民智民德的开发起到重要作用。①

20世纪初,南通创立了中国最早的师范学堂、乡村中小学、职业学校,还有残疾儿童学校,以及地方高等院校。在近代有了比较完备的现代学校教育体系。改革开放后,南通教育再次蓬勃发展,义务教育普及程度和办学水平都位居全国榜首,基础教育教学质量走在全省乃至全国前列。坊间流传的"全国高考看江苏,江苏高考看南通",凸显了南通基础教育在民间所获得的实力上的认可。南通的优质教育资源更是全国闻名。11所国家级示范高中、17所省重点中学,100多名特级教师、3 000余名优秀教

---

① 丰坤武.论南通的文化性格及其张力[J].南通职业大学学报(综合版),2005(01):5.

师,足以显出南通教育的实力。①

对南通教育影响深远的两个人物,一个是胡瑗,一个是张謇。胡瑗,江苏如皋人,被称为"宋初三先生"之一,终身致力于学术研究和教育教学,是我国北宋杰出的学者和教育家。他反对人云亦云,死守前说。针对当时学术和教育界所存在的"埋头名物训诂,不以体用为本,而崇声律浮华之词"的弊端,提倡"明体达用"(即学以致用)的教育思想。②为配合这一教育思想,他在总结自己多年教育实践经验的基础上,提出了"分斋教学法""游历考察法"等教学方法。对于学习,胡瑗觉得大自然能给人开阔的眼界和心胸,他希望自己的学生能够广泛游历,了解各地人物风情、风俗文化,见识大自然中的不同景致,从而能行万里路,读万卷书,学有用之学。为了避免学生眼界狭窄,胡瑗在重视读书学习的同时,也带领学生四处游历,让学生学会脱离书本,掌握更多的实用知识。③南通作为他的祖居之地,得胡瑗教育文化渊源的灌溉,率先受益。李吉林的情境教学主张带领儿童到野外观察,后又开发"野外课程",这和"游历考察法"有异曲同工之妙。

近代以来,著名政治家、实业家、教育家张謇,在南通大兴新式教育,开中国近代教育之先河。清末民初,在张謇"父实业,母教育"的原则下,率先办起了一批从学前教育到高等教育的各级各类学校,从而在南通建立起一个包括师范教育、基础教育、职业技术教育、高等教育在内的较为完备的地方教育体系,以及作为社会教育机构的博物苑、图书馆、剧场等,光大了南通悠久而浑厚的教育文化传统。

1920年6月5日至9日,美国著名哲学家、教育家杜威应邀至南通参观,并连续在更俗剧场和唐闸公园作三场演讲:《教育者之责任》《社会进化问题》《工艺与教育之关系》。在《教育者之责任》演讲之始,他提出:"盖南通为中国建设师范最早之地,故言之弥觉亲切有味也","其最足印吾心目中者,厥惟师范教育。譬之在山之泉,不过涓滴及其奔腾于山下也,流而为瀑布,汇而为江河,浩浩荡荡,灌溉千里。南通者教育之源泉,吾尤望其成为世界教育之中心也"④。杜威在《工艺与教育之关系》中提出:"工艺与教

---

① 丰坤武.论南通的文化性格及其张力[J].南通职业大学学报(综合版),2005(01):6.
② 刘建国.胡瑗"苏湖教法"及其现代价值研究[D].上海:华东师范大学,2001:7.
③ 程玉霞.胡瑗教育改革思想与实践研究[D].西安:陕西师范大学,2015:29.
④ 都樾.张謇时代的南通教育[J].档案与建设,2016(01):49.

育,其相互之作用,如人之有两足,能合而不能分,分则偏颇不行。"①杜威对南通师范教育、南通教育的肯定,给南通教育带来了极大信心。同时,杜威有关艺术与教育的关系等教育哲学与教育思想在南通教育界产生了重大影响。

南通的人文精神、城市文化潜移默化地融入李吉林的精神血肉。情境教育就是在这样的教育之乡中趁着改革的春风,孕育、发展起来,并取得丰硕成果的。

第二节 情境教育产生的时代背景

人类的历史发展证明:时势造就英雄。同样在教育家成长方面,时势造就教育家。时势包含两个方面的内容:时代的需要和时代的条件。在特定的社会需要与社会条件相互作用下,会涌现出时代所需要的人物。李吉林就是改革开放的弄潮儿,情境教育是顺应时代发展的产物。

一、改革的大潮,引领变革的方向

情境教育的探索发生于20世纪七八十年代。这是一个鼓励改革、创新的时代。上至国家领导,下到各个单位,都大力支持和鼓励改革者。

20世纪70年代末,是中国教育改革与发展的重大转折点。十一届三中全会的召开,拉开了改革开放的时代序幕,党的工作重点开始向社会主义现代化建设上转移。科学和教育的地位和作用得到前所未有的重视。1977年,邓小平指出:"我们国家要赶上世界先进水平,从何着手呢? 我想,要从科学和教育着手。"②1988年,在题为"科学技术是第一生产力"的谈话中,邓小平从战略方针、战略措施的角度出发,讲了关于教育、科技、知识分子的意见。他强调科学技术是第一生产力:"我们要千方百计,在别

---

① 记忆南通. 著名哲学家、教育家杜威缘何提出"望南通成为世界教育之中心"[EB/OL]. [2018-12-20]. daj. nantong. gov. cn/ntsdaj/jynt/content/5249faa5-1dbe-4690-95d9-6bf6ffae5a9d. html.

② 陆有铨. 躁动的百年[M]. 北京:北京大学出版社,2014:487.

的方面忍耐一些,甚至于牺牲一点速度,把教育问题解决好。"①在邓小平教育思想的指导下,中国的教育改革、教育事业的发展进入了一个新阶段。一时间,中国大地上呈现出一派欣欣向荣的景象,中国教育界形成了浓烈的改革创新的氛围,孕育了一大批敢为人先的教育改革者。正如李吉林回忆:她亲身感受到改革开放是催人奋进的年代。强烈地感受到时代的召唤,她像一名新战士,听到令人振奋的军号,意气风发地大步前进,勇当教育改革的第一批弄潮儿。②

教育的地位和价值得到前所未有的重视后,教师的地位也随之提升。1978年4月,邓小平在全国教育工作会议上指出,要采取适当措施,鼓励教师终身从教。并建议将特别优秀的教师评定为"特级教师"。同年10月,教育部、国家计划委员会制定颁发了《关于评选特级教师的暂行规定》,至此,全国第一次开始选评特级教师。李吉林凭着精湛的教艺和丰硕的成果评上江苏省首批特级教师。在被评上的18位特级教师中,不惑之年的李吉林是年轻的。

然而,评上特级教师的李吉林并未因获得至高荣誉而止步。她将荣誉看成一种鞭策,想得最多的,是如何做、做些什么才能配得上这一光荣称号。"一个尊重人才的时代终于来临了,可以为基础教育,为孩子们做点什么呢?"

"荣誉和责任是连在一起的。"强烈的责任感更坚定了李吉林的探索之决心。"小学语文对孩子们的影响太大了。但这些年来,弊端太多了,看出了问题不碰它,实在是坐不住!"③1978年8月,李吉林走进了校长室,郑重其事地向老校长提出,放弃轻车熟路的中高年级教学,从一年级开始教起。9月,李吉林走进了一年级的教室,开启了情境教学的探索之航。

中国的改革和创新持续进行着,在1983年9月,邓小平为北京景山学校题词:"教育要面向现代化,面向世界,面向未来。"具有导向性的"三个面向"激励着成千上万的教育工作者重新思考教育,引导他们用广角度的思维方式思考教育。在"三个面向"的召唤下,众多中国教育工作者投入中国教育改革道路的探寻,"寻求既能继承传统教育的精华,又具有未来特色的有效的提高人才素质的途径"。④李吉林作为千千万万个

---

① 陆有铨.躁动的百年[M].北京:北京大学出版社,2014:489.
② 李吉林.40年情境教育创新之路[N].中国教师报,2018-12-26.
③ 李吉林.情境教育的诗篇[M].北京:教育科学出版社,2009:9.
④ 李吉林.情境教育的诗篇[M].北京:教育科学出版社,2009:157.

跃跃欲试的改革者之一,在前四年情境教学的实验基础上,开始了从"情境教学"到"情境教育"的探索。

"面向世界"的诉求加深了中国同世界的教育交流。在十多年的时间里,国外各种教学理论一下子涌到中国来,令人目不暇接。皮亚杰关于儿童智慧发展的理论,布鲁纳的学科结构理论,施瓦布的探索学习理论,奥苏伯尔的有意义学习理论,班杜拉的社会学习理论,加涅的学习层次理论,巴班斯基的教学过程最优化理论,布卢姆的掌握学习理论,阿莫那什维利的合作教育学,罗杰斯的非指导性教学,洛扎洛夫的"纲要信号"图表法等,从学派、理论到具体方法,应有尽有。[①] 这为李吉林吸收西方先进教育理念、发展情境教学提供了便利条件。

因此,某种程度上说,情境教育是时代的产物。正如李吉林在 40 年情境教育创新之路展示交流活动中所说:"由衷感谢改革开放伟大的时代!"

二、压抑的现状,萌生变革的欲望

改革之初,教育百废待兴。传统的应试教育在教育领域内仍然盛行,产生了较大的消极影响。小学语文教学也难逃此劫,存在诸多违背教育规律的现象。

(一) 教学目标的偏离

改革之初,学校上空被应试教育的阴霾笼罩:片面强调智育,以能考高分为人才培养的标准,通常采用说教、过度训练等教学方式,鼓励将学生培养成唯上听话、安分守己的人。

敏锐的李吉林发现了这种教育弊端,认为这种把学生的眼界局限于题海训练,抑制学生自主性、创造性的传统教育忽视了人的全面和谐发展,严重束缚了学校领导和教师的手脚,严重影响了学生的身心健康,"这与把青少年一代培养成为具有高尚精神风貌和创造才能的培养目标是违背的。"[②]要改变"教师教得苦,学生学得苦"的教学现状,首先要纠正当代教育的目标偏向。

(二) 教学方法的落后

传统教育主要采用灌输式教学方法,学生是知识的容器,任由教师"灌输";教师是

---

① 陆有铨. 躁动的百年[M]. 北京:北京大学出版社,2014:502.
② 李吉林. 李吉林文集(卷五)[M]. 北京:人民教育出版社,2006:81.

知识的权威,处于权力顶端。学生被讲解,被考虑,遵守教师制定的纪律……在小学语文学科中,表现为老师将内涵极为丰富的小学语文分析讲解成分崩离析的知识点,要求学生无休无止地重复性抄写,做铺天盖地的各式习题,以及不求甚解的机械背诵。

作为一位长期工作于教学一线的小学语文老师,李吉林认为:"这种教育偏离了语文教学的根本任务,改变了小学语文教学的性质,造成小学语文教学'呆板、繁琐、片面、低效'的弊端,压抑了儿童的发展,延误了儿童发展的最佳时期,甚至扼杀了儿童的禀赋与才能。"①

(三) 教材的单一

文化大革命期间,我国小学语文教材深受当时政治形势的影响,关注教材的政治方向性,对科学性有所忽视。编排结构缺乏系统,"习惯于部分法。以一篇课文加一篇课文,累计三四十篇便是一册课本。"②另外,还存在着"量少、难度低、名著所占比例少的两少一低"的缺陷,根本无法满足求知若渴的孩子们。于是,李吉林对教材进行审视,并且进行了补充、改革。

李吉林认为,改革之初的学校教育现状不利于儿童成长:"这是一片干涸的土地,一片没有诗意的、荒芜的土地,种子在这儿无法萌芽。这必然会扼杀儿童好奇求知、憧憬未来的天性。这样的课堂学习,令儿童不安、急切以致焦虑。"③从而激发了她语文教学改革的动机。

钟启泉在《基础教育与课程改革》中概括世界教育趋势时总结,20世纪70年代末以来,"人性中心教育""学术性课程、人际关系课程和自我意识、自我实现课程"开始受人瞩目;80年代末则是重视基础教育的时代,要抛弃注重文凭学历的陋习,转向注重真正的学力。从李吉林的著述中,我们也可以看到她对这些大趋势的敏感和深刻把握:"20世纪80年代中期,世界教育改革的趋势开始明显从科学化向情感化、人文化方向发展。""世界教育的趋向,已从注重知识——注重能力——注重智力,发展到日益重视情感的教育,体现出以人为本的教育的需要。"这为李吉林的教育改革奠定了基调,指明了方向。李吉林在教育改革中追求对"人"的尊重,追求一种"人性化"的教育

---

① 李吉林.李吉林文集(卷一)[M].北京:人民教育出版社,2006:4.
② 李吉林.美的彼岸[M].北京:教育科学出版社,2013:34—35.
③ 李吉林.美的彼岸[M].北京:教育科学出版社,2013:3.

方式，以培养人的完整、全面、自由、和谐发展。

第三节　情境教育形成的理论渊源

情境教育是李吉林在创造性的实践基础上建构而成的，教育实践是其肥沃的土壤。但教育实践不是单纯盲目的经验积累。在探索中，情境教育十分注重寻求理论的支持，不断借鉴运用各种科学理论。这些科学理论是情境教育思想发展的源头，是情境教育理论大厦建构的根基。深究情境教育的思想渊源，有助于更深入地理解情境教育思想，领会其精髓。

本部分将罗列影响过李吉林情境教育思想的理论，罗列的标准为李吉林在讲座、文章、著作及日常交谈中明确提及受其影响的理论。有学者认为，"李吉林从胡塞尔的生活世界、赫勒的日常生活以及马克思的现实生活世界中得到灵感，提出生活空间这一概念。"[①]"她(李吉林)研读斯坦尼斯拉夫斯基的表演理论，并合理借鉴其规定情境概念。"[②]然而笔者在其著作和论文以及日常的交谈中未看到明确的论述，故所提及的理论不在本章罗列范围之内。再比如有学者认为，李吉林专门研究过杜威的学说。[③] 然而有一次，笔者阅读到《民主主义与教育》前言中的一段话："他(杜威)认为初生儿童就禀赋爱好活动的性能，并能够依凭活动结果带来的苦乐而调整其活动和控制其活动，借以适应环境的需要。儿童天赋的这种潜在动力是强烈的，教育必须尊重和利用它。"[④]该论述与情境教育所主张的关于"儿童活动"的论述很相似，便兴高采烈地拿过去和李吉林老师探讨，并问她有没有读过此书。她说没有，并向笔者借阅《民主主义与教育》，后又将该书推荐给研究所另一同事丁玲。当然没有阅读过这本书不代表没有听说或接触过杜威的思想，而且李吉林在"十五"课题开题报告中对"情境"进行概

---

① 王灿明.情境：意涵、特征与建构——李吉林的情境观探析[J].教育研究，2020，41(09)：83.
② 王灿明.情境：意涵、特征与建构——李吉林的情境观探析[J].教育研究，2020，41(09)：84.
③ 李庆明.儿童教育诗——李吉林与她的情境教育[M].江苏：江苏凤凰科学技术出版社，2014：49.
④ 约翰.杜威.民主主义与教育[M].王承绪，译.北京：人民教育出版社，2013：14.

念界定时，也引用了杜威关于"情境"的界定。但至少不能说明她对杜威的学说有过专门的研究，或者如有学者在文中提及的"饱读杜威教育著作，潜心探究杜威教育思想。"据此，概括起来讲，大致可以从哲学、心理学、脑科学、美学、古代文论等方面考察情境教育的思想渊源。

一、哲学基础

（一）马克思主义哲学

情境教育是"根据马克思关于人在活动与环境相互作用和谐统一中获得全面发展的哲学原理构建的。"[1]她从马克思关于环境与人的关系理论中获得启发，并辩证继承，研究了儿童与环境有机互动的关系和规律，其理论具有以下几个方面的核心内涵。

首先，环境与儿童的发展具有双向互动性。

马克思在《1844年经济学哲学手稿》《关于费尔巴哈的提纲》《德意志意识形态》等不同时期的著作中提出了关于"人与环境"关系的看法。《手稿》中提出："人是自然的、肉体的、感性的、对象性的存在物，同动植物一样，是受动的、受制约和受限制的存在物"。[2] 这种观点表明：人生活在一定的环境中，受到环境的影响。人的活动以自然为基础，依赖自然界，受自然界、自然规律限制。《提纲》中还提出："有一种唯物主义学说，认为人是环境和教育的产物，因而认为改变了的人是另一种环境和改变了的教育的产物，这种学说忘记了：环境正是由人来改变的，而教育者本人一定是受教育的。"论述中肯定了人对环境的改造作用。

可见，马克思论述人与环境的关系，不否认人的受动性，也肯定人的主动性。他看到人与环境的双向互动性，具体说来，是一种双向互动、相互依存、相互依赖的关系。其具体表现是环境制约、限制并且影响着个人，人也能创造、影响环境。

情境教育充分关注环境与儿童的双向互动性。一方面肯定环境对儿童无意识的、不含任何目的的教育和塑造的功能。"每一个儿童都是在一个十分具体的环境中成长

---

[1] 李吉林. 美的彼岸[M]. 北京：教育科学出版社，2012：220.
[2] 中共中央马克思恩格斯列宁斯大林著作编译局. 1844年经济学哲学手稿[M]. 北京：人民出版社，2008：105.

起来的。环境与在其间活动的人群,构成了一个静态与动态,物质与精神交织在一起的儿童生长环境。这个环境对儿童的影响虽然是不知不觉的,但却是极其深远的。[1]"另一方面肯定人对环境的改造、利用,主张积极创设、优选教育环境。通过开展多样性的课外活动、主题性大单元活动、户外活动等,把儿童活动空间中的每一个区域整合成目标一致的和谐整体,拓展教育空间,以提高教育的整体效益。界定情境为"人为优化的环境","优化的环境"具有一定的教育功能,肯定环境对人发展的重要性;同时"优化的环境"不仅仅是现实存在的,也可以"人为优化",肯定人对环境改造的主体能动性。"人化环境"是人以环境为对象性的存在和人的本质力量对象化的重要体现。[2]

其次,儿童通过积极主动的实践活动与环境发生关系。

马克思、恩格斯指出:"只有人才给自然界打上了自己的印记,因为他们不仅变更了植物和动物的位置,而且也改变了他们所居住的地方的面貌、气候,他们甚至还改变了植物和动物本身"。[3]《提纲》中说:"环境的改变和人的活动或自我改变的一致,只能被看作是并合理地理解为革命的实践。"[4]人与环境的关系是人通过实践改变环境、改变自身的关系。人在改造和改变环境的实践中,发挥自己的主体性和主导性,即实践活动能激发人的主体性和主导性。

同理,儿童实践活动能充分发挥儿童的主体性和主导性。情境教育深受该理论影响,注重儿童的实践活动,通过儿童的实践活动,培养儿童的主体性。情境教育早期将实践活动称为"应用操作",将儿童的应用操作大致分为了三种,一种是实体性现场操作,到真实的情境中进行现场操作。如数学中的实地调查、收集数据,自行设计、制作图表;道德与法治课到幼儿园争当好哥哥好姐姐,到残疾人上下班的地方"向残疾人伸过友爱的手",在家里"我当妈妈的好助手"……第二种是模拟性相似操作,在模拟情境中进行操作。如让学生做小小讲解员、小小数学家之类。第三种称为符号性趣味操

---

[1] 李吉林.为全面提高儿童素质探索一条有效途径——从情境教学到情境教育的探索与思考(下)[J].教育研究,1997(04):57.
[2] 王灿明.情境:意涵、特征与建构——李吉林的情境观探析[J].教育研究,2020,41(09):85.
[3] 中共中央马克思恩格斯列宁斯大林著作编译局.马克思恩格斯全集(第二十卷)[M].北京:人民出版社,1971:273.
[4] 中共中央马克思恩格斯列宁斯大林著作编译局.马克思恩格斯选集(第一卷)[M].北京:人民出版社,1995:16.

作,即进行习题等符号操作练习。不同的是,注重适量、趣味原则。后将"应用操作"概括为"儿童活动",将"儿童活动"作为促进儿童素质发展的主要途径。为了保证儿童活动中的主体效应,常常让儿童角色扮演,利用角色效应;为了保证儿童的活动得以顺利开展,主张将活动融入每天开展的课程;为了追求儿童活动的实效性,主张将儿童活动与能力训练结合,以求扎实。① 因此,情境教育中的儿童在各种丰富多彩的实践活动中发挥着主体性和主导性,对周围的环境进行影响,同时改变了的环境又反过来影响着活动中的儿童。

最后,教育的最终目标是实现人的全面发展。

资本主义存在诸多异化,马克思针对这一现象,提出了人类的理想目标"消除异化,无产阶级乃至整个人类的解放,每个人全面而自由的发展。②"并且于《资本论》中指出,"每个人的全面而自由的发展"是共产主义的基本原则的社会形式③。

"全面发展"意味着人的本质的全面展开和丰富。全面发展不仅指广度上的"全方位",更多包含着深度上的"自由、充分、和谐发展"。自由发展指的是作为主体的人,他的发展是自觉、自愿、自主的,而不是被动胁迫的,个人的创造性和主动性得到很好的激发;充分发展是程度问题,是指人所具有的天赋、潜能充分地发挥,得到高度发展和完善,并且成为现实的技能;和谐发展是发展的诸多方面之间的协调与贯通,表现为综合素质的提升,包括知识、情感、意志等的均衡和谐发展。同时,"全面发展"中的人,不是指"哪一个人",而是关注"每一个人"。因为一个人的发展和与其交往的所有人的发展息息相关,存在着直接或间接的关系。"要不是每一个人都得到解放,社会本身也不能得到解放"。

情境教育一直以儿童的全面发展为最终教育目标,并在多处多次提及情境教育的目标。"儿童全面和谐的发展是情境学习矢志不移的宗旨。"④"真、美、情、思,育人的理念,让儿童情境学习范式的建构具有前瞻性,关注儿童发展的未来的趋向,最终促进

---

① 李吉林. 我在实践中研究教育[M]. 北京:教育科学出版社,2019(6):201.
② 中共中央马克思恩格斯列宁斯大林著作编译局. 马克思恩格斯选集(第一卷)[M]. 北京:人民出版社,1995:294.
③ 中共中央马克思恩格斯列宁斯大林著作编译局. 马克思恩格斯选集(第二十三卷)[M]. 北京:人民出版社,1972:649.
④ 李吉林. 我在实践中研究教育[M]. 北京:教育科学出版社,2019:185.

真正意义上的人的全面发展。"①"人为优化的情境可以做到主体的能动活动与现实环境优化的统一,激发儿童潜能与培养塑造的统一,最终达到素质的全面提高与个性充分发展的统一。""正是通过儿童在境中学、做、思、冶,突出儿童学习的主体性,使儿童获得全面发展,彰显儿童生命个体的多元色彩。"②全面发展的教育目标促使情境教育不仅关注儿童的发展需求,还关注儿童的生存需求、享乐需求;不仅关注文化素养的提高,还关注生理素质、心理素质、思想素质的发展;不仅关注儿童的认知发展,还关注儿童的情意发展、道德发展;不仅关注基本知识技能的掌握,还关注个人独特个性的成长。总之,关注儿童的一切,为了一切的儿童。

(二) 建构主义

进入21世纪后,建构主义思想风靡教育界。已入花甲之年的李吉林老师广开言路,积极学习,还组织团队一起研讨。曾经在研究所学习过的于强老师回忆道:"2001年,'建构主义'思潮在我国教育界引起了普遍的重视。李老师便组织研究所里的老师收集'建构主义理论'的资料,学习和研究建构主义的理论。记得她当时是这样对我们说的:'我们要学习建构主义的理论,去研究和发现建构主义的哪些理论阐述与情境教育的思想是相通的,哪些是情境教育里没有的……'"③可见,情境教育的理论构建过程中,离不开建构主义理论的滋养。

情境教育接受建构主义的学习观,认为学习是学习者个体意义的建构过程,是学习者发挥自身积极主动性,通过新经验与原有的知识经验进行反复、互动,以充实、丰富、主动建构自己的知识经验。学习过程具有情境性的特点,而传统的学校学习不能适应现实中具体情境的变化,不能解决现实世界中的真实问题。根据建构主义学习观,情境教育主张将儿童带到生活之中,丰富儿童的经验;主张通过儿童的活动实现知识的主动建构,将问题镶嵌于情境之中,以解决知识僵化、难以应用的困难。

情境教育认同建构主义的教学观,认为教学过程不仅是传授知识的过程,也是一种社会行为,其中发生着社会交往。学生在情境中主动探究、主动尝试,教师在情境中挖掘学生的潜能,谋求学生个性的发展。根据建构主义教学观,情境教育主张创设情

---

① 李吉林.我在实践中研究教育[M].北京:教育科学出版社,2019:204.
② 李吉林.我在实践中研究教育[M].北京:教育科学出版社,2019:204.
③ 成尚荣.我们是长大的儿童:情境教育中走出的名师[M].北京:教育科学出版社,2012.

境,师生在情境中充分活动,就某一项目或问题发生互动,从而建构起自己对世界的理解。并鼓励教师抓住教学中的生成进行"情境性教学"。

建构主义的学生观和教师观对情境教育也有深刻的影响。在建构主义所倡导的学习环境下,教师角色发生了根本性的改变,他们不再是传统意义上的知识的传授者,而是转为学生知识意义建构的合作者、组织者和促进者。学生也从传统的知识的被动接受者向学习的积极建构者和自主反思者转变。① 情境教育建议创造一种"亲、助、乐"的师生人际情境,老师成为学生的学习伙伴,促使学生主动地学习,与这一理论高度契合。

二、各类科学理论

(一) 心理学

情境教育在建构之初就深受心理学理论的影响。李吉林老师对心理学有浓厚的兴趣,并且如饥似渴地学习。在书籍匮乏的年代,她曾手抄心理学书籍。据她生前好友严清回忆:有一次,《江苏教育》的记者储继芳到南通开会,随身带了一本数万字的《儿童心理学》。李老师向储记者借阅,储记者一口答应。翻看后,李老师爱不释手,可是储记者第二天就要回南京,李吉林老师便连夜赶抄,抄到半夜,忽然腹痛难忍,李老师就把酣睡的女儿叫醒,请求她接着抄。天大亮时才抄完。

情境教育之所以能取得良好效果,很大方面的原因在于,它从心理学上以儿童的本能、能力为教育起点,探索儿童的能量、兴趣和习惯②,符合儿童的心理发展,主要借鉴了以下几种理论。

1. 暗示原理

暗示是用含蓄、间接的方法对人的心理和行为发生影响,诱导人按照一定的方式行动,或接纳某个建议或信念。暗示教学法首创于 20 世纪 60 年代,创始人是保加利亚医学博士、心理学家及教育学家乔治·洛扎诺夫。他批判传统教学法过于强调学习过程中的有意识作用,导致无意识功能被忽视和压制。他根据大脑两半球协调统一等

---

① 艾兴.建构主义课程研究[D].重庆:西南大学,2007:40—48.
② 杜威.杜威教育名篇[M].赵祥麟,王承绪,译.北京:教育科学出版社,2006:3.

规律,提出运用暗示的作用,可以使环境和个人之间形成一种潜移默化的交互渗透,从而产生不显山露水的"熏陶"作用。他认为,学习活动不仅是受大脑皮层控制下的有意识的心理活动,而且是在情感和潜意识共同作用下进行的显意识与潜意识相互缠绕的心理活动。李吉林早在20世纪八十年代就接触到暗示原理,以及"暗示教学法",认为接受"暗示"是人类个体所普遍具有的一种品质,普遍存在于每一个儿童身上,因此,每个儿童天然具有接受暗示的能力。① 即学生显意识在积极学习的同时,他们的潜意识也在默默地吸收着来自四面八方的各种信息,并影响显意识的学习。

2. 情绪情感理论

情绪和情感是人对客观事物态度的体验,是人的需要是否获得满足的反映②。需要得到满足就会引起积极的情绪情感。

情绪具有动机功能。积极的情绪会成为行为的积极诱因,提高行为效率,起正向推动作用。美国心理学家扬通过实验研究指出,情感过程从四个方面产生动机并且影响了行为:激活诱发行为;维持并结束行为;调整行为,决定其是否继续与发展;组织行为,决定神经活动模型的形式。③ 汤姆金斯也认为,感情(他更多使用"感情"而不是"情绪")是最基本的动机系统,它的作用是激活、唤醒或放大内驱力,成为行为的动力。④ 情境教育一开始就高度重视情感在儿童发展中的动机作用。李吉林认为"课堂上优化的情境会激起儿童热烈的情绪,驱动他们情不自禁地投入到教学过程中去"⑤。"情感是教育的命脉,当儿童在教师引领下进入情境时,情感便连接在教师、学生、教材之间,相互牵动着、影响着。"⑥"回顾自己为儿童学习设计、亲授的一千多节课,亲身感悟到当把儿童带入优选的真实的情境或课堂优化的美的学习情境中,情境的美顺乎自然地激发了儿童的情,使儿童普遍生成热烈的情绪,学习主动性大增。"⑦并且将"以情为纽带"作为情境课程的操作要义之一。重视情感的"纽带"作用就是认识并利用了情

---

① 李吉林.情境教育的诗篇[M].北京:高等教育出版社,2004:193.
② 叶奕乾,何存道,梁宁建.普通心理学:修订版[M].上海:华东师范大学出版社,2002:336.
③ 叶奕乾,何存道,梁宁建.普通心理学:修订版[M].上海:华东师范大学出版社,1997:362.
④ 叶奕乾,何存道,梁宁建.普通心理学:修订版[M].上海:华东师范大学出版社,1997:363.
⑤ 李吉林."意境说"给予情境教育的理论滋养[J].教育研究,2007(02):69.
⑥ 李吉林."意境说"给予情境教育的理论滋养[J].教育研究,2007(02):70.
⑦ 李吉林.中国式儿童情境学习范式的建构[J].教育研究,2017(03):91—102.

感的动机功能。

然而,情感不只是为认知服务的手段,还应成为最终的发展目标。它应与认知处于同等重要的地位。认知的目的不是停留在了解知识是什么,更根本的是要将这种知识内化到自我的情感体系和个性之中,只有成为了主体自身的价值、态度、信念的知识才能达到安顿自身情感的目的,也才是主体的真正知识。[1] 情境教育构建了"情感活动与认知活动结合起来"的独特的教学模式,并将"情感与认知结合"列为儿童情境学习的核心理念,认为这是儿童学习的一大秘密。"儿童的学习不局限于单纯的认知活动,情感早已融入其中,在优化的情境中,儿童身心愉悦,潜在智慧萌发,呈现出学习主体生命的多元色彩。"[2]认知源于情感,导引情感,而认知发展的目标是培养儿童的审美情感和道德情感等情操,使儿童在生命早期成长为"洋溢着生命情感的个体,甚至自觉不自觉地把自己的情感移入大自然、移入生活、移入他人。"[3]即最终归于情感的发展。

3. 场论

李吉林在杜殿坤等学者的指引下,和高文老师取得联系,较早地接触到场论,并阅读了与之相关的书籍与资料。

"场"作为物理学概念,本指物质间相互作用产生的能量或力的一种空间区域。1936年,勒温将其创造性地应用于心理学研究领域,提出了著名的场论。该理论主要包括"场"和"动力论"两部分理论,有"生活空间"和"心理紧张系统"两大核心概念。

"生活空间"指由一个人在某一时间内的行为所由决定的全部的事实。勒温认为,每一心理事件都取决于其人的状态及环境[4],行为等于人乘环境的函数,$B=f(PE)$。勒温的"环境"不是纯客观的环境,也不是考夫卡所称的行为环境。而是包括对个体可发生影响的全体,实在的为有影响的[5]。强调人与环境的关系,以及人与环

---

[1] 刘次林. 幸福教育论[M]. 北京:人民教育出版社,2003:123.
[2] 李吉林. 中国式儿童情境学习范式的建构[J]. 教育研究,2017,38(03):99.
[3] 李吉林. 学习科学与儿童情境学习——快乐、高效课堂的教学设计[J]. 教育研究,2013,034(011):81—91.
[4] 库尔特·勒温. 拓扑心理学原理[M]. 高觉敷,译. 北京:商务印书馆,2004:15.
[5] 库尔特·勒温. 拓扑心理学原理[M]. 高觉敷,译. 北京:商务印书馆,2004:14.

境的相互作用,突出人的情感、意志和人格。① 生活空间以对人的行为发生实际影响者为存在标准,将主体与客体融为一个共同的整体,并表现着整体所具有的格式塔性,即其中的任何一部分的变化必将引起其他部分的变化,任何一部分的变化都必然与整体有关。② 情境教育在构建之初汲取场论中的人与环境的"整合"、相互作用等思想,将"心理场整合"原理作为情境教育原理之一。根据心理场理论,生活空间里的所有事件都对儿童的心理产生影响,因此,"人为创设的教育情境、人际情境、活动情境、校园情境都是渗透着教育者意图的,它们使儿童的生活空间不再是一个自然状态下的生活空间,而是富有教育内涵、富有美感、充满智慧和儿童情趣的生活空间。③"

"动力"是勒温心理学立论的基础,也是勒温心理学最突出的特征。勒温的动力概念可概括为心理紧张系统。他认为,只要人内在心理存在需求,就会产生个体内部的紧张系统,"紧张的释放可为心理活动和行为提供动力和能量,从而构成了决定人的心理活动和行为的潜在因素。④"在这个动力系统中,外在环境场域里,个体需求的目标(标的物)会对个体产生引拒值,正的引拒值具有吸引力,负的引拒值具有排距力,因而人的行为不单受内部紧张系统的推动,还受外在环境场域中标的物的吸引或排距力的影响。情境教育优化了的情境对儿童产生正拒值,激发儿童的学习需求,"形成了一种向着教育教学目标整合的力,这就是正诱发力。⑤"同时作为一个整体作用于儿童心理,"利用心理场,形成推进教育教学活动的正诱发力,在顿悟中改变认知结构乃至心理结构。⑥""这样,情境—教师—学生三者之间形成良性推进的、多向折射的心理场。⑦"

---

① 申荷永. 论勒温心理学中的动力[J]. 心理学报,1991(3):308.
② 申荷永. 论勒温心理学中的动力[J]. 心理学报,1991(3):308.
③ 李吉林. 中国式儿童情境学习范式的建构[J]. 教育研究,2017(03):96.
④ 申荷永. 论勒温心理学中的动力[J]. 心理学报,1991(3):307.
⑤ 李吉林. 为全面提高儿童素质探索一条有效途径——从情境教学到情境教育的探索与思考(下)[J]. 教育研究,1997(04):57.
⑥ 李吉林. 为全面提高儿童素质探索一条有效途径——从情境教学到情境教育的探索与思考(下)[J]. 教育研究,1997(04):55.
⑦ 李吉林. 为全面提高儿童素质探索一条有效途径——从情境教学到情境教育的探索与思考(下)[J]. 教育研究,1997(04):57.

(二) 美学

文革不久,当举国上下还处于"谈美色变"的时代时,李吉林已经开始探索如何将美学引入小学语文教学。

原在南通专科学校工作的吴功正,建议情境教育的发展"可以去看看美学",这一建议开启了李吉林的美学探索之路。当时的美学著作很少,懂的学者也不多,只要遇到,李吉林就抓住机会请教。1980年夏,原南通市教育局许明(现为上海市社会科学界联合会《上海思想界》主编)去北京读美学研究生,放暑假回家乡,应邀做美学报告,李吉林闻讯后,每场报告都不错过,甚至专门到许明家登门求教。此外,她还向周溶泉、徐应佩等学者请教。但是她不以听代读,"书还是要读的,那时的《美学》杂志以不定期的形式出版,我都设法借来读,后来我陆续借了一些相关的书籍,贪婪地读着。"到了晚年,她还在读宗白华、李泽厚。因此,情境教育建构过程中较早地又持续地受到美学思想的影响,留有很深的美学印记。

首先,情境教育较早认识到美的重要性。从古希腊的亚里士多德的"净化说"到中世纪托马斯·阿奎那"美和善是同一",再到黑格尔的"美具有引导人向善的作用和力量",诸多哲人都肯定了美对人精神的引导和呵护的意义。我国美育专家蔡元培认为,美学观念的真正价值就在于丰富人的精神世界,提高人生的生活情趣,弥补枯燥无味的理性活动,以及令人感到单调疲惫的体力劳动。可见,无论何时何地,追求美,成了人们安身立命的精神皈依。情境教育从教育的本质上思考美的重要性:美能像磁石一样吸引儿童,能丰富儿童的精神世界,有利于培养儿童的完善人格。此外,美还能激发儿童创造力、丰富儿童语言表达、发展儿童情感及培养儿童的道德……全方位的教育功能展示了情境教育对美的重视,不仅从培养"人"的宏观角度思考美的意义,还从微观角度思考美对教育教学的功能。

其次,情境教育探索美的教学手段。美只有通过具体的感性形式显现出来,人们才能把握住。王国维认为:"一切之美,皆形式之美也。"杜书瀛先生认为,无论哪种审美现象,不论是自然风景,是社会事物,是艺术作品,其作为审美价值的载体,一定要有感性形式①。黑格尔认为,能表现出美来的感性形式有文学(诗)、绘画、音乐、雕刻、建筑等。王国维认为,就美自身而言,"一切优美皆存于形式之对称、变化及调和至宏壮

---

① 杜书瀛.关于形式——论审美价值的特性之一[J].社会科学战线,2007(4):65.

之对象。①"从美的种类来说,建筑、雕刻、音乐之美存在于形式。图画、诗歌之美在于能唤起美的情感的缘故。② 概括起来,他认为,形式的和谐优美是美的一种形式;音乐等唤起愉悦人的情感是另一种形式之美。但是无论哪种艺术形式,都是美的具体的感性形式。情境教育将承载着美的音乐、图画、表演等艺术形式引进小学课堂,创设与教材相关的情境,再通过美的教学语言、教师仪态、教学手段等形式促使儿童由感受美而入境,因爱美而动情,从而对儿童进行美感教育。

再次,情境教育关注儿童审美能力的发展。审美就是对美的观照,对美的体验,也就是对具体艺术形式中的美的发现。宗白华感悟:"尽日寻春不见春,芒鞋踏遍陇头云。归来笑拈梅花嗅,春在枝头已十分。"梅花作为大自然的一部分,它的美是客观的存在,不以任何人的意志为转移。然而人的意志能主使自己的眼睛选择去不去看它,人可以训练自己的眼睛深一层地去认识它。许多美学家和宗白华一样主张美的客观存在性,同样,他们也肯定审美主体的思想情绪情感等,对审美活动中主体的心灵心理因素给予足够的关注。③ 宗白华说:"心的陶冶,心的修养和锻炼是替美的发现和体验作准备,创造'美'也是如此。④"在该美学理论影响下,情境教育重视儿童审美能力的培养,在教学过程中,通过观察、活动等方式体验感悟教材之美、生活之美、社会之美,最终将儿童培养成具有发现美、感受美、创造美的个体。

最后,将"情本体"作为教育的最后归宿。李泽厚的"情本体"是情境教育关注的重要美学概念。李吉林在耄耋之年,曾让笔者给她购买"情本体"的研究书籍,下载"情本体"的相关文献。她最后撰写的几篇文章,依稀可见"情本体"的影响痕迹。

历来重视"情感"的李泽厚认为,情感比理性的东西更早、更根本。他深入研究中国文化,不断修正自己的哲学理论,"心理""情感""情感本体"成为他越来越关注的焦点,从而上升为"人生在世"的"本体"。在《华夏美学》里,李泽厚指出,中国传统美学所建立的基础是"心理主义",而这种"心理主义"是以情感作为"本体"的。《美学四讲》中讲,所谓"建立新感性",也就是建立起人类心理本体,又特别是其中的情感本体。在此,直接使用"情感本体"这个词汇。在书的最后,他深情地呼唤,回到人本身,回到人

---

① 周锡山.王国维文学美学论著集[M].山西:北岳文艺出版社,1987:38.
② 周锡山.王国维文学美学论著集[M].山西:北岳文艺出版社,1987:38.
③ 王进进.宗白华美学思想述评[D].杭州:浙江大学,2005:31—32.
④ 王进进.宗白华美学思想述评[D].杭州:浙江大学,2005:32.

的个体、感性和偶然。……情感本体万岁,新感性万岁,人类万岁! 情境教育受此影响,视"情感"为命脉,对情感的重视文中已多处涉及。不同的是,从原来将"情感"视为认识活动的中介、手段,上升为教育的最终目的:将他们培养成"有情的生命个体","健康地成长为洋溢着情感生命的个体"①。

(三) 中国古代文论"意境说"

情境教育探索过程中深受中华民族文化的滋养,其中《人间词话》和《文心雕龙》等"意境说"的代表作对其影响最大。

《人间词话》是中国古典文学批评里程碑式的作品,较为全面地展现了著名学者王国维的文学、美学思想,书中提出了具有完整理论结构和丰富内容的"境界说",极受学术界重视。翻译家傅雷曾说:"中国有史以来,《人间词话》是最好的文学批评,开发性灵,此书等于一把金钥匙。"美学家朱光潜也曾肯定了《人间词话》给予了他诸多启发。

《文心雕龙》是南朝文学理论家刘勰创作的一部理论系统、结构严密、论述细致的文学理论专著。"文心"即文之心,"雕龙"即雕镂龙纹,比喻文辞博大恢弘,不同凡响。《文心雕龙》全书共五十篇,三万七千余字,对后世文学批评和文学理论发展具有极其深远的影响。然而行文比较艰涩,很难读懂,对于中师毕业的李吉林来说尤其困难。但她没有放弃,原文看不懂先从注释看起,再慢慢读原文悟道理,终于从厚重的经典中读出自己的感悟。

这两本书本来都是关于文学创作理论的,李吉林创造性地将其移植到小学教育教学中,作为情境教育的重要理论基础。

首先,李吉林从这两本著作中提炼出"真"之要素。王国维在《人间词话》中说:"大家之作,其言情也必沁人心脾;其写景也必豁人耳目。其辞脱口而出,无矫揉妆束之态。以其所见者真,所知者深也。"②"每成词多作态,故不是大家气象。若同叔、永叔虽不作态,而一笑百媚生。此天才与人力之别也。"③他强调,大家之作,一定是为文造词真实,不矫揉"作态","能写真景物真感情者,谓之有境界"。《文心雕龙·情采》篇指

---

① 李吉林. 学习科学与儿童情境学习——快乐、高效课堂的教学设计[J]. 教育研究,2013,034(011):81—91.
② 王国维,徐调孚校注. 人间词话新注[M]. 北京:中华书局,2009:35.
③ 王国维,徐调孚校注. 人间词话新注[M]. 北京:中华书局,2009:86.

出:"故为情者要约而写真,为文者淫丽而烦滥。""而后之作者,采滥忽真。"①鲜明地提出要"真"。情境教育深受此论说的影响,将"真"作为情境教育的首要特点,教育中主张给儿童一个真实的世界,通过带儿童走进大自然,走进真实的社会,或通过将真实的问题情境带到课堂来实现"真",培养"真人"。

其次,提炼出"美"之要素。"意境说"蕴含大量美学理论。《文心雕龙·情采》篇中强调了"文采"。立文之道有三:一是行文,有五色;二是声文,有五音;三是情文,有五性。五色交织起来,似耀目的礼服;五音协调起来,组成悦耳的音乐;五性抒发出来,便成感人的文章。刘勰认为,丰富而和谐共存是美的基础。王国维指出:"词乃抒情之作,故尤重内美。"只有内在美了,才能写出美的诗词。情境教育受此影响,追求语文教学的"美",通过美的形式、美的内容、美的语言,多角度和谐作用于儿童,让美占据儿童的心灵。

再次,提炼出"情"之要素。王国维指出:"境非独谓景物也,喜怒哀乐,亦人心中之一境界。"刘勰在《文心雕龙·情采》篇中指出:"情者文之经,辞者理之纬;经正而后纬成,理定而后辞畅"。强调了写文章情、辞的关系,情理确定了,文辞才能通畅,这是写作的根本。"情以物兴,故义必明雅;物以情关,故词必巧丽。"感情因外界的事物而发,所以文章的思想内容必须明快高雅;用带有感情色彩的目光去观赏事物,所以用词必须奇巧美好。说明一篇好文章离不开明雅的思想。《人间词话》中指出:"'泪眼问花花不语,乱红飞过秋千去。'有我之境也。'采菊东篱下,悠然见南山。''寒波澹澹起,白鸟悠悠下。'无我之境也。有我之境,以我观物,故物皆著我之色彩。无我之境,以物观物,故不知何者为我何者为物"②。这里用生动的例子,说明了在写作中,自然界的万事万物与作者情感之间的交融,诗人可以将自己的情感"移情"到外界事物,也可以和外界事物情感融为一体,不分你我。情境教育在作文教学中,将儿童带入优化的情境,让美的外物激起儿童的情感,自然产生表达动机,达到"情动而辞发"的状态。而后将"情"作为教育的命脉去重视,并以培养"情"视为最终的教育目标。

最后,提炼出"思"之要素。《文心雕龙·神思》篇论述了人的思维不受时空限制。

---

① 郭晋稀.文心雕龙译注十八篇[M].兰州:甘肃人民出版社,1963:132.
② 王国维,徐调孚校注.人间词话新注[M].北京:中华书局,2009:2.

"神思"就是古人所说的"形在江海之上,心存魏阙之下。"构思文章时,神奇的想象可以不受任何约束,飞翔得十分遥远。此谓"文之思也,其神远矣"。写作时应"故寂然凝虑,思接千载,悄焉动容,视通万里"。并将神思作为"驭文之首术,谋篇之大端"。《人间词话》在开篇指出:"有造境,有写境,此理想与写实之所由分。然二者颇难分别,因大诗人所造之境必合乎自然,所写之境亦必邻于理想故也。"写作时虚实相映,虚中必然带想象,然而想象又要"合乎自然";实中也会朝向理想憧憬。汲取意境说的养分,情境教育概括出"思"的特点。在诞生初期,就高度重视想象在发展儿童思维、培养儿童悟性方面的特殊作用。

李吉林反复阅读这两本经典著作,并为情境教育所用。曾在《"意境说"给予情境教育的理论滋养》一文中,概括出情境教育的四大特点:"真、美、情、思"。这一理论的跨界让情境教育蕴含民族文化,独具特色:"'意境说'不仅为小学语文情境教学提供理论支撑,而且可以进一步地支撑整个情境教育的研究。运用它可以使小学教育真正走中国人自己的路。"①将原本关于文论的"意境说"创造性地跨界应用到情境教育,让情境教育深深刻上了中华民族文化的烙印。

(四) 学习理论

1. 情境认知与学习理论

情境认知与学习理论引入我国后,李吉林非常关注,并敏锐地发现它与情境教育思想所具有的相通之处。李吉林曾邀请该领域的华东师范大学终身教授高文老师来南通讲学,之后,高文老师还先后派了她的两位博士来到南通,向通师二附的老师介绍情境认知与学习的理论和案例,并与江苏情境教育研究所以及学校的老师们进行面对面的交流。②

据于强老师回忆,北京师范大学的王文静就是上文提及的"两位博士"之一,他曾三次到南通师范学校第二附属小学,受李吉林邀请参加 2008 年情境教育国际论坛,从情境认知角度作了重要发言:"学习李老师的情境教育思想、情境教育的理论与实践研究已经有很长的一段历史。特别是 1999 年以来,在导师高文教授的指导下,选择了"情境认知与学习"作为博士学位论文的研究课题。在研究过程中,有幸到李老师所在

---

① 李吉林."意境说"给予情境教育的理论滋养[J]. 教育研究,2007(02):71.
② 成尚荣. 我们是长大的儿童:情境教育中走出的名师[M]. 北京:教育科学出版社,2012.

的学校南通师范二附小进行了三次调研,去感受、体验和学习,感受和体味李老师的情境思想,观摩和学习李老师的情境教育实践。"

情境认知与学习理论被统称为"情境性理论"(situativity theory)。[1] 人类学家还常使用"情境学习"或"情境行动",有的研究者将他们统称为"情境认知与学习"。它是在建构主义理论的基础之上发展起来的,与建构主义理论的一些观点相互交叉、融合,在实践研究中,两者还常常出现异曲同工之妙。[2]

情境教育的理论构建过程离不开情境认知与学习理论的滋养,尤其在情境课程的建构过程中,多方面以情境认知与学习理论为基础。后来更是在该理论的基础上,提出了"情境学习"。

情境认知与学习理论认为,个体的认知与更大的物理和社会的情境脉络相连,所放置的情境脉络包含了文化性建构的工具和意义,具有互动性特征。在这一理论视阈中,知识是以社会情境为基础的一种活动,是个体与环境发生交互作用时建构的交互状态,是人类为了适应不断动态发展的环境,而调节自身行为的能力。该理论提出情境学习的主要特征:能够提供真实情境,这种情境反映了知识是如何在现实世界中运用的。能够为学习者提供真实的活动。提供诸如专家作业过程及模式的通路,并且提供多种多样可供选择的角色和前景。支持用合作的方式进行知识建构。在关键的临界时刻能够及时提供指导和帮助。支持反思,通过反思将形象形成抽象。促进学习者表达,使缄默知识逐渐清晰。学习者结束任务时,能够对学习者的学习提供整体性的评价。其中,最为关键的是,学习者"合法的边缘性参与"以及形成实践共同体,这是关键特征或要素……[3]

情境教育在此基础上提出:任何知识都产生于一定的情境,最终又回到情境之中。即知识和情境之间是相互依存的关系。儿童的学习应该是情境性的。知识建构具有社会性,儿童的知识建构必须联系社会实践,与真实的社会接触,与他人互动,与环境互动,并且在互动中发生学习……诸多观点都留下深受情境认知与学习理论影响的痕迹,这种理念的影响还渗透到微观的教育教学中,如青年教师备课开始关注儿童原有

---

[1] 王文静. 基于情境认知与学习的教学模式研究[D]. 上海:华东师范大学,2002:22.
[2] 王文静. 情境认知与学习理论:对建构主义的发展[J]. 全球教育展望,2005,34(04):58.
[3] 王文静. 情境认知与学习理论:对建构主义的发展[J]. 全球教育展望,2005,34(04):57.

的知识经验,运用调查法调查儿童的原有知识水平①。

2. 学习科学

经华东师范大学高文等老师的推荐,李吉林在最后几年开始关注学习科学的研究成果。她购买并阅读了《学习科学的关键词》《剑桥学习科学手册》和《人是如何学习的》等书籍。其中,《人是如何学习的》这本书给研究所的王亦晴、丁玲以及笔者人手一本,并且与李吉林同读。读完后李吉林从学习科学的角度撰写了一篇论文:《学习科学与儿童情境学习——快乐、高效课堂的教学设计》,并在华东师范大学召开的"学习科学国际大会"上发言,后于2013年全文发表于《教育研究》。四年后,八十岁的她又撰写了《中国式儿童情境学习范式的建构》,发表于2017年第3期《教育研究》上,这也是她撰写的人生中的最后一篇论文。

学习科学要研究不同情境的学习。研究学习者头脑中的内部认知过程,以及个体学习与外部社会文化境脉之间的关系、研究认知的社会过程;研究学习者个体的学习,还要研究学习者共同体、组织的学习;研究学习的认知机制和特点,而且还研究如何创建学习环境,提升学习绩效……②

学习科学尤其强调在真实的情境中研究学习,强调深度学习。它的一大特色就在于强调理解性学习。③ 学习科学认为,为了学生能够理解,首先要关注学生的前概念:"学生带着有关世界如何运作的前概念来到课堂。如果他们的初期理解没被卷入其中,那么他们也许不能掌握所教的新概念和信息。"④关注学习环境的创建以帮助学生获得深度理解,重视技术对学习的促进作用等。⑤ "学习者中心环境试图帮助学生将他们先前的知识与当前的学习任务联系起来。"教学设计时"学校和课堂必须是学习者中心的。""在学习者中心的课堂中的教师也要密切关注每个学生的个体发展和设计适

---

① 李吉林.美的彼岸[M]北京:教育科学出版社,2012(12):399.
② 焦建利,贾义敏.真实境脉中的学习研究与教育变革——学习科学研究回顾、反思与展望[J].开放教育研究,2011,17(06):30—37.
③ 约翰.D.布兰思福特.人是如何学习的:大脑,心理,经验及学校[M].程可拉,孙亚铃,王旭卿,译.上海:华东师范大学出版社,2013:8.
④ 约翰.D.布兰思福特.人是如何学习的:大脑,心理,经验及学校[M].程可拉,孙亚铃,王旭卿,译.上海:华东师范大学出版社,2013:13.
⑤ 焦建利,贾义敏.真实境脉中的学习研究与教育变革——学习科学研究回顾、反思与展望[J].开放教育研究,2011,17(06):30—37.

当的任务。学习者中心的教师要向学生呈现刚刚能处理的难题,即足够的挑战性以维持参与,但是不要太难导致学生气馁。"[1]"学习以基本的方式受发生于其中的情境的影响。"[2]理解性学习的一个特征就是能够顺畅迁移,然而"仅仅在单一的情境中接受的知识与在多样化情境中学到的知识相比更不利于弹性迁移。在多样化的情境中,学生更有可能抽象概念的相关特征,发展更加弹性的知识表征"[3]。

以上关于学习科学的研究成果给情境教育诸多启示。针对学习的开放性,各种情境的复杂性,学习过程的不易性,学习催发儿童潜能的不易性等,情境教育提出"利用艺术之美""情感生成之力""凭借儿童活动""发展想象"等教学设计策略,让儿童在与教师、小伙伴的互动中,与世界、与生活的相连中学习知识,探索出儿童快乐高效学习的教学设计策略,最终概括出儿童情境学习的范式。

(五) 脑科学

随着脑与神经认知科学的飞速发展,研究成果的不断涌现,情境教育从生理学角度寻找理论给养。

已入古稀之年的李吉林开始学习脑科学。经高文老师团队推荐,李吉林老师为江苏情境教育研究所购买了一系列脑科学丛书,有《脑的学习与记忆》《脑与学习》《艺术教育与脑的开发》《适于脑的教学》……并且邀请研究所的老师一起学习,还赠送给学校里的部分老师。直至笔者离开前夕,办公室整理柜子时还发现了珍藏的几十本脑科学著作。李吉林就是这样,愿意与志同道合者分享书籍,同时又将好书视若珍宝,珍藏不露。

情境教育从脑科学研究成果中找到理论支撑,寻找到情境教育获得高效快乐的秘诀,具体表现为以下几个方面。

神经生理科学家从小白鼠的大量实验中得出:"丰富的环境可以促进树突的生长""丰富的环境会使联结增多。""当我们丰富了我们的环境时,我们的脑皮层也就加厚

---

[1] 约翰.D.布兰思福特.人是如何学习的:大脑,心理,经验及学校[M].程可拉,孙亚铃,王旭卿,译.上海:华东师范大学出版社,2013:21.

[2] 约翰.D.布兰思福特.人是如何学习的:大脑,心理,经验及学校[M].程可拉,孙亚铃,王旭卿,译.上海:华东师范大学出版社,2013:22.

[3] 约翰.D.布兰思福特.人是如何学习的:大脑,心理,经验及学校[M].程可拉,孙亚铃,王旭卿,译.上海:华东师范大学出版社,2013:69.

了,脑的树突增多了,成熟的神经棘增多了,细胞体也增大了。"还提出:"仅仅为学生提供丰富的环境是不够的,还需要让他们积极参与其中。"基于此,情境教育强调情境的丰富性和活动性,提倡"通过人为创设情境或优选情境,为儿童提供一个丰富的、可以活动其中的环境。"

脑科学研究肯定了艺术的作用:"艺术的使用不仅仅是引发思考,甚至可以教人如何思考,并可以建立情感表达。""音乐是另外一种能够引起积极的化学物质释放的方法。"音乐"可以激发脑的神经通路,使神经一直处于唤醒状态。"情境教育在探索之初就重视艺术的作用,提出用表演、音乐等艺术的手段让课堂丰富生动起来。这和脑科学的研究具有异曲同工之妙。

脑科学认为,"学习可以改变脑"。"当一个神经元向另一个神经元传递信息时,学习就发生在神经产生联结之时。""随着神经元不断地学习和应用信息,它们联结的频率会越来越高","神经网络频率也会变得越来越高,它的传递也越来越顺畅。"情境课程以"思"为核心,一以贯之地突出思维的发展,引导儿童积极思维,不断提高神经元联结的频率,更好地促进了儿童大脑的发育。

脑科学的研究还证明,积极的情感可使学习更高效。"情绪信息总是比其他信息优先得到加工。""积极的情绪的参与是学习的关键。""情绪记忆是最高效的记忆。"情境教育从心理学教育学美学等角度注重儿童的情绪情感,在脑科学中又得到了印证。儿童积极情绪能释放大量的神经递质,提高神经元联结的频率,让儿童学得快乐高效。

三、当代语文专家思想的吸纳

情境教育在发展过程中不仅主动从古代文论中寻找依据,还认真学习借鉴了我国当代语文大家的教育思想。

叶圣陶先生在他的《语文教学20字韵》中指出"作者胸有境,入境始于亲","作者思有路,遵路识斯真"。情境教学的阅读教学吸纳这一思想,结合文章结构、层次、篇章逐层深入,带领学生进入作家拿笔构思与创作的情境中。

夏丏尊先生在《教育的背景》中指出:"中国人一向不大讲究背景。中国京剧'车子只有两扇旗子,骑马也只有一支马鞭就算了'。"他联系《史记》中的故事,指出:"用了背景就添出许多的情趣。譬如,'风萧萧兮易水寒,壮士一去不复返'。这是悲壮的文字,但是离开了第一句,便失却了它悲壮的意味。"情境教学从中更明确了"情境"的含义:创设的情境作为知识的背景不仅是烘托、显现,更重要的是,优化的情境将词句、修辞、章法镶嵌在情境中,这就使知识有根、有联系、有背景,才是最生动的体现。但情境要简约,给儿童留下想象的余地。

叶圣陶指出:"一字未宜忽,语语悟其神。"在他选编的《如果我当教师》一书中又引用了夏丏尊先生对语感所作的更为生动的阐述:"在语感敏锐的人的心里,'赤'不但解作红色,'夜'不但解作昼的反面吧。'田园'不但解作种菜的地方,'春雨'不便解作春天的雨吧。见了'新绿'二字,就会感到希望,自然的化工、少年的气概等说不尽的旨趣,见了'落叶'二字,就会感到无常、寂寞等等说不尽的意味吧。真的生活在此,真的文学也在此。"两位大师的话让情境教育比较早地体悟到语感教学的重要性。因此,在情境中引导学生精读时,十分强调对教材语言的形象、节奏、气势以及感情色彩的推敲和品味。并概括出语感教育的比较、推敲的具体方法。

回顾情境教学的实践与研究过程,李吉林说:"除了叶老、夏老,还有吕叔湘先生、张志公先生、蒋仲仁先生、陆静山先生等当代语文教育大师和专家,我从他们的著述中获益。"[1]。

斯霞是江苏省的早期教学名师。李吉林很早就接触到斯霞老师的教学现场,学习她的教学精神。她在《斯霞吾师》中回忆了斯霞老师教学《小英雄雨来》中的一句话:"风一吹,鹅毛般的苇絮飘飘悠悠地飞起来"。当斯霞老师教学词语"飘飘悠悠"时,引导学生结合南京春天杨花飞扬的景象,让他们从中感受"飘飘悠悠"的含义及其所蕴含的形象。虽然只是一个词语的教学,李吉林从课堂中亲眼目睹了斯霞老师课堂中"字不离词,词不离句,句不离篇"的教学,感悟到语文教学与生活的相互关联,语文教学不能是抽象的用词语解释词语,而应该是生动形象的。由此感悟到语言文字的教学不是孤立琐碎的,而应是整体的。[2] 在文章《为儿童的快乐学习》中李吉林说,情境教育中的识字教学是学习斯霞老师的分散识字的精神,在儿童识字初,不功利地追求速度和数量,而是扎扎实实地从笔画笔顺、间架结构、音、形、义开始教学。[3]

---

[1] 李吉林.为儿童快乐学习的情境教学[J].课程·教材·教法,2013,33(02):8.
[2] 李吉林.李吉林文集(卷八)[M].北京:人民教育出版社,2006:444.
[3] 李吉林.为儿童快乐学习的情境教学[J].课程·教材·教法,2013,33(02):7.

对我国当代语文大家的思想的学习和吸收，加深了李吉林对语文教学本质的认识。

情境教育的发展还离不开中国本土其他教学法的学习和借鉴。如借鉴了"注音识字与提前读写"教改实验的研究结果。该实验开展于1982年的黑龙江省，主张在学生入学不久未识字或识字不多的情况下，以汉语拼音为工具，使阅读与作文同时提前起步，改变传统语文教学"先识字后读书"的做法，构建"边读书，边识字"的语文教学体系①。情境教育从中获得启发。一年级提出"提早起步、提高起点"，把"注音识字"改为"汉字注音阅读"，让学生在运用拼音的同时开始阅读。一年级新生入学后采取"识字、阅读、作文三线同时起步"的学习方法，借助拼音，边识字边阅读，边口头作文。

深入剖析情境教育，能发现它是吸收了来自古代、近现代，中国及西方教学思想中科学的、对自己有用的因素，并在教学实践中进行改造，结合自己的创造而逐步形成的。它以博采众长的开放胸襟，在探索的情境中带着问题寻找理论，从众多理论中寻找能与自己产生共鸣的思想，或者说寻找能够佐证、拓展、深化自己的思想。② 寻找思想的过程，就是情境教育思想的构建、创生过程。

值得一提的是，情境教育在吸收其他教学思想时，注意到了吸收的限度，始终重视保持情境教育本身应有的特色。如在言必称建构主义的年代里，李吉林深入学习后，回到情境教育的出发点——"意境说"，于2007年撰文《"意境说"给予情境教育的理论滋养》。这种坚守体现出强烈的民族文化自信。

---

① 顾明远.教育大辞典[M].上海：上海教育出版社，1991.
② 吴康宁."有意义的"教育思想从何而来——由教育学界"尊奉"西方话语的现象引发的思考[J].教育研究，2004(05)：20.

第六章

情境教育的中国经验

情境教育是一条被实践证明了的既能学得轻松愉快又能减轻学业负担、提高教学质量的教改之路,它行之有效地解决了中国基础教育存在的一些问题[①]。这项富有成效的教改实验是扎根中国实践的伟大创举。它以中国的立场、视角、方法,解决中国基础教育问题,总结教育规律,研究中国教育学问,它的形成标志着我国原创的教育思想流派的出现和成熟。[②] 总结情境教育思想发展的中国经验,丰富我国原创教育理论发展的经验宝库,为中国教育学,乃至人类教育学的发展提供智慧方案。

第一节 文化自信:从传统民族文化寻根

文化是在特定的历史环境和历史进程中积淀形成的。文化自信,是一个国家、一个民族、一个政党对自身文化价值的充分肯定,对自身文化生命力的坚定信念。[③] 表现为对本国、本民族的文化产生坚定信念和无限的荣誉感。

情境教育应对的是当时中国基础教育的困境,所寻得的理论基础具有鲜明的中国文化特质。其思想在形成与发展的过程中,不断将根深深扎入深厚的中国传统文化,续接优秀传统文化的根和魂,从中寻找建构理论大厦的根基。它坚定文化自信,尊重中华民族文化传统理念,其思想和中国的传统文化和教育传统血脉相连。

一、以中华优秀传统文化为根基

中华传统文化是在中华民族长期发展过程中形成的,在今天仍具有重要价值。它寄托了中华民族的精神追求,是中华文明的智慧结晶和精华所在,为中国教育理论及实践提供了价值引领和丰富的思想资源。

中国传统文化是滋养情境教育理论的养料,是建构情境教育理论大厦的根基。李

[①] 柳斌.重视"情境教育",努力探索全面提高学生素质的途径[J].人民教育,1997(3):6—8.
[②] 顾明远.李吉林和情境教育学派研究[M].北京:教育科学出版社,2011(12):75.
[③] 云杉.文化自觉文化自信文化自强——对繁荣发展中国特色社会主义文化的思考(中)[J].红旗文稿,2010(16).

吉林在回顾情境教育40年的发展历程时说,她曾反复学习"中国古代文论'意境说',刘勰的《文心雕龙》可以说读了20年","中国文化的精髓让她看到一盏光亮的灯,看到了前面的路"。传统文化的影响主要表现为以下三个方面。

(一) 以"仁"为核心

中国传统文化以儒家思想为核心,而儒家思想又以"仁"为基本内核。"仁者,爱人",可见,"仁"的本质是爱。没有爱就没有教育,教育是爱的事业,教师是爱的使者,这种仁爱对于教师来说,就是以生为本,仁师爱生、爱教育的情感。李吉林是具有仁爱之心的好老师,她满怀对教育事业的赤诚,几十年如一日专注儿童教育,尊重教育规律,讲究教育方法,为儿童探索出快乐、高效的学习方式。传统教育禁锢、抑制了儿童的发展,出于对儿童的热爱,李吉林从儿童出发,探索促进儿童发展的教育。又将以仁爱为内核的情感培养作为儿童教育的目标,以促进儿童健康情感的形成,乃至整个人性的丰满。这种教育方式偏向于关系思维,具有情感思维的特质,与西方偏向于科学思维的实体思维不一样。如西方的情境认知与学习更关注问题的解决、迁移及应用,很少关注情感,更不会以培养情感为目标。

(二) 以"中庸"为准则

中庸是儒家思想的方法论、道德论、认识论,关系到对世界万事万物的看法。指的是一件事物内部存在着相互对立、相互依赖的矛盾着的两个方面对立统一的平衡性与和谐性,是事物存在、发展、变化的基本规律[①]。这一哲学思想被孔子称为"至德",即最高的道德。当代文化学者余秋雨认为,"中庸之道"是中华文化的精髓所在。它是一种整体思维方式:反对切割,提倡整合;希望清晰,又容忍混沌;要求结果,却也承认过程;知道非,却又肯定转化……总之,"中庸"反对极端思维,关注一切问题的中间值和平常态。[②]

中庸,作为一种教育思想的德性,表现为思维的辩证。在课程改革一轮又一轮的浪潮之下,各种思想主张如雨后春笋般涌现,结果课堂"乱花渐欲迷人眼"。情境教育以中庸之道为理论与实践规则,在学生与学习、教师与学生、形象与抽象等诸方面进行

---

① 雷庆翼."中"、"中庸"、"中和"平议[J].孔子研究,2000(03):12.
② 海若、余秋雨.关于中国文化的见解(中国文化定义、特性、理解之地图、为何如何长寿)[EB/OL]https://www.douban.com/note/814224137/?type=collect&_i=6172937UcTn2aB

平衡和权衡。如情境教育讲究"真",主张教学与真实生活链接,以填补符号学习与真实生活相距甚远的鸿沟。但是这种"真"又不是真实生活的完全照搬,主张"优选"真实生活中的"美"的情境,去除掉真实生活中存在的邪恶、不道德等因素,用"美"去占领儿童最初的纯洁心灵。关注真实世界的同时,又高度重视想象,引导学生走进想象中奇特虚幻的世界。情境教育理论中,诸如此类的中庸之道前面也有所阐述,在此不再赘述。总之,中庸准则让情境教育独具特色。

(三) 以"美"为境界

"美"是李吉林情境教学对情境理论的巨大的独特贡献。如果说西方情境认知与学习在注重人际合作与交往的过程中不可避免地会产生"情"的话,那"美"在西方情境理论中只字未提,是李吉林情境教学的鲜明特色,它保证了儿童的发展方向——"趋美"。

"美感的世界纯粹是意象的世界"。[①] 情境教育之"美"传承中国美学文化,美在意象。意境是情境教育理论与实践中的一个核心概念,是"意象"(广义的美)中的一种特殊类型,蕴含着带有哲理性的人生感、历史感和宇宙感。[②] 情境教育追求的意境之美不是一种实际的存在,也不是抽象的理念,而是充满意蕴、充满情感、情景交融的世界。主张通过教育环境、教育内容、教育手段等多方面诗意化、审美化,通过写意性的情境创设,以神御形,从而培养儿童的审美眼光和审美兴趣、审美能力,最终培养健康、高雅的审美趣味,发展完满的人性,获得精神的解放和自由。

二、以本土教育实践为境脉

实践是人们有目的地改造客观世界的活动。教育实践是关照教育各要素之间的逻辑联系的基础上进行的活动,是孕育和形成教育理论的沃土。中国教育实践,是立足于中国特有国情发生的教育实践活动。情境教育的智慧是在中国基础教育实践的磨炼、探索过程中形成的,通过几十年如一日的实践行动及对实践的研究,促进了中国

[①] 叶朗.美在意象——美学基本原理提要[J].北京大学学报(哲学社会科学版),2009,46(03):12.

[②] 叶朗.美在意象——美学基本原理提要[J].北京大学学报(哲学社会科学版),2009,46(03):15.

教育的变革，形成独特的实践经验。

情境教育实践从中国基础教育存在的问题实际出发。其探索起于改革之初，当时的基础教育主要依赖传统教育的经验，缺乏科学探究的精神，教师常常陷入蛮干的怪圈。表现为教育因循守旧，脱离生活，脱离实践，题海战术，应试盛行，学校中存在个性压抑、创造力被扼杀等现象。很多人对此深感苦闷，苦苦寻求教育的出路。于是涌现出一批先进的教育工作者，如魏书生、于漪、钱梦龙等，李吉林也是其中之一。她开始对很多人习以为常的教育现象进行批判性反思，具有"从来如此，就对吗？"的质疑精神，从中国教育问题的实际出发，发现在实践中存在的问题，深深地扎根于问题本身，身体力行地进行改革，努力改进教育实践中的问题。

情境教育理论具有实践品格。其基本原理、操作模式等来源于四十余年的教育现场，上千堂课堂教学案例。其理论构架是基于实践的创造，基于实践的经验的提炼。情境教育理论不是在书斋中写出来的学问，而是做出来的，充满着泥土芬芳。没有丰富的教育实践，就没有情境教育理论。同时，情境教育理论又返回到具体的教育实践中，指导实践，且经过实践的检验，在实践中修正完善。可以说，实践是情境教育理论的活水源头，情境教育理论又是实践的成功结晶。实践孕育了情境教育理论，情境教育理论又指导、滋养了一线实践。

本土教育实践的境脉使情境教育独具中国特色。

三、将世界先进文化"中国化"

教育理论具有根植本土民族文化的特殊性，但作为人类共同的教育活动，也具有面向人类教育的共同性，这种共同性决定了中西方教育理论进行沟通交流的可能。只有交流才能相互促进，从而为人类文明的共同发展作出贡献。

真正的文化自信既要超越自卑，又要超越自负。中国的教育理论固然要立足于中国传统文化，但这并不意味着要走向闭关自守，盲目自大。而是以中国的立场，加以合理利用，以对中国现实问题作出创造性的解释。

改革开放以后，各种西方教育思想如浪潮般涌进国门，情境教育既不简单排斥外国理论，也不盲目照搬，而是吸收国内外教学思想中科学的、对自己有用的因素，结合自己的创造，逐步形成自己的特色。

情境教育思想成型过程中以开放的胸怀，吸收西方先进文化中的有益部分。如首先受到国外外语教学法的启发，从运用情景进行句型、会话训练中得到启示，把外语教学中的情境教学移植到小学语文教学中。在进一步的探索过程中，李吉林学习国外学者关于哲学、美学、心理学、学习科学、脑科学等诸多学科的基础理论，将这些理论与中国的社会和教育实际相结合，进行本土实践的再赋义、再改造，使之中国化。这使得情境教育思想既坚守了中国立场，又不脱离世界表达。中国立场让情境教育特色鲜明，世界表达促使情境教育理论走向国际舞台，成为世界教育理论百花园中的一朵奇葩，成为了人类共同的教育文化。

对中国教育真正具有引导力的思想，最终只能形成于中国的文化与社会境脉之中，并最终会带有中国话语的特征。[①] 只有立足于中国问题，以中国实践为资源，以中国文化为根基，才能总结出属于自己的经验，形成自己的教育学话语体系，构建能应用于中国实践的教育学。忽视本土文化，在教育领域照搬外国模式（比如建国后学苏联，开放后学美国），终究会因水土不服而收效甚微。

作为情境教育思想的创立者，李吉林生活于中国本土，成长于中华民族文化的熏陶感染之下，即中国的教育实践为李吉林生活于斯而感悟于斯、喜怒于斯而又情系于斯的本土社会境脉与本土教育实践。她所探索出的情境教育思想从"起端"看，是为了解决中国教育存在的问题；从"过程"看，是在中国的文化与制度大背景下推进，具有浓厚的中国文化的内涵；从"终端"来看，李吉林的情境教育探索在中国取得了巨大成果。[②] 这一教育理论站在古今中西之际，创造性地理解传统、解释传统、激活传统，认识我们的本和根，展现出对祖国文化的充分自信，所创生出的思想具有中国智慧、中国特色。

第二节 坚持"立德树人"的价值导向

党的十八大报告指出："全面贯彻党的教育方针，坚持教育为社会主义现代化建设

---

① 吴康宁."有意义的"教育思想从何而来——由教育学界"尊奉"西方话语的现象引发的思考[J].教育研究，2004(05)：20.
② 吴康宁."李吉林情境教育探索"再理解[J].课程·教材·教法，2018，38(03)：4—8.

服务、为人民服务,把立德树人作为教育的根本任务,培养德智体美全面发展的社会主义建设者和接班人。"报告中将"立德树人"确立为教育的根本任务。

一、立德树人的理论内涵

立德树人的理论内涵,直接影响教育过程和教育成效,关乎人才培养的方向。

(一)"立德树人"词源追溯

在中国传统语汇中,"立德"和"树人"单独存在,各赋其意。"立德",最早出自《左传·襄公二十四年》,据记载,晋范宣子与鲁叔孙豹讨论何为"死而不朽"的问题时提出:"太上有立德,其次有立功,其次有立言,虽久不废,此之谓不朽"[①]。即他们认为,能让人死而不朽的是"立德""立功""立言",这三者不会随着历史的推进而被人遗忘,三者之中,立德最高,其次是立功、立言。

"树人"语出《管子·权修》:"一年之计,莫如树谷;十年之计,莫如树木;终身之计,莫如树人。"辞源将"树人"之"树"解释为"种;植"之意,并将"树人"解释为"培植人才"。[②] 管仲以种植谷物、树木和培养人才进行类比,强调人才培养是终身的,是长远之计。

(二)"立德树人"现实演进

将"立德"与"树人"合而为一使用始于当代教育实践。笔者从知网以"立德树人"为关键词和篇名分别进行检索,最早的文章见于2000年8月4日《国际金融报》,其中刊载了一篇题为《立德树人 明志育才》的报道,介绍苏州工业园区育才中学的校训为"立德树人,明志育才"。此时,"立德树人"尚未成为一个学术命题。

推动"立德树人"成为一个学术命题并引起关注的,是2006年8月29日胡锦涛总书记在主持中共中央政治局第三十四次集体学习时就教育问题的发表的重要讲话。他明确指出"坚持育人为本、德育为先,把立德树人作为教育的根本任务,努力培养德智体美全面发展的社会主义事业建设者和接班人。"[③]这一论述从思考"培养什么人,

---

[①] 杨伯峻.春秋左传注(三)[M].上海:中华书局,2016:1088.
[②] 广东、广西、湖南、河南辞源修订组,商务印书馆编辑部.辞源(修订本·建国60周年纪念版)[M]北京:商务印书馆,2009:1781.
[③] 胡锦涛在中共中央政治局第三十四次集体学习时讲话[N].中国教育报,2006-08-31.

怎样培养人"的角度来讨论立德树人。2012年11月,党的十八大再次将立德树人作为教育的根本任务。党的十八大之后,习近平总书记在多个场合强调立德树人的重要性:2016年9月9日,在北京市八一学校考察时指出,基础教育是立德树人的事业;同年12月7日,在全国高校思想政治会议上指出,高校立身之本在于立德树人。2017年10月,党的十九大继续坚持以落实立德树人为根本任务,并提出健全立德树人系统化落实机制。2019年8月,中共中央、国务院印发的《关于深化新时代学校思想政治理论课改革创新的若干意见》中,强调了思政课在落实立德树人这一根本任务时发挥的不可替代的作用。[1]

(三)"立德树人"内涵解析

"树人"时究竟应立何"德"? 不同学者提出不同解读。有学者认为,"德"不仅仅是指道德品质和道德能力,还包括理想信念、人生价值追求和法律素养等,它是一个人的思想政治素质的综合体现,是一个人世界观、人生观、价值观、道德观、法治观的集中反映。[2] 有学者认为:"把人的成长,定义为德性的增长,是中国文化的伟大与优秀之处。"[3]麦金太尔认为,"德"指"德性","德性是一种获得性人类品质,这种德性的拥有和践行,是我们能够获得实践的内在利益,缺乏这种德性,就无从获得这些利益。"[4]德性的实质就是品质,使人得以圆满履行其角色赋予的义务和责任的品质,亚里士多德认为"德性"是获得善和幸福的重要因素。

所立之"德"就是关乎人才标准的问题。不同国家、不同时代有不同的回答。以孔子为代表的儒家,主张培养具有"仁义礼智"的"君子""贤者""仁人"甚至"圣人";以老庄为代表的道家,崇尚"上善若水"的人生之道;以墨子为代表的墨家,主张培养"爱人若爱其身"之人;以韩非子、商鞅为代表的法家,主张培养具有"为公去私""明于公私之分"的"法治"思想的人。

在不同历史任务下,中国共产党对人才的培养要求也不断发生着改变。从自鸦片战争培养担当改造中国之重任的先进青年,到改革初期培养中国特色社会主义事业的建设者和接班人,再到强国之时培养担当民族复兴大任的时代新人,这些历史转变反

---

[1] 冯建军.立德树人的时代内涵与实施路径[J].人民教育,2019(18):39—44.
[2] 吴潜涛.社会主义核心价值观教育:立德树人的必由之路[N].人民日报,2008-02-18.
[3] 彭林.传统文化进校园的重心与支点[J].智库时代,2017(4):31—32.
[4] 阿拉斯代尔·麦金太尔.德性之后[M].龚群,译.北京:中国社会科学出版社,1995:241.

映了国家和社会在救国、兴国、富国和强国等不同阶段对人才的不同需求①。

二、情境教育"立德树人"的根本遵循

（一）以优秀品质的发展为价值取向

情境教育"以德性立人"、"树人以德性"，欲立之"德"，不单是思想素养、品德等，还包括基础知识、基本技能、情感、价值观等，以及儿童的创造性、个性的圆满发展。

情境教育始终将德育放在教育的首位，并且贯穿整个教育过程始终。改革开放之初，面对学生考试分数越来越高，道德水准的增长速度却没有跟上的现状，情境教育在语文教学探索之初就树立"教文，也要教做人"的教学价值，并且确立"'学做人'对孩子们来说是头等重要的事。"②在情境教学向情境教育拓展时，首先选择"德育"学科，积极探索情境德育的改革。后在建构情境课程的综合课程中提出"以德育为先导"的原则。

情境教育根据时代和现实，不断丰富儿童发展的德性条目。为了改变现实中存在的知识灌输现象，情境教育提倡培养属于一个人本质的"智力"，选择注重体验、经历等的情境化教学、学习方式。面对中国现代教育中过分关注"理智"的训练而导致"半面人"的盛行，情境教育提倡"情感"对于儿童发展的重要性；面对教育大批量生产出相同规格的知识容器，却难觅大师的教育现象，情境教育关注"求异"、"创新"等品质的培养；面对教育被关进象牙塔导致学生五谷不分、四体不勤的现象，情境教育主张走进大自然，与生活链接用"体验""活动"等教学方式；面对现代社会美丑不分，低俗文化盛行等价值混乱的现象，情境教育提倡"美"，带领儿童认识美、发现美，最终能创造美⋯⋯情境教育所立之德是对时代所需之德的顺应和引领。

（二）以儿童为核心

情境教育以马克思主义关于人的全面发展学说作为构建的哲学原理，以培养全面发展的人作为教育目标。围绕这一目标，通过关注"现实的儿童"，解决"儿童的需要"来实现"人的自由而全面发展"。

---

① 赵洁.习近平"立德树人"教育观研究[D].乌鲁木齐:新疆师范大学,2022(04):45—60.
② 李吉林.为儿童的学习:情境课程的实验与建构[M].北京:外语教研出版社,2012:289.

首先,情境教育将现实的人——儿童作为立德树人的逻辑起点。情境教育研究儿童,摸清儿童的学习起点,探索儿童的学习规律、发展规律,熏染儿童的生活环境,让儿童站在教育舞台的中央,通过儿童的活动激发其自主性、能动性、创造性,促使儿童德性的建构和内化。

其次,情境教育将儿童的需要作为立德树人的内在动力。情境教育在满足儿童基本生存需要的基础上,关注儿童精神生活的需要,尊重儿童,提供良好的教育以满足儿童对自身成长的期待,创设促进儿童成功的环境,增加儿童的获得感,并引领儿童将发展的需要作为"内心的意向",最终实现全面发展。

最后,情境教育将儿童的全面发展作为立德树人的价值定位。马克思关于"全面发展"的学说是在《1844年经济学哲学手稿》中首次提出,具有特定的批判指向——"异化劳动"。全面发展即自由发展,尊重人的个性和创造性,使得一切天赋得到充分的、自由的发挥。情境教育将立德树人的价值定位为全面发展,关注儿童综合素质的提升,不仅传授知识、培养技能,还树立儿童正确的世界观、人生观、价值观,关注儿童健康的人格品质的形成。注重发展儿童兴趣,鼓励自主发展智力、体力,以及作为人的个性、创造性。

第三节 行政和民间团体的协同推进

情境教育是在改革开放的春风滋养下,从一棵单薄的小苗成长为枝繁叶茂的大树。作为教育领域改革的探索典范,发展至今,除了内源性的"自下而上"自我探索外,也离不开"由上而下"的各团体组织的推动,包括行政领导的支持、学术专家的认可、学术社团的推动以及各大媒体的传播。

一、行政推动

行政推动,主要表现为各级领导部门在情境教育发展中通过政策、资源协调、管理的行政手段进行参与,并为其发展提供便利。李吉林曾满怀感恩地回忆:"回顾情境教育发展和我个人成长的历程,是教育部、江苏省教育厅各级领导、众多专家的支持、指导,是教育科研引领着我走到学术的前沿。"并"感谢伟大的时代,赞美我们的祖国。"如果没有行政推动,单靠一个普通教师的力量,要将情境教育发展为一种教育学派,机率太小。

情境教育发展中的行政推动具体表现为对情境教育的引导和培育、支持和保障。

首先表现为各级领导部门对情境教育的引导和培育。情境教育创始人李吉林在实验之初就得到时任南通师范第二附属小学校长的缪镜心女士的认可和培养,给了她到江苏省教育厅参与培训和编写教材的机会。后又被时任教育厅厅长的吴天石所赞赏,他引导李吉林进行改革。受吴厅长的指示,南通市教育局的领导又深入李吉林的课堂教学、作业批改等各个教育环节进行检查和指导,重重压力下大大提高了她的教育技能。……南通师范第二附属小学、南通市教育局、江苏省教育厅,以及到后来的教育部,各级领导部门的引导和培育开阔了李吉林的视界,历练了她的才干。

各级领导部门为情境教育的发展提供支持和保障。一种教育学派的成长不是一朝一夕完成的,在这漫长的充满未知的岁月里,各级领导部门对情境教育提供了一如既往的支持,从各个方面提供保障。当李吉林刚开始有所成绩时,南通市教育局就将她从课堂上解放出来,停课一年进行总结反思。随着头衔越来越多,李吉林拒绝一切邀请,坚持立足教学现场,南通师范第二附属小学、南通市教育局依从李吉林的愿望,不安排任何行政职位给她。现在也不乏有追求的教师,但大多被繁重、琐碎的现实压得迫不得已地放下曾经的理想,即使有一小部分教师走出来了,又被学校、教育局委以重任,专业处于半放弃状态。教育是一个长期的事业,没有一定量的积淀,难以迸发出质的改变。

同时,各种情境教育推进会、研修会的召开,邀请各地专家为情境教育的发展献计献策,南通市市政府、南通师范第二附属小学等单位都给予经济财政上的支持,这为情境教育的发展提供了有力保障。面对退休的危机,江苏省教育厅牵头建立"江苏情境教育研究所",保证了李吉林在55岁后83岁前这二十多年间不间断的研究,以及一系列研究成果的产生。

值得一提的是,我国教育领域的一些重要领导的出席和讲演,对情境教育起到了很大的推动作用。如教育部原副部长柳斌在很多场合,对情境教育在基础教育改革中起的示范作用给予高度评价。

早在1989年3月,在阅读了李吉林的专著《情境教学实验与研究》后,柳斌就致信李吉林:"《情境教学实验与研究》一书收到,十分感谢。非常赞成你的教育思想和教学方法,认为这对于提高教育质量是有效的和有益的。祝你取得更大的成功!"在《坚持"三个面向",落实〈纲要〉精神,努力完成我国教育的现代化》一文中他就曾指出:"江苏李吉林老师创造的'情境教育'……是很有意义的,是与基础教育的性质、任务相符合的。"在很多会议上他经常引用李吉林的文章《搬掉语文园地的"两座山"》,指出基础教育改革的必要性和紧迫性,并常常以情境教育的实验与研究为例指出基础教育改革一线教师大有可为。还多次出席情境教育活动,称情境教育为"素质教育的一面旗帜"。号召理论工作者关心、重视、支持在教改第一线的老师们的创造。"希望我们的教育理论工作者更多地关注它,爱护它,帮助它进一步形成科学的理论体系。因为情境教学——情境教育搞好了,对于我们国家实施素质教育会产生很好的作用。"

作为国家最高教育行政部门的主管,他的号召,提高了情境教育在群众心中的认可度,扩大了影响范围。

二、学术专家及学术团体的互动与互进

情境教育的成功,除了来自于李吉林个人的坚持探索以外,还与她不断抓住机会与专家对话有关。作为改革开放初期崛起的教改项目,情境教育较早地引起了教育专家以及教育学术团体的关注。从第一篇论文得到时任南京师范学院副院长张焕庭的肯定引起关注,到后来得到华东师范大学校长刘佛年以及杜殿坤的倾心指导,再到来自各个领域的领衔专家、青年学者等从各学科多领域的肯定、指引、撰文传播,一大批学者专家为情境教育的发展贡献着智慧。

除此之外,李吉林本人也较早接触学术界。早在情境教学实验之初,李吉林就经常通过书信向专家汇报实验进展和困惑。1985年,情境教学在语文学科的整体改革实验正在如火如荼地开展,她向田本娜分享实验的效果,8月12日田本娜来信:"见到您新的实验效果很好,非常高兴。孩子们进到这样的实验班太幸福了。识字、阅读可以同步走。低年级以识字为重点,并不是不读书,识字不是目的,是手段,识字的目的就是要发展学生的书面语言——能读、能写。识字、读书相互促进,识的字只有在读、写运用中才能巩固。同时,希望您能从孩子们学习语言的规律上加以总结,把总结重

点放在教学原理的改变和教学方法的更新方面。如果我们在理论上说清楚,根据儿童的智能水平,应该把识字、阅读量加大些,小了倒有害。那么不仅是李吉林能完成这项任务,就是一般教师也能完成。"田本娜的指点将李吉林的思考引入理论深处,两年后,李吉林在《江苏教育》上发表《创设情境优化结构——"识字·阅读·作文"三线同时起步》。除了通过书信、电话保持和专家的联系,李吉林还常常特地去拜访专家。"她们都非常热情地接待我,而且在和她们的交流之中,我了解到了关于教育教学新的信息和前沿的动态,这是关在小城小屋里读书读不到的,那是最鲜活的思想和学术动态。"[1]

诸多专家帮助发展中遇到困顿的情境教育完成一次次突破。如在情境教学发展到一定阶段后,如何往前发展,李吉林因找不到方向而辗转反侧。此时,"整体改革"思想涌入国内,全国兴起"教育整体改革"的浪潮,各种关于整体改革的学术讲座、交流活动蜂拥而至。1985年,在武汉召开的中国教育学会学术会议结束后,李吉林拜访了会议的主持人顾明远先生,顾明远热情鼓励她:"情境教学的前景是很好的。情境教学不仅可以用在语文教学,在国外还运用到理科和数学教学中去。你应该充满信心地去做。"这一番谈话,给李吉林无限的希望,也为她打开了一扇窗:情境教学不仅可以运用于语文学科,还可以迁移到其他学科,甚至理科!

1986年,刘佛年在上海全国教育整体改革会议上说:"整体改革是一个相对的概念,你可以全校搞,也可以在你的年级里搞,甚至在你这个班,和你的数学老师搞。"杜殿坤随后发言:"教育本身就应该是整体的。"两位学者的讲话让不知从何下手改革的李吉林豁然开朗。原来整体改革并不遥不可及!于是开始计划将情境教学从语文学科的改革走向整体改革。她再次回顾反思以往的实验,并概括出情境教学促进儿童发展的"五要素"。进一步思考发现,"五要素"符合儿童的心理特点和发现规律,具有普遍意义,不仅仅适用于小学语文教学,也适用于整个小学教育!于是决定将情境教学向情境教育拓展。

全国的一些高水平的教育专家们都一直关注着李吉林老师的实验与改革,为李吉林及其团队的成长发展、为情境教育实践研究的深化和提高,给予支持和帮助。上百名专家参加了情境教育的会议,为情境教育的发展献计献策;有24名学者、领导、报刊

---

[1] 李吉林.情境教育的诗篇[M].北京:高等教育出版社,2010:38.

主编给26本情境教育专著写"序",对情境教育的发展给予热情的关心和支持。

"听君一席话,胜读十年书。"专家、学者对李吉林的成长起着导引、指路,帮助她提高、升华的作用。从另一个角度说,如果没有机会认识结交他们,一个人闭门造车,李吉林个人能力再强也是很难如此成功的。

此外,专家所领衔的学术团队,从小学语文教学专业委员会到中国教育学会,再到中国教育学会情境教育专业委员会的成立,为情境教育的传播与发展起到巨大作用。李吉林认为,中国的各个学会对教育实践与研究起到推进作用,为一线教师进行思想理论、实践经验的交流搭建了平台。"我非常感谢中国教育学会、江苏教育学会、全国小学语文教学研究会对我的支持。在二十多年的探索过程中,情境教育随着学会学术活动的蓬勃开展,也一步步得到了发展,走出江苏,走向全国。"[1]

李吉林谦虚好学,虽然后来被称为"教育家",但她还是把自己看成一个学生,自称"我的第一身份是小学老师"。这种自觉的、强烈的身份认同赢得了理论工作者的尊敬,并心甘情愿与她合作。其中不少学者几十年如一日地关心情境教育,亲历情境教育的发展,同时在每一个阶段都不遗余力地贡献自己的知识、才华。从某种意义上来说,情境教育的发展凝聚了中国一大批教育教学研究人员以及优秀一线教师的智慧,情境教育大厦的建立是中国教育学界集体智慧的结晶。

三、热心媒体的传播

新闻媒体对情境教育起到鸣锣开道、摇旗呐喊的作用:"热心记者的发现、支持和赞扬,把我这第一线的教师在南通这个小地方做的事情一下子推到全国去了[2]"。

据统计,1980—2020年发表在《光明日报》《人民日报》《中国教育报》《中国教师报》等主流媒体上的关于情境教育的新闻报道(500字以上)有135篇,其中头版头条的报道33次,整版报道30次。国家级报纸报道的比例高达53.33%,省级报纸的报道占25.19%,市级报纸的报道占14.07%。

刘璐等对报道进行了研究,发现记者对李吉林的称呼从"小学特级教师"到"江苏

---

[1] 李吉林.情境教育的诗篇[M].北京:高等教育出版社,2010:157.
[2] 李吉林.情境教育三部曲(二)[M].北京:教育科学出版社,2012:354.

省著名特级教师""全国著名特级教师",再到"儿童教育家""著名教育家""著名儿童教育家",以及"全国教书育人楷模""教改先锋重大典型"。李吉林老师的教改事迹全国闻名,教改先锋的形象也越来越鲜明。情境教育从被认可、接受,知名度越来越高。

正是媒体的不断关注,鼓舞着李吉林及其团队积极在教育改革道路上前行,同时加速情境教育的实验推广,推动情境教育理论建构,促进了情境教育学派的诞生。

行政和民间团体的推动保证了情境教育的不间断发展,这是中国教育发展的一大特色。然而值得一提的是,这里的推动都是在自我发展基础之上的。除了刚开始的蹲班指导带有行政检查之意,绝大部分都是满足主动成长意愿,或者说,是与自我发展意愿相结合下的行政参与。如各大推进会、研修会的举办,是李吉林首先主动向上级汇报和请求,上级再提供充分而有力的支持,至于不想退休、不想从政等,都是李吉林自我的愿望,领导部门的支持体现了尊重、遵循李吉林的发展意愿。

结语：为了中国特色的本土教育理论

情境教育的实践探索与理论构建深植于中华优秀传统文化的土壤中，在中国大地上发展起来，具有中国特色。本书完整呈现了情境教育这一原创教育理论的产生与发展历程。其过程给我们如下启示：要想在当下的教育现场生长出更多的本土教育思想，必须基于中国本土问题、诞生于中国本土实践、扎根于中国传统文化。

中国特色的本土教育理论的发展应基于本土的教育问题。教育的发生具有独特的文化土壤和现实需要，研究教育问题必须切入本土根系。李吉林热切关怀中国儿童，为了解决中国本土教育存在的问题，以研究者敏锐的眼光，以思想家的理性头脑，反思本土的教育困境，从而构建了具有本土特色的教育理论体系。

中国特色的本土教育理论都来源于躬身本土的实践。教育是发生在复杂场景中的复杂活动，随时发生着变化，因人、因时、因地而不同，给教育实践者发挥创造性的无限可能。情境教育从发生至发展始终没有离开教育实践，这种脚不离地的教育实践必然具有原创性。扎根于教育实践，与教育实践不断"对话"，是中国本土特色的教育理论产生的基础。

本土的背景与文化是中国特色本土教育理论孕育的土壤。任何学术观点，都离不开本土背景这一生长的土壤，反映出特定的文化内蕴。[1] 情境教育将理论之根深扎中国传统文化，具有普遍意义。中国本土教育理论只有将其放入产生的时代背景以及文化传统中进行考察，才能创建"中国教育学"，而不是"教育学在中国"。[2]

一个优秀的教育理论的诞生单靠一个人的力量难以完成，常常是聚集了一个时代的一群教育精英。理论工作者给予方向指引，贡献理论智慧；实践工作者躬身实践，贡献实践智慧。行政领导给予行政力量的支持，民间团体则自发推动……一群教育学人

---

[1] 冯建军.教育理论的"失语"与原创性诉求[J].南京师大学报(社会科学版),2003(05):66.
[2] 侯怀银.中国教育学领域的"接着讲"[J].教育理论与实践,2009,29(34):8.

的脚踏实地地刻苦钻研和努力,才能在世界教育学的舞台上发出中国教育研究者的声音。

所谓"创作",不是"无中生有",而是"温故知新"。用审视的目光重温前辈的足迹,梳理、概括、总结、继承,批判地鉴别和反思他们的研究成果,进而有所创造,为实现更多的具有中国特色的教育理论而努力!

祝愿中国教育这片热土上生长出更多具有本土特色的教育理论!

参考文献

学术著作：

［1］D.简.克兰迪宁,F.迈克尔.康纳利.叙事探究:质的研究中的经验和故事[M].张园,译.北京:北京大学出版社,2008.

［2］D.瑾.克兰迪宁.进行叙事探究[M].徐泉,李易,译.重庆:重庆大学出版社,2015.

［3］陈桂生.教育原理[M].上海:华东师范大学出版社,2012.

［4］成尚荣.我们是长大的儿童:情境教育中走出的名师[M].北京:人民教育出版社,2012.

［5］第斯多惠.德国教师培养指南[M].袁一安,译.北京:人民教育出版社,2001.

［6］顾明远.教育大辞典[M].上海:上海教育出版社,1991.

［7］顾明远.李吉林和情境教育学派研究[M].北京:人民教育出版社,2011.

［8］郭晋稀.文心雕龙译注十八篇[M].兰州:甘肃人民出版社,1963.

［9］姜椿芳,梅益.中国大百科全书:教育[M].北京:中国大百科全书出版社,1985.

［10］教育部师范教育司.李吉林与情境教育[M].北京:北京师范大学出版社,2015.

［11］库尔特·勒温.拓扑心理学原理[M].高觉敷,译.北京:商务印书馆,2003.

［12］李吉林.李吉林文集(卷八)[M].北京:人民教育出版社,2006.

［13］李吉林.李吉林文集(卷二)[M].北京:人民教育出版社,2006.

［14］李吉林.李吉林文集(卷五)[M].北京:人民教育出版社,2006.

［15］李吉林.李吉林文集(卷一)[M].北京:人民教育出版社,2006.

［16］李吉林.美的彼岸[M].北京:教育科学出版社,2013.

［17］李吉林.情境教育的诗篇[M].北京:高等教育出版社,2004.

［18］李吉林.为儿童的学习:情境课程的实验与建构[M].北京:外语教研出版社,2012.

［19］李吉林.大专家牵手"长大的儿童"[M].北京:人民教育出版社,2018.

［20］李吉林.田野上的花朵[M].北京:人民教育出版社,2013.

［21］李吉林.我在实践中研究教育[M].北京:教育科学出版社,2019版.

［22］李建刚.小学教育大全[M].济南:山东教育出版社,1987.

［23］李庆明.儿童教育诗——李吉林与她的情境教育[M].江苏:江苏科学技术出版社,2014.

［24］刘次林.幸福教育论[M].北京:人民教育出版社,2003.

［25］陆有铨.躁动的百年[M].北京:北京大学出版社,2012.

[26] 罗伯特·J·斯腾博格.创造力手册[M].施建农,译.北京:北京理工大学出版社,2005.
[27] 罗竹风.汉语大辞典[M].汉语大词典出版社,1989.
[28] 马樟根.李吉林与情境教育[M].北京:人民教育出版社,2007.
[29] 麦金太尔.德性之后[M].龚群,译.北京:中国社会科学出版社,1995.
[30] 内丁·诺丁斯.关心:伦理和道德教育的女性路径[M].武云斐,译.北京:北京大学出版社,2014.
[31] 苏霍姆林斯基.苏霍姆林斯基选集(第2卷)[M].蔡汀,译.北京:教育科学出版社,2001.
[32] 苏霍姆林斯基.给教师的建议[M].杜殿坤,译.天津:天津人民出版社,1981版:译者的话.
[33] 苏霍姆林斯基.帕夫雷什中学[M].赵玮,等,译.北京:人民教育出版社,2013.
[34] 王灿明.儿童创造教育论[M].上海:上海教育出版社,2004.
[35] 王国维,徐调孚.人间词话新注[M].北京:中华书局,2009.
[36] 王国维,周锡山.王国维文学美学论著集[M].山西:北岳文艺出版社,1987.
[37] 乌申斯基.教师心理[M].张承芬,等,译.济南:山东教育出版社,1984.
[38] 夏甄陶.认识的主—客体相关原理[M].湖北:湖北教育出版社,1996.
[39] 杨伯峻.春秋左传注(三)[M].上海:中华书局,2016.
[40] 叶奕乾,何存道,梁宁建.普通心理学:修订版[M].上海:华东师范大学出版社,1997.
[41] 约翰.D.布兰思福特.人是如何学习的:大脑、心理、经验及学校[M].上海:华东师范大学出版社,2013.
[42] 约翰·杜威.民主主义与教育[M].王承绪,译.北京:人民教育出版社,2013.
[43] 约翰·杜威.我们怎样思维[M].姜文闵,译.北京:人民教育出版社,2018.
[44] 约翰·杜威.杜威教育名篇[M].赵祥麟,王承绪,译.北京:教育科学出版社,2006.
[45] 张华.课程与教学论[M].上海:上海教育出版社,2000.
[46] 张华.儿童学新论[M].山东:山东教育出版社,2018.
[47] 张华.课程与教学论[M].上海:上海教育出版社,2014.
[48] 张焕庭.教育辞典[M].江苏:江苏教育出版社,1989.
[49] 张景焕,初玉霞.创造型教师——心理特征及成长历程[M].济南:山东教育出版社,2010.
[50] 张文新,谷传华.创造力发展心理学[M].合肥:安徽教育出版社,2004.
[51] 中共中央马克思恩格斯列宁斯大林著作编译局.1844年经济学哲学手稿[M].北京:人民出版社,2008.
[52] 中共中央马克思恩格斯列宁斯大林著作编译局.马克思恩格斯全集(第二十卷)[M].北京:人民出版社,1971.
[53] 中共中央马克思恩格斯列宁斯大林著作编译局.马克思恩格斯选集(第二十三

卷)[M].北京:人民出版社,1972.
[54] 中共中央马克思恩格斯列宁斯大林著作编译局.马克思恩格斯选集(第一卷)[M].北京:人民出版社,1995.
[55] 钟启泉,崔允漷等.为了中华民族的复兴,为了每位学生的发展——《基础教育课程改革纲要(试行)》解读[M],上海:华东师范大学出版社,2001.
[56] 朱小蔓.情感教育论纲[M].南京:南京师范大学出版社,2019.
[57] 朱作仁.教育辞典[M].江西:江西教育出版社,1987.

学术期刊:

[1] Brown J S, Collins A, Duguid P. Situated Cognition and the Culture of Learning [J]. Educational Researcher, 1989(18).
[2] Resnick, L.B. The 1987 Presidential Address Learning In School and Out [J]. Educational Researcher, 1987(16).
[3] 本刊记者.一朵盛开的小学语文教改实验之花——"李吉林教学实验讲习班"侧记[J].江苏教育,1987(23).
[4] 蔡飞,周红.李吉林的境界人生[J].江苏教育学院学报(社会科学版),2004(03).
[5] 蔡子亮.情境教学的学习理论研究[J].许昌师专学报,1998(51).
[6] 车丽.情境教学的心理特征浅析[J].普教研究,1995(04).
[7] 陈向明.扎根理论的思路和方法[J].教育研究与实验,1999(04).
[8] 成尚荣.中国情境教育的原创性——李吉林理论与实践研究的求真品格[J].中国教育学刊,2016(10).
[9] 成尚荣.李吉林的智慧品格[J].人民教育,2013(23).
[10] 成尚荣.中国情境教育的原创性——李吉林理论与实践研究的求真品格[J].中国教育学刊,2016(10).
[11] 程然,赵晓梅.论情境教育的中国特色[J].江苏教育研究,2016(24).
[12] 董远骞.略谈中国教学流派——参加全国"情境教学—情境教育"学术研讨会有感[J].课程·教材·教法,1997(03).
[13] 杜书瀛.关于形式——论审美价值的特性之一[J].社会科学战线,2007(06).
[14] 杜亚群.小学语文课堂情境教学的观察与思考[J].语文学刊,2014(10).
[15] 丰坤武.论南通的文化性格及其张力[J].南通职业大学学报(综合版),2005(01).
[16] 冯卫东,李吉林:在"学、思、行、著"中研究[J].江苏教育研究,2008(22).
[17] 冯卫东.论李吉林老师的成长[J].南通大学学报(教育科学版),2007(01).
[18] 冯卫东.向李吉林老师学研究[J].人民教育,2008(22).
[19] 耿莉莉,吴俊明.深化对情境的认识,改进化学情境教学[J].课程·教材·教法,2004(03).
[20] 龚郑勇.对"情境教学"的反思——兼及教学技术的价值观错觉[J].教学与管理,2017(34).

[21] 谷传华,张文新.情境的心理学内涵探微[J].山东师范大学学报(人文社会科学版),2003(05).
[22] 顾明远.在李吉林教育思想研讨会上的发言[J].中国教育学刊,2006(07).
[23] 郭亨杰.试论情境教学的心理学内涵——对李吉林《小学语文情境教学》的初步研究[J].中国教育学刊,1998(05).
[24] 郭亨杰.试论情境教学的心理学内涵——对李吉林《小学语文情境教学》的初步研究[J].中国教育学刊,1998(05).
[25] 郭毅浩.推广情境教育,丰富南通教育现代化建设内涵[J].人民教育,2013(23).
[26] 郭永福.李吉林成长历程的启示[J].中国教育学刊,2006(07).
[27] 韩琴,卫晓萍.任务情境教学对发展初中生批判性思维能力的实验研究[J].教育理论与实践,2014,34(10).
[28] 郝京华.李吉林情境教育三部曲的课程论意义[J].中国教育学刊,2016(10).
[29] 郝京华.李吉林情境教育三部曲的课程论意义[J].中国教育学刊,2016(10).
[30] 郝京华.情境教学的教学论意义[J].教育研究与实验,1998(02).
[31] 侯晶晶,朱小蔓.诺丁斯以关怀为核心的道德教育理论及其启示[J].教育研究,2004(03).
[32] 胡金波.情境教育:探求儿童学习的秘密[J].人民教育,2015(14).
[33] 黄美华.开发小学音乐主题性文化情境课程[J].江苏教育:小学教学,2014(29).
[34] 黄毓任.南通历史文化的基本特征[J].南通师范学院学报(哲学社会科学版),2004(04).
[35] 贾义敏,詹春青.情境学习:一种新的学习范式[J].开放教育研究,2011,17(05).
[36] 姜大源.职业教育:情景与情境辨[J].中国职业技术教育,2008(25).
[37] 蒋晖.情境教学理念下小学语文本真课堂构建策略思考[J].语文教学通讯·D刊(学术刊),2015(02).
[38] 焦建利,贾义敏.真实境脉中的学习研究与教育变革——学习科学研究回顾、反思与展望[J].开放教育研究,2011,17(06).
[39] 孔凡成.从情境到语境——语文情境教学理论与实践的思考[J].伊犁教育学院学报,2003(02).
[40] 孔凡成.对小学语文情境教学中"情境"的反思——关于李吉林情境教学实验系列研究之四[J].钦州学院学报,2004(02).
[41] 孔凡成.情境教学研究的发展趋势[J].教育评论,2005(01).
[42] 孔凡成.小学语文情境教学目标定位失误问题研究——关于对李吉林小学语文情境教学实验研究之三[J].伊犁教育学院学报,2004(04).
[43] 李宏钧.浅谈情境教学[J].黔东南民族师专学报,2000(06).
[44] 李吉林."情境教育"的探索与思考[J].教育研究,1994(01).
[45] 李吉林."意境说"给予情境教育的理论滋养[J].教育研究,2007(02).
[46] 李吉林.教师应该是思想者[J].中国教师,2007(06).
[47] 李吉林.教育的灵魂:培养学生的创新精神(上)[J].人民教育,2001(09).

[48] 李吉林.教育的灵魂:培养学生的创新精神(下)[J].人民教育,2001(10).
[49] 李吉林.情感:情境教育理论构建的命脉[J].教育研究,2011,32(07).
[50] 李吉林.情境教学的理论与实践[J].人民教育,1991(05).
[51] 李吉林.情境教学的探索过程及其理论依据[J].江苏教育,1987(23).
[52] 李吉林.情境教学特点浅说[J].课程·教材·教法,1987(04).
[53] 李吉林.情境教育:促进"儿童—知识—社会"的完美建构[J].全球教育展望,2003,32(04).
[54] 李吉林.情境教育的独特优势及其建构[J].教育研究,2009,30(03).
[55] 李吉林.谈情境教育的课堂操作要义[J].教育研究,2002(03).
[56] 李吉林.为儿童快乐学习的情境教学[J].课程·教材·教法,2013,33(02).
[57] 李吉林.为全面提高儿童素质探索一条有效途径——从情境教学到情境教育的探索与思考(上)[J].教育研究,1997(03).
[58] 李吉林.为全面提高儿童素质探索一条有效途径——从情境教学到情境教育的探索与思考(下)[J].教育研究,1997(04).
[59] 李吉林.学习科学与儿童情境学习——快乐、高效课堂的教学设计[J].教育研究,2013,34(11).
[60] 李吉林.中国式儿童情境学习范式的建构[J].教育研究,2007,38(03).
[61] 李吉林.中国式儿童情境学习范式的建构[J].教育研究,2017,38(03).
[62] 李吉林.教学需要美[J].江苏教育研究,2001年第1期.
[63] 李钰.美国学校情境教学的策略与实践[J].教学与管理,2003(13).
[64] 林崇德,罗良.情境教学的心理学诠释——评李吉林教育思想[J].教育研究,2007(02).
[65] 刘立德,张璐.向世界教育发展贡献中国智慧——中国情境教育儿童学习范式国际研讨会述评[J].教育研究,2018,39(02).
[66] 刘立德.中国特色的教育诗篇 素质教育的一面旗帜——李吉林教育思想研讨会暨《李吉林文集》首发式述评[J].中国教育学刊,2006(07).
[67] 刘璐,王灿明.新闻报道对情境教育发展影响的实证研究[J].天津市教科院学报,2020(01).
[68] 刘曙峰.教师专业发展:从"技术兴趣"到"解放兴趣"[J].教师教育研究,2005(06).
[69] 刘铁芳.教育研究的中国立场[J].湖南师范大学教育科学学报,2020,19(01).
[70] 刘卫锋.在师生共同开发的课程中徜徉——专题性文化情境课程"诗中的童年"教学谈[J].语文教学通讯,2003(07).
[71] 柳斌.再谈李吉林老师的"情境教育"[J].人民教育,2009(05).
[72] 柳斌.再谈李吉林老师的"情境教育"[J].人民教育,2009(05).
[73] 柳斌.重视"情境教育",努力探索全面提高学生素质的途径[J].人民教育,1997(03).
[74] 柳斌.重视"情境教育",努力探索全面提高学生素质的途径——在全国"情境教学—情境教育"学术研讨会上的讲话[J].课程·教材·教法,1997(03).

[75] 柳夕浪,张珊珊.素养教学的三大着力点[J].中小学管理,2015(09).
[76] 柳小梅.寻找属于自己的句子[J].江苏教育,2013(07).
[77] 鲁洁.一种不同范式的研究———对情境教育的再思考[J].人民教育,2011(18).
[78] 陆平.李吉林与南通教育文化[J].教育文化论坛,2012,4(05).
[79] 罗晓静."情境教学"理论及其课堂实践探讨[J].青年学报,2010(03).
[80] 马超.教师教育实践的创新:教师专业社群[J].教师教育研究,2011,23(06).
[81] 梅云霞,陆军.再论李吉林对教师专业发展的启示——基于"教学即研究"的视角[J].中小学教师培训,2015(12).
[82] 梅云霞.李吉林对教师专业发展的启示[J].中国教育学刊,2010(09).
[83] 莫尼卡·泰勒.价值观教育与教育中的价值观(中)[J].杨韶刚,万明.教育研究,2003(06).
[84] 南通市教育局.让更多的李吉林式的人才脱颖而出[J].江苏教育,1987(23).
[85] 潘胜洪.数学情境教学中的去情境化问题初探[J].扬州教育学院学报,2008(03).
[86] 裴娣娜.基于变革性实践的创新——对李吉林情境教育思想的再认识[J].课程·教材·教法,2009,29(06).
[87] 裴娣娜.情境教学与现代教学论研究[J].课程·教材·教法,1999(01).
[88] 裴娣娜.情境教学与现代教学论研究[J].课程·教材·教法,1999(01).
[89] 裴新宁,王美.为了儿童学习的课程——中国情境教育学派李吉林情境课程的建构[J].教育研究,2011,32(11).
[90] 裴新宁.国际视野下李吉林情境课程优势分析[J].中国教育学刊,2016(10).
[91] 彭林.传统文化进校园的重心与支点[J].智库时代,2017(04).
[92] 申荷永.论勒温心理学中的动力[J].心理学报,1991(03).
[93] 施建平.梦在飞心在追[J].江苏教育,2010(21).
[94] 施建平.跑向生命的深处[J].江苏教育研究,2010(06).
[95] 施建平.洒向青年都是爱——记李吉林老师对青年教师的培养和关怀[J].江苏教育,1992(23).
[96] 孙晓琳.蔚然成林[J].江苏教育,2010(21).
[97] 孙艳红,付凤霞.德育应尊重受教育者的主体性——美国教师讲《灰姑娘》课例给我们的启示[J].教学与管理,2010(13).
[98] 唐锋卢.关于情境教学法的反思[J].甘肃教育学院学报(社会科学版),2003(02).
[99] 唐颖颖.我在培训中心里[J].江苏教育,1992(23).
[100] 唐颖颖.我在情境中成长[J].教育家,2011(11).
[101] 陶文鹏.意象与意境关系之我见[J].文学评论,1991(05).
[102] 陶西平.情境教育对中国传统教育弊端的挑战[J].人民教育,2013(23).
[103] 陶西平.新时代教育改革的壮丽画卷——从情境教学到情境教育[J].中国教育

学刊,2016(10).
[104] 田慧生.情境教学—情境教育的时代特征与意义[J].课程·教材·教法,1999(07).
[105] 王奥轩.具身认知:情境教学的理论基础——基于李吉林小学语文教学片段的思考[J].基础教育研究,2017(11).
[106] 王灿明,孙琪.学前情境教育影响儿童创造性思维发展的实验研究[J].教育研究与实验,2018,39(07).
[107] 王灿明.情境:意涵、特征与建构——李吉林的情境观探析[J].教育研究,2020,41(09).
[108] 王灿明.情境教育视域下的儿童创新教育[J].中国教育学刊,2014(02).
[109] 王文静.情境认知与学习理论:对建构主义的发展[J].全球教育展望,2005,34(04).
[110] 王秀芳.让李吉林教改成果之花开满整个校园[J].人民教育,1996(10).
[111] 王亦晴.聚焦儿童学习,情境教育迈入新阶段——"35年改革创新 情境教育成果展示会"综述[J].教育研究,2014,35(06).
[112] 王亦晴.快乐、高效的儿童情境学习——李吉林情境教育实践与研究的核心[J].基础教育参考,2014(16).
[113] 王亦晴.走向世界的中国情境教育——"李吉林情境教育国际论坛"综述[J].教育研究,2009,30(03).
[114] 王湛.让教育与生活走得更近——对李吉林情境教育的三点认识[J].人民教育,2018(02).
[115] 王湛.由李吉林取得的卓越成就得到的启示[J].人民教育,2009(05).
[116] 王湛.由李吉林取得的卓越成就得到的启示[J].人民教育,2009(05).
[117] 王智.岗位成才意识的建立[J].江苏教育,1992(23).
[118] 温儒敏.情境教育开启新课题[J].人民教育,2013(23).
[119] 翁文艳.情境教育中情感要素的心理学分析[J].华中师范大学学报(人文社会科学版),1998(32).
[120] 吴刚.论中国情境教育的发展及其理论意涵[J].教育研究,2018(07).
[121] 吴刚.论中国情境教育的发展及其理论意涵[J].教育研究,2018,39(07).
[122] 吴刚.情境教育与优质教学[J].课程·教材·教法,2009,29(06).
[123] 吴功正.坚守文化自信,扩容传统美学——李吉林情境教育论的启示[J].中国教育学刊,2018(08).
[124] 吴功正.坚守文化自信,扩容传统美学——李吉林情境教育论的启示[J].中国教育学刊,2018(08).
[125] 吴浩,赵华丽.融情设境,情境育人——全国特殊教育学校情境教育研讨会综述[J].现代特殊教育,2015(21).
[126] 吴康宁."李吉林情境教育探索"再理解[J].课程·教材·教法,2018(03).
[127] 吴康宁."李吉林情境教育探索"再理解[J].课程·教材·教法,2018,38(03).

[128] 吴康宁."有意义的"教育思想从何而来——由教育学界"尊奉"西方话语的现象引发的思考[J].教育研究,2004(05).

[129] 吴康宁.教育研究应研究什么样的"问题"——兼谈"真"问题的判断标准[J].教育研究,2002(11).

[130] 吴康宁.李吉林教育思想基本特征与情境教育研究拓展空间[J].课程·教材·教法,2009,29(06).

[131] 吴向东.论马克思人的全面发展理论[J].马克思主义研究,2005(01).

[132] 谢丽,李念.情境学习理论对教师培训的启示[J].师资培训研究,2006(11).

[133] 徐安文.生物学课堂教学情境及其创设[J].生物学教学,2008(03).

[134] 徐婧."情境教育"让特殊教育合"情"合"理"[J].现代特殊教育,2016(19).

[135] 严清.李吉林,其实就是个孩子[J].江苏教育,2012(05).

[136] 严清.情境教育为残障儿童"打开一扇窗"[J].现代特殊教育,2015(11).

[137] 杨九俊.人生的意义——试说李吉林老师对教育的贡献[J].人民教育,2006(19).

[138] 杨九俊.人生的意义——试说李吉林老师对教育的贡献[J].人民教育,2006(19).

[139] 杨绍文.建构主义理论下的情境教学探究[J].荆州师范学院学报,2003(04).

[140] 叶澜.中国教育学发展世纪问题的审视[J].教育研究,2004(07).

[141] 叶水涛.教育实践的"中国智慧"——李吉林情境教育理论的创建[J].中国教育学刊,2018(08).

[142] 叶泽滨.富有创造性——中小型教师努力目标[J].高等师范教育研究,2002(05).

[143] 殷明,刘电芝.身心融合学习:具身认知及其教育意蕴[J].课程·教材·教法,2015,37(07).

[144] 余敏.情境教育在油城教师心中发芽[J].中国民族教育,2015(02).

[145] 云杉.文化自觉文化自信文化自强——对繁荣发展中国特色社会主义文化的思考(中)[J].红旗文稿,2010(16).

[146] 张定璋.情境教育的教学论发展观[J].教育研究,1998(05).

[147] 郑昀,徐林祥.从"双基"到"三维目标",再到"核心素养"——新中国成立以来语文学科教学目标述评[J].课程·教材·教法,2017,37(10).

[148] 周奇.情境创设与意义建构[J].江西教育科研,2002(03).

[149] 朱小蔓.情境教育与儿童学习[J].课程·教材·教法 2009,29(06).

[150] 朱小蔓.情境教育与人的情感性素质[J].课程.教材.教法,1999(01).

[151] 朱小蔓.与儿童心心相印的教师永远不会被技术所替代[J].人民教育,2018(02).

[152] 朱永新.诗意地耕耘在教育大地上——我眼中的李吉林老师[J].新教师,2014(04).

[153] 朱永新.永远不老的"学童"——李吉林老师印象[J].新教师,2016(05).

[154] 祝禧.锻造美丽的金蔷薇[J].教育家,2011(07).

学位论文

[1] 艾兴.建构主义课程研究[D].重庆:西南大学,2007.
[2] 曹海燕.情境教学与小学口语交际研究[D].呼和浩特:内蒙古师范大学,2013.
[3] 陈静.意境化课程研究[D].重庆:西南大学,2009.
[4] 陈美琴.高中情境作文教学的实践研究[D].杭州:杭州师范大学,2011.
[5] 程玉霞.胡瑗教育改革思想与实践研究[D].西安:陕西师范大学,2015.
[6] 崔艳艳.我国普通高校体育教学环境研究[D].石家庄:河北师范大学,2012.
[7] 高育梅.初中数学情境教学的有效性研究[D].上海:上海师范大学,2009.
[8] 顾卫."南通乡土文化"地方课程的开发与实施研究[D].南京:南京师范大学,2007.
[9] 郭振南.小学语文情境教学的研究[D].长春:东北师范大学,2010.
[10] 韩芯璇.李吉林小学语文情境教学模式研究[D].锦州:渤海大学,2015.
[11] 郝玲.呼和浩特市新城区小学语文情境教学运用现状研究[D].呼和浩特:内蒙古师范大学,2014.
[12] 郝玲.呼和浩特市新城区小学语文情境教学运用现状研究[D].呼和浩特:内蒙古师范大学,2014.
[13] 季华.论情境教学在初中思想品德课中的运用[D].苏州:苏州大学,2010.
[14] 蒋传武.情境教学在初中记叙文阅读教学中的运用[D].上海:华东师范大学,2008.
[15] 蒋淑莲.高中数学情境教学的实践与探索[D].上海:上海师范大学,2006.
[16] 李俊红.数学教学情境创设的理论与实践探索[D].昆明:云南师范大学,2005.
[17] 李俊红.数学教学情境创设的理论与实践探索[D].昆明:云南师范大学,2005.
[18] 李总兴.中学语文情境教学初探[D].福州:福建师范大学,2006.
[19] 梁小涵.小学语文古诗词情境教学实践研究[D].长春:东北师范大学,2011.
[20] 林艳莉.课程理念下高中数学情境教学的实践和认识[D].福州:福建师范大学,2007.
[21] 刘建国.胡瑗"苏湖教法"及其现代价值研究[D].上海:华东师范大学,2001.
[22] 刘琳.语文"情境教学"的现实与理想[D].福州:福建师范大学,2007.
[23] 马雪松.初中文言文阅读情境教学研究[D].呼和浩特:内蒙古师范大学,2012.
[24] 孙琳琳.高中数学情境教学研究[D].长春:东北师范大学,2008.
[25] 陶娟.初中数学情境教学有效性研究[D].上海:华东师范大学,2010.
[26] 王春妮.小学数学情境教学有效性研究[D].济南:山东师范大学,2017.
[27] 王海铝.意境的现代阐释[D].浙江大学,2005.
[28] 王进进.宗白华美学思想述评[D].杭州:浙江大学,2005.
[29] 王敏.李吉林情境教学观探索[D].南京:南京理工大学,2009.
[30] 王胜利.情境教学在普通高中语文小说教学中的应用[D].大连:辽宁师范大

学,2011.
[31] 王文静.基于情境认知与学习的教学模式研究[D].上海:华东师范大学,2002.
[32] 向晶.中小学情境教学课堂操作研究[D].上海:上海师范大学,2004.
[33] 薛飞.小学语文情境教学设计最优化研究[D].苏州:苏州大学,2014.
[34] 恽慧.小学英语课堂情境创设有效性的实践研究[D].南京:南京师范大学,2014.
[35] 詹萍萍.中国语文情境教学研究[D].重庆:西南大学,2017.
[36] 张弛."精神文明南通现象"探究[D].南通:南通大学,2017.
[37] 张婷.李吉林教师专业发展个案研究[D].扬州:扬州大学,2014.
[38] 周静.初中语文情境教学研究[D].上海:华东师范大学,2009.
[39] 周志欣.中学语文情境教学研究[D].西安:陕西师范大学,2012.
[40] 周志远.数学情境教学中的情境创设方法及实践[D].武汉:华中师范大学,2008.
[41] 周志远.数学情境教学中的情境创设方法及实践[D].武汉:华中师范大学,2009.

报纸文献:

[1] 李吉林.搬掉语文园地的"两座山"[N],光明日报,1998-4-1.
[2] 李吉林.创造的启示[N].光明日报,1999-1-20.
[3] 李吉林.老师教会我做老师[N].南通日报,1999-9-9.
[4] 李吉林.母亲的"谚语式家教"让我受用终身[N].光明日报,2017-5-6.
[5] 李吉林.挚爱鼓起创新的风帆[N].中国教育报,2006-8-28.
[6] 王灿明.情境教育:基础教育的新方向[N].光明日报,2014-11-18.
[7] 王灿明.像李吉林那样做教育[N].中国教师报,2011-12-7.
[8] 王玉娟.情境教学下的"整"字诀[N].中国教师报,2016-4-27.
[9] 王玉娟.情境学习:教师专业成长的"密码"[N].中国教育报,2015-7-22.
[10] 吴潜涛.社会主义核心价值观教育:立德树人的必由之路[N].人民日报,2008年2月18日.

电子文献

[1] 记忆南通.著名哲学家、教育家杜威缘何提出"望南通成为世界教育之中心"?[EB/OL].[2018.12.20]daj. nantong. gov. cn/ntsdaj/jynt/content/5249faa5-1dbe-4690-95d9-6bf6ffae5a9d.html.

附录 A：访谈提纲

亲历情境教育发展过程的同事访谈提纲：

1. 在情境教育的发展过程中，您是功不可没，不可缺少的一员。能不能给我讲讲您的工作经历？

2. 您是几几年与李老师相识的？那时候李老师正在进行什么实验，您能不能介绍介绍当时的情景？

3. 李老师还提起经常和您一起备课的情景，您能不能和我说说李老师是如何备课的，讲讲您印象最深刻的备课经历？

4. 您大约是几几年做校长的？做了几年？在这个过程中，情境教学工作是如何开展的？

5. 您写了不少关于情境教育的文章，很多文章从李吉林老师的人格入手，您今天能不能给我讲讲与李吉林老师相处过程中，让您印象深刻的事情？

情境教育实验市教育局局长：

1. 您是什么时候接触情境教育的？什么时候开始推广情境教育的？为什么决定推广情境教育？（能不能介绍一下，在推广情境教育前当地的教育状况？）

2. 为了推广情境教育，你们确定了哪些原则和指导思想？能不能说说具体采取了哪些举措？

3. 您觉得您的推广有没有明确的阶段性？在李老师情境教育的不同发展阶段有没有什么工作重点上的不同？

4. 现在推广的规模有多大？效果如何？

5. 在推广过程中，遇到过哪些困难？其中最大的挑战是什么？

6. 李吉林老师已经去世，对于进一步推广您有何打算？

情境教育实验区教育局分管主任：

1. 您具体负责局里情境教育推广工作，对于推广李吉林情境教育思想，局里对你们有什么要求？一般会通过什么方式给您布置任务？

2. 你们是如何理解和执行上级布置的推广要求的？

3. 能不能谈谈具体的推广措施或方案？

4. 在推广过程中，遇到过哪些困难？其中最大的挑战是什么？

5. 您觉得推广的效果怎么样？有什么变化？

6. 李吉林老师去世后，局里给你们布置推广任务了没有？

情境教育实验学校校长：

1. 能不能简单介绍一下您的学校？

2. 您的学校要成为情境教育实验学校，需要具备哪些条件？

3. 学校是什么时候开始推广情境教育的？如何推广的？（在推广上做了哪些具体的工作）

4. 在践行情境教育思想时，遇到过哪些困难？其中最大的挑战是什么？

5. 推广后学校发生了哪些变化？

6. 李吉林老师去世后，局里有没有布置推广任务？

情境教育实验学校教师代表：

1. 能不能介绍一下您所在的学校？

2. 你们学校是如何推广情境教育的？

3. 您是从哪些途径了解到情境教育的思想的？

4. 您个人愿意在教育中践行情境教育吗？为什么？

5. 能不能具体介绍您参与了哪些具体工作？

6. 在推广前后，您觉得作为教师有什么区别？

7. 在推广前后，学校有什么变化吗？

8. 李吉林老师去世后，学校还在推广情境教育吗？

9. 能不能说说推广情境教育的其他心得？

抚养李吉林长大的叔叔的儿子和儿媳妇：

1. 您的父亲是李老师的叔叔。自从李老师父亲去世以后，是您的父亲拉扯李老师长大的，也就是说，您和李老师是一起长大的，对吧？能不能给我们讲讲你们小时候的故事？

2. 你印象中小时候的李老师是什么样的？

3. 李老师在哪里读的小学、中学？上学时表现怎么样？

4. 李老师还有哪些亲人？他后来对亲人们怎么样？联系多不多？

5. 能不能给我们介绍介绍李吉林老师的爸爸和你的父亲？

6. 能不能给我们介绍介绍李吉林老师的妈妈？

李吉林的家人：

1. 李老师会和你们讲她童年的故事吗？能不能说给我听听？

2. 在你印象中，李吉林的妈妈是个什么样的人？

3. 李吉林的女儿叫"燕妮"，儿子叫"飞鸣"，这名字是谁取的？为什么要取这个名字？

4. 李老师平常有什么喜好？

5. 李老师工作很忙，有没有影响到对孩子的关心？

6. 能说说李吉林给你的影响吗？

附录 B：研讨会发言内容

一、"全国情境教学—情境教育学术研讨会"

论述的内容主要集中于以下三个方面：

（一）情境教学、情境教育是素质教育的典范

现代社会日新月异，人类发展面临诸多新挑战，李吉林老师探索的教学过程、教育过程的种种生动经验及其体现出的思想回应了当代人类教育中面临的困惑和危机，具有鲜明的时代性。① 情境教学—情境教育的突出特点和重要贡献之一，就在于它突破和超越了理性至上、知识本位的教育传统，……它在情境领域的创造性探索，成功地解决了长期以来学生素质发展中认知与情感、逻辑思维与形象、动脑与动手等发展不协调、不平衡的问题，把德育、智育、美育融会于情境之中，在教学生学会求知的过程当中学会做人，为素质教育的成功实施作出了可贵贡献。②

情境教学理论既总结了小学语文的教学规律，又概括了教育上的一般规律，带有普遍性。③ 其实践操作对小学教育有极大的普适性，其观念思想对高等教育、成人教育如何实现素质教育也极富启发意义。④

作为小学语文教学论与教学论流派的情境教学，既是科学，又是艺术，是生长在中国改革开放的大潮中，具有中国特色的教学流派。⑤

---

① 朱小蔓.情境教育与人的情感性素质[J].课程·教材·教法,1999(01):8.
② 柳斌.重视"情境教育"，努力探索全面提高学生素质的途径——在全国"情境教学—情境教育"学术研讨会上的讲话[J].课程·教材·教法,1997(03):3—6.
③ 顾明远.李吉林和情境教育学派研究[M].北京:教育科学出版社,2011(12):135.
④ 朱小蔓.情境教育与人的情感性素质[J].课程·教材·教法,1999(01):8.
⑤ 董远骞.略谈中国教学流派——参加全国"情境教学—情境教育"学术研讨会有感[J].课程·教材·教法,1997(3):7.

(二) 情境教学、情境教育的实质

情境教学的理论出发点和实践切入点是"情境"。从语文教学角度来看,"情境"实际上就是一种以情感调节为手段,以学生的语言生活实际为基础,以促进学生主动参与、整体发展为目的的优化了的语言学习与语言生活环境。情境教学的核心是"情境",它以"情"为经,将被淡化了的情感、意志、态度等心理要素重新确定为语文教学的有机构成,将学生的兴趣、特长、志向、态度、价值观等人的素质的重要方面摆在语文教学应有的位置上;以"境"为纬,通过各种生动、具体的语言环境的创设,拉近了语言学习与学生现实的距离,使死的语言成为活的生活,为学生的主动参与、主动发展开辟了现实的途径。①

李吉林情境教学与情境教育是以美学为独特思维中心的理论框架,从生理到心理,从感性到理性,从情感到思想这三个层面上展开审美活动,体现了她由美学依据而形成的美学观:使教学与教育像艺术那样吸引学生。②

情境教学以一个'情'字贯穿全活动过程。弥补了教学认识论的一大块缺陷。③ 在培养学生情感上作了许多可贵的探索。以陶情冶性为创新突破口,抓住儿童发展的动因——情感;探索出诸多激起儿童强烈的情感体验的途径;初步确定了语文教学中情感教育的内容,突出了情感体验的社会性内涵;强调在语感训练中,渗透性地进行思想情感教育,探索了语文教学中情感培养的特性与方法;主张"以感受美去激发爱",注意到审美教育与情感培养之间的关系。④ 并提出克服缺少情感课堂的改进措施,即以教师的真情实感激发学生的情感;新的情感和既有情感的结合;综合运用影响人情感的各种手段。⑤ 朱小蔓教授还具体诠释了情境教学—情境教育模式促进儿童的情感发展的四点原因。⑥

不断为学生提供获得成功的机会,使学习成为乐事是情境教学的又一大特色。情境教学提供机会,让学生达到四种发现:发现美、发现自己表达力的进步、发现自己学

---

① 田慧生.情境教学—情境教育的时代特征与意义[J].课程·教材·教法,1999(07):19.
② 马樟根.李吉林与情境教育[M].北京:人民教育出版社,2007(3):248—255.
③ 顾明远.李吉林和情境教育学派研究[M].北京:教育科学出版社,2011.
④ 马樟根.李吉林与情境教育.北京:人民教育出版社,2007:232—242.
⑤ 郝京华.情境教学的教学论意义[J].教育研究与实验,1998(02):16—17.
⑥ 朱小蔓.情境教育与人的情感性素质[J].课程·教材·教法,1999(01):8—9.

习上的潜力、发现自己的创造性。①

与情境教学相比,情境教育具有以下几个新的特点:拓宽理论视野,加强原理构建;拓宽教育空间,追求教育的整体效益;开发情境课程,实现教学课程一体化。② 从总体上看,这一理论体系蕴涵的时代特色集中体现在三个方面:注重情感因素,通过"育人以情",实现育人目标的有机整合;强调主动发展,通过情境创设,开辟学生生动活泼、主动发展的现实途径;立足本土,注重实践,丰富了有中国特色的教育理论与实践。

李吉林长期致力于情境教学的实验研究,她汲取了我国古典文论中"境界"学说和当代西方教学论的有益营养,融汇、孕育、发展、创造出具有民族特色的情境教学法,探索并形成了自己的教学理论体系。③ 在融汇中西、扬长补短方面,做了有益探索。在努力保持双基训练的传统优势的前提下,他们努力让孩子学得主动,学得快乐,学得活泼。④

情境教育具有自身的理论体系、独特的逻辑结构与规范系统,有一个科学研究的群体,较好地处理了继承与创新、现代化与民族化的关系,是一个具有创新性,正在形成和发展的教育流派。⑤

(三) 李吉林是优秀教师群体中的杰出代表

李吉林是一位出色的语文教师,也是一位颇有成就的语文教改专家。她的成就不仅令人瞩目和称道,而且给人以很大的启示。李吉林给人的启示是多方面的,如要热爱教育,热爱学生,要有事业心和责任感,等等。李吉林的成就首先就来自于她对语文学科实质和意义如此准确和深刻的把握。⑥ 正因为了解语文教学的实质,所以没有被社会上关于语文教学目的任务这样的"风"、那样的"风"吹得东倒西歪,始终坚持小学语文教学本身包含了促进儿童发展的诸多因素。⑦

---

① 郭亨杰. 试论情境教学的心理学内涵——对李吉林《小学语文情境教学》的初步研究[J]. 中国教育学刊,1998(05):51—55.
② 田慧生. 情境教学—情境教育的时代特征与意义[J]. 课程·教材·教法,1999(07):19—20.
③ 马樟根. 李吉林与情境教育. 北京:人民教育出版社,2007:180.
④ 顾明远. 李吉林和情境教育学派研究[M]. 北京:教育科学出版社,2011.
⑤ 顾明远. 李吉林和情境教育学派研究[M]. 北京:教育科学出版社,2011.
⑥ 马樟根. 李吉林与情境教育[M]. 北京:人民教育出版社,2007:55—58.
⑦ 马樟根. 李吉林与情境教育[M]. 北京:人民教育出版社,2007:55—58.

李吉林老师多年来的奋斗,把探索教学实践改革和教育理论学习研究以及开展教学实验这三件事情和三种角色,融为一体,集于一身,具体体现了现代教师的新追求和新特色。既是教育实践改革创造者,又是教育理论家,还是教育实验专家。①

李吉林老师还有一个不同寻常的显著特点,就是满腔热情地向理论方面学习,向专家学者学习,向国内国际最新科研成果学习,让自己的教改实践,努力长出理性大脑,张开智慧翅膀。②

(四) 理论与实践相结合的研究范式

情境教学—情境教育也给教育科研工作者以良多启示:如何走出一条有中国特色的教育科研路子,如何使教育科研在教育改革与发展中真正发挥作用,情境教学—情境教育的探索过程给我们提供了最有说服力的答案。③ 情境教学—情境教育从课题到研究人员,都是从实践中来又回到实践中去,生根于实践,开花于实践,结果于实践。专家以为,李吉林及其同事们在情境教育的研究中,不仅为探索教育教学工作客观规律、推进教育教学改革作出了贡献,也为探索如何应用实验方法于研究教育教学方面作了贡献。④

这是一个可资借鉴的范式,这是一个有中国特色的教育实验研究范式。首先,它显示了作为一个教育实验不断提高科学化水平的三个发展阶段。其次,它显示了作为一个较好的教育实验所应符合的基本要求。最后,这一实验还显示了中国教育工作者的奉献、开拓、创造的可贵精神。广大教育实践工作者积极投身于教改实验,探索学生身心发展的教育途径,这也是对世界教育发展的重大贡献。⑤ 情境教学辩证地融汇了实证主义研究范式和人本主义研究范式,所遵循的是一边探索实践,一边总结提高为核心的认识路线,贯彻了马克思主义的'实践——认识——再实践——再认识'的辩证唯物主义认识路线的研究范式,其间理论学习贯彻于始终,成果是一个研究循环的终点和下一循环的起点……李吉林老师所创造的这个研究模式,堪称为理论与实践相一

---

① 顾明远.李吉林和情境教育学派研究[M].北京:教育科学出版社,2011.
② 顾明远.李吉林和情境教育学派研究[M].北京:教育科学出版社,2011.
③ 顾明远.李吉林和情境教育学派研究[M].北京:教育科学出版社,2011.
④ 顾明远.李吉林和情境教育学派研究[M].北京:教育科学出版社,2011.
⑤ 裴娣娜.情境教学与现代教学论研究[J].课程·教材·教法,1999(01):6—8.

致的教育家的研究范式。①

情境教学—情境教育的教改实验着重开掘了世界教育史上的三大源头活水。第一大源头活水,就是马克思主义建设有中国特色社会主义理论指导下的社会主义教育中的好东西。第二大源头活水,就是中国古代传统教育、传统蒙学中的活东西。第三大源头活水,就是西方近现代教育中的新东西。②

(五) 进一步发展的建议

情境教育、教学思想是否适用于自然学科? 有专家认为可以。因为从教育文化学的视角来看,科学、文化、人生、教育是四位一体的。物质文化与精神文化都是人化的产物,就是自然科学也充满了人文因素。但如何使这一思想在自然学科的教学中也能开出艳丽的花朵来,则还需要进一步探索。③

情境教育的发展要把握国际发展教学的流向走自己的路;强化主体意识,让儿童在教学教育过程中有充分的活动;注意反馈调整,优化素质教育目标的实现。专家还建议,从以下几个方面来优化教育模式:拓宽教育空间,形成情境教育合力;在价值目标导向下,着眼发展,着力基础;创设美的情感背景,力求学科内容特性与文化性统一。④

这次会议对以后情境教育理论的发展起到了很好的引领作用。

二、"情境教育促进儿童全面发展的实验与研究"课题现场结题会

会议内容如下:

翟天山教授认为,情境教育实际上是一种赋予教育性的环境的创设,通过这种教育环境的创设,诱导人的潜能的发挥,提供了学生表现自主的一种机遇,从而使学生在教学目标的导引下,走向一种可能的生活,从人格的成长,包括心智的发展。这一评价引领李吉林老师开始思考教育与环境的关系,为后来提出"情境是一种人性化的教育环境"打下基础。⑤

---

① 张定璋.情境教育的教学论发展观[J].教育研究,1998(05):17.
② 马樟根.李吉林与情境教育[M].北京:人民教育出版社,2007:105—118.
③ 马樟根.李吉林与情境教育[M].北京:人民教育出版社,2007:208—216.
④ 张定璋.情境教育的教学论发展观[J].教育研究,1998(05):18—20.
⑤ 李吉林.情境教育的诗篇[M].北京:高等教育出版社,2010:240.

吕达博士建议,情境教育不仅要研究教学这一层面,而且要涉及教材的编写和运用。还建议继续开发情境课程,同时也酝酿出出版李吉林老师著作的计划。这为李吉林老师情境课程的开发和《李吉林文集》的出版奠定了基础。

张铁道教授认为,情境教育能够在中国的这块土壤上生根发芽,而且能够产生成功的经验、取得成效,肯定具有国际意义,肯定有它的科学性、合理性,建议将现有的经验、理念、成果,参与国际的交流。这一建议直接为2008年国际论坛的召开奠定了基础。为了便于操作,张教授还建议编写一些情境教育实施的指导用书。

成尚荣所长总结了专家组的评价,并建议从教育的发展、知识的产生角度去理解情境教育,同时也建议继续深化情境课程的开发以及教育教学评价的研究。

卓晴君所长代表专家组提出五项鉴定意见,从情境教育的理论和现实意义、研究成果、研究范式等方面进行了高度评价,称情境教育是"具有中国特色的、又富于时代气息的素质教育模式,既具有前瞻性,又具有重大的理论和现实意义。""李吉林同志开创性的研究所取得的丰硕成果已经成为中国特色的社会主义教育的一笔宝贵财富。"[①]并将这一研究成果称为"李吉林主张"。

三、"情境课程的开发与研究"课题开题论证会

会议内容如下:

朱小蔓教授认为,李吉林老师代表当代、当代教育探索了诸多教育难题:符号与经验的关系、逻辑化认知和情感化认知的问题、学科与生活的关系、学科与统整的关系、自发自然与引导的关系。李老师的情境教育是立在中国文化上的,同时也回应世界。李吉林老师对情境的理解已经中西方初步融合了。建议继续探索怎么把情境变成不是既定的、外在的,不是静止的、单一的,不是普适化的,而是创造性的,是镶嵌在人的生命和知识中间的,而且又是一个过程的,最后每个个体在这个过程中都能够得到实惠和益处的,怎么能够让每个人在情境中都得到一种个人化的经验和体验,而不是老师给了他一个情境以后引导他往老师预设的方向去走。

郝京华教授认为,情境教育一直没有从哲学方面加以提升,建议课题可以从以下

---

① 李吉林.情境教育的诗篇[M].北京:高等教育出版社,2010:233—234.

几个方面进行突破:从学科课程到生活课程到经验课程突破;从分科课程向综合课程突破;从学科逻辑到生活逻辑突破。此外,建议思考"现实情境和虚拟情境的创设问题"。在学校教育情境中,更重要的可能是那种虚拟情境的创设。此外,"情境的创设可能要注意从单一的审美的情境到多种情境的创设"。

最后,"要注意在情境中主题的建构"。我们创设情境是给学生一个机会,在这个机会中他有认知的建构,还有情感的体验,所以情境创设是一回事,怎么引导他去建构是另外一回事。

谈松华教授提出,如果创设的情境都是美的,但是实际上儿童看到的很多是不美的东西,甚至是丑陋的东西,儿童就容易缺乏判断能力,缺乏选择能力。让孩子在追求美的同时,要知道美和丑是同时存在的。此外,我们培养的学生的思维能力不仅是接受能力、发现能力,而且还要有批判能力。在情境设置里面,还有一个个性化的问题。

巢宗祺教授建议要重视课程资源的开发和利用。不仅是环境,还有我们老师发挥想象虚拟的情境,不完全是迁就、适应我们现有的环境。此外,要在课堂上利用临时生成的一些资源。

成尚荣所长认为,情境课程要把批判生成作为情境教育的一个重要的特点。

袁金华所长建议,发扬情境课程、整合社会生活课程资源的特色,将它和学生自身的活动、品德等方面融为一体,形成校园生活、社会生活、家庭生活等各个方面的课程。

四、"李吉林教育思想研讨会"

会议内容如下:

本次研讨会主要研讨了李吉林教育思想的来源、特点,情境教育理论和操作体系的具体内涵,情境教育独具一格的研究范式以及李吉林成长的启示等方面。

专家认为,李吉林所走的一条从课堂教学改革到严肃、持续性的实验研究,再到形成思想理论体系的道路,是中国基础教育改革开放后探索的历史缩影,是散发出中国本土芬芳的素质教育的典范[①]。此次研讨会的召开,标志着具有中国特色的,我国原

[①] 顾明远. 李吉林和情境教育学派研究[M]. 北京:教育科学出版社,2011.

创的教育思想流派的出现和成熟。[1]

李吉林教学思想受中国古代文论"意境说"的影响,是从中国源远流长、博大精深的文化和教育理论的土壤上生长起来的、具有浓郁的中国特色的教育理论。同时又博采、融汇中西,形成了具有中国特色的情境教育理论。[2] 从情境教学的探索,到情境教育的构建,到情境课程的开发,是李吉林教育思想从实践到理论,又从理论回到实践的深化过程,也是李吉林教育思想的三部曲。这一思想是一个理论与实践高度统一的教育思想;强调认知与情感的协调发展,智力与非智力因素的整体开发;是开放的,不断发展的教育思想。[3] 这一思想核心是爱,揭示了学习活动的本质,即只有主体的积极学习,才构成教学活动的真正意义。[4]

什么样的人才能称为教育家,这是本次研讨会关注的一个焦点。有专家指出:今天号称教育家的人不少,而真正称得上教育家的人又太少,但李吉林是真正无愧于教育家称号的人。李吉林为我们树立了一个杰出教育家的榜样,她不是"靠教育而生存,而是为教育而生存"。教育是一种崇高和神圣的事业,过于功利和浮躁将损害教育的形象。李吉林弘扬的是一种教育的人文精神,一种探索的精神、创新的精神:敢于走创新之路,敢于补研究之"白",敢于领风气之先,为理论和实践工作树立了一面教育创新的旗帜。人民教育出版社社长韩绍祥认为,李吉林老师堪称学术界道德和学风建设的典范,作为教师,她学为人师,行为世范,是教师和学生的楷模;作为教育专家,她以勤奋劳动为荣,长期坚持奋斗在小学教育的第一线,她以诚实守信为荣,严谨治学,积极探索,真正做到了踏踏实实教学、扎扎实实做学问。她的这一风范,对当前教育界出现的学风浮躁、学风浮夸、学术不端极具有教育意义。[5]

这位从小学教师走出的教育家给我们诸多启示:我们的时代需要教育家;我们的时代能够造就教育家;我们已经拥有了一批自己的教育家。我们既不要妄自尊大,把教育家泛化,也不要把他神秘化,妄自菲薄,看成高不可攀。教育家不是自封的,也不

---

[1] 顾明远.在李吉林教育思想研讨会上的发言[J].中国教育学刊,2006(07):6.
[2] 顾明远.李吉林和情境教育学派研究[M].北京:教育科学出版社,2011.
[3] 顾明远.李吉林和情境教育学派研究[M].北京:教育科学出版社,2011.
[4] 顾明远.李吉林和情境教育学派研究[M].北京:教育科学出版社,2011.
[5] 刘立德.中国特色的教育诗篇　素质教育的一面旗帜——李吉林教育思想研讨会暨《李吉林文集》首发式述评[J].中国教育学刊,2006(07):16—19+40.

是从书斋里走出来的，必须深深地扎根于教育实践，刻苦学习教育理论，不断进行探索研究和理论创新，走教、学、研三结合之路。"我们要隆重推出和宣传本土的教育家，充分发挥教育家在教育改革中的榜样和引领作用。中国应该培养出更多像李吉林那样的教育家。"①

五、"情境教育与儿童学习的实验与研究"开题论证

会议内容如下：

专家们认为，随着整个社会的转型，"学习"越来越被国际公认为关键事件，走向学习是21世纪教育的时代特征。李吉林从情境教学到情境教育又回到了儿童的学习，回到了原点，回到了世界教育研究的前沿，体现了时代特征的核心。这是非常有意义的事情。然而这是一次改革，不是改良，是在挑战漫长岁月里形成的结构化、制度化的核心问题，一定是会有阻力、有难度的。

专家认为，从情境教学到情境教育、情境课程的研究，其内容从单科的教学方法的突破，到各育教育为整体，到课程改革为核心。在思想、理论、操作上，涵盖了整个儿童教育的体系，体现了两个方面的大转折。一是从教学转向了学习活动，二是从关注儿童生活中的学习转向关注在生活中无法企及或者无法自然获得的，重构生活的学习。此课题从研究假设到研究方式、价值取向等方向与西方的情境学习存在很大差异，具有原创性。有专家从思维科学角度对情境教育进行了解读。情境教育有情有境，孩子在学习时有兴趣，注意力集中，记忆力非常强，情绪也好，情绪好就有美感。美就是大脑中间的一种化学递质脑啡呔，跟马啡有很多的相似性，让他们感受不到负担。大脑在这样的情境当中建构，其微观诸如网络结构，颞联合、叶联合、顶联合都会发展得很好。还有专家认为，把情境教育仅仅当作一种流派、一种教学方法、一种教学实践、教学主张还不够，它代表了我们未来新课程、现代教学的一个方向。

专家们还建议，此课题首要研究我们的学习对象——儿童，其次要研究学习情境。不仅研究如何创设情境，还要研究为什么这样设计是有效的，哪种知识适合于情境化的教学，同时要敢于挑战教材。也有专家认为，应继续将传统文化的"境界说"与现代

---

① 顾明远.李吉林和情境教育学派研究[M].北京：教育科学出版社，2011.

的"情境认知理论"相互借鉴,相互融汇。另外,教育实践工作者与专业理论工作者相结合,可以互相取长补短。但是两者的研究路线、研究价值存在差异,相互融合要做出很大的努力。课题还要处理好研究对象界定的有限性与情境界定的普适性之间的关系。

六、李吉林情境教育国际论坛

会议内容如下:

这次国际会议的召开,标志着情境教育开始走出国门,走向世界。在与世界对话的过程中,专家们从情境教育的意义、情境教育的本土性、情景教育思想的特色、李吉林老师成长对于教师培养的启示以及情境教育今后的发展趋势等多方面进行了论述。

(一)情境教育的意义

李吉林情境教育思想不仅具有中国意义,还具有世界意义。它是中国的情境教育,在中国的土地上生根、开花、结果,具有鲜明的中国教育特色,是对中国基础教育改革与发展面对危机的回应。同时,它又是世界的,它贯穿了以人为本、以儿童发展为本的新理念。注意彰显儿童的个性,强调发掘儿童的潜能,尊重儿童的自主意识,激发儿童的创造精神。这正是当代世界儿童教育的中心话题。[1] 实现了对教育过程人文、艺术地把握,实现了对传统知识观的超越,实现了对工具理性教学观的理性批判,解决的是一个世界性难题。在这个意义上,李吉林的情境教育思想具有世界意义[2]。

李吉林的教育思想有着重要的理论价值和现实意义。其理论价值在于它不是停留在情境教育的方法上,而是运用教育学、心理学的理论探讨儿童认知的规律。把儿童的注意、观察、思维、想象以及非智力因素都调动起来,在教学中促进儿童智能的发展,这在课程教学理论中具有重要的意义。其现实意义在于对落实新课程改革、推进素质教育有着重要的意义。

李吉林的"情境教育"思想,从产生到发展到成熟,是中国基础教育的一个不断成长的故事,也是中国基础教育改革的一个缩影、一个传奇。她向我们展示的是中国基

---

[1] 田慧生.情境教学—情境教育的时代特征与意义[J].课程·教材·教法,1999(07):18—21.
[2] 裴娣娜.基于变革性实践的创新——对李吉林情境教育思想的再认识[J].课程·教材·教法,2009,29(06):12—16.

础教育改革的前景和未来之路,向我们昭示的是如何创建把世界其他民族先进教育思想和中国传统文化结合起来的基础教育的"中国气派""中国风格"与"中国情怀"的理论建构。她的成功,在我们创建中国特色学科和基础学科的历程当中,也具有相当典范的意义。

(二) 情境教育思想特色

1. 情境教育具有本土特色

情境教学的实践探索与研究,深深扎根于中国传统文化的土壤,吸收了中国古代文论中有关"意境"论的有益养分和近代王国维的"境界论"的某些论述,又借鉴了当代西方教育实验中某些理论和做法。在半个多世纪的教育实践中,不断学习,反复实践,适时提炼,稳步发展,创造了适合中国国情、符合儿童特点的情境教育。其过程渗透着中华优秀传统文化的审美价值,交织着当代中国日益强盛的爱国情怀,遵循了语文教育的规律,构建了具有中国特色的情境教育的理论框架和操作体系。它是在中国本土上生长,具有浓厚的中国文化内涵,是有中国特色的、原创的教育思想流派。虽然它也借鉴了国外的理念,但她把它融入到自己的教学实践中,在实践中本土化并且丰富、拓展了,最后形成了具有中国特色、中国气派、中国风格的教育思想体系。

李吉林数十年与儿童朝夕相处,深刻地认识到了应试倾向存在的弊端。她从"意境说"中概括出"真、美、情、思"四个特点,并创造性地运用到小学语文教育中。把因应试而被淡化了的中华民族的道德规范、情感、意志、情操这些文化要素,重新确定为语文教育的有机构成,使儿童的兴趣、特长、志向、态度、情感、价值观这些人的素质的重要因素在教育实践中摆上了应有的位置。[1]

2. 情境教育思想是符合教育规律的教育思想

李吉林的情境教育发端于1978年,它早于瑞兹尼克在1987年的讲演,而且她所提出的问题早于国际上情境认知及情境学习理论的提出。重要的是:她不是通过理论,而是通过30年的不懈实践和探索,使得中国的情境教育达到了足以回应世界的理论高度。[2]

何为情境?有专家认为,情境介于动作思维和肖像思维,具有使得最初接触某种

---

[1] 柳斌. 再谈李吉林老师的"情境教育"[J]. 人民教育,2009(05):32—33.
[2] 吴刚. 情境教育与优质教学[J]. 课程·教材·教法,2009,29(06):23—27.

材料的时候,马上能够浸润进去的作用。也就是说,情境营造了一个有条理的或者优化的事件、图像片段,营造这个片段的同时,也在建构着人类内在的世界。

作为学习条件,情境是连接"文本"与"生活"的纽带;作为学习过程,情境是"情感"与"认知"的对象;而作为学习结果,情境是"知识"与"精神"的载体。

李吉林设计的情境既鼓励个人独立思考,又重视集体的交流;既有美的憧憬、美的体验与分享,又有现实的思考和行动;既是愉快的,又有着认真的挑战,引导儿童深入地思考,规避着肤浅。

李吉林的"情境教育"思想直指教育的本质,并把教育本质形象化、具体化与情境化。她设计的情境把知识还原或置于特定的情境中,有助于有意义学习和有效学习的开展。将知识情境化,再现语言文字(符号图表)所表征的实际事物及其相关背景,有助于解决学生认识过程中的形象与抽象、实际与理论、案例与观点、感性与理性以及已知与未知、旧知与新知的关系和矛盾,这是促进学生有意义学习和有效教学的认知条件;将儿童置于或引入特定的情境中,有助于激发学生的学习热情,唤起学生的求知欲,诱发学生进入教材的欲望,让学生在迫切要求的状态下进入学习,这是促进学生有意义学习和有效教学的心理条件。将学生置于知识产生的真实的问题情境中,学生的学习将经历类似于专家解决问题的探索过程,这就能有效地促使学生主动探索、自己思考和解决问题,从而实现对知识的主动建构。

教育既是大脑的、又是意识的、还是思维的多重的复杂的聚系统。情境教育在这开放的、复杂的聚系统中找到了一条成功之路,把儿童的学习情绪发动起来了,把大脑的发动机给发动了。日本名古屋大学的场正美教授高度评价了李吉林老师提倡培养儿童创造性思维的观点,认为儿童的创造性应位于思考的首位。在情境教学活动中看到孩子们迸发出的超乎意料的创造力,使他更深刻地认识到情境教育的情境是综合的,综合了多种类型的经验,多种认知世界的模式,多种表征的工具、概念、符号。这很好地揭示了"情境—言语的获得—文化的重新建构—思维发展和实践力形成"之间的关系。①

专家认为,情境教育是真正的儿童教育、真正个性化的教育、以感性教育为特征,

---

① 王亦晴.走向世界的中国情境教育——"李吉林情境教育国际论坛"综述[J].教育研究,2009,30(03):109—110.

强调"形真"的教育、一种以"诗性"教育为特征的教育。有专家认为,情境教育对儿童的情意、对儿童的大爱是其教育思想的有机组成部分,具有"情真意切"的特征;下连实践,上通理论,"立地顶天";把原本属于不同范畴、不同类型的诸多东西都兼收并蓄进来,"融通整合"起来;总是在不断出新、不断发展,是一种"有理性"的思想,一种"生长的思想"。①

(三) 李吉林的成长启示

李吉林因创立情境教学(情境教育)而闻名,而更让人感动和敬佩的是她自身的"情"和"境"。她对儿童的挚爱之情,对儿童教育的忠诚之情;她不断进取、昂扬向上的精神状态,她"锲而不舍,金石可镂"的精神境界。

这样一位语文教育家、儿童教育家是怎样"炼"成的?其得益于改革开放的时代,得益于各级领导的支持,得益于著名专家、教授的指导,更重要的是源于她本人崇高的理想、执着的追求、多方面的才智和超人的勤奋。她的成长之路,给我们的青年教师、青年学生很多启示。除了个人的坚持探索以外,还有走和专家对话的成长道路。如果说她的成功有很多关键词的话,其中"坚持"是分量最重的一个,这也是我们不得不对李老师充满敬意的一个重要方面。其次,她创新的人格是又一关键词。而创新的人格来自于儿童的人格,来自于儿童的认识和发现,这个发现又基于她对儿童的爱,还有一种特有的智慧。

学习李吉林,要学习她热爱教育、热爱儿童、敢于探索、不断创新的精神;要学习李吉林对教育教学的孜孜不倦的钻研精神和科学态度;学习李吉林锲而不舍、不断追求卓越的精神。

(四) 情境教育今后的发展趋势

情境教育已经取得了很大的成就,但情境教育的体系仍然是开放的、发展的,它仍将从多个方面吸取营养使自己更加丰富、更加完善。

有专家认为,情境教育提出的"五大操作要义",没有从学习结果的角度对情境教学和情境教育提出明确的要求。这不能不说是一个明显的缺陷。根据从学习结果的角度对情境的审视,情境教学使学生在学会求知的同时,学会做人,形成高尚的精神情

---

① 吴康宁.李吉林教育思想基本特征与情境教育研究拓展空间[J].课程·教材·教法,2009,29(06):16—20.

操。显然,这是教育目标的理想境界,为表达这一境界,建议在情境教育的要义之中补充一条"以全面发展为目标",并用"哲"来概括。

有专家还提议"社会学介入的可能",认为同哲学与心理学一样,对于情境教育研究来说,社会学也是一个必不可少的学科角度。研究在情境教学的课堂里,班级中处于不同地位、在班级的社会结构中处于不同位置的学生人群有什么差异;在情境教育中,学生个体与班级群体之间的关系等等都是可以从社会学视角进行研究的问题。

李吉林已经把语文当中的情境教育扩展到数学学科,以后可能扩展到物理、化学和其他学科。专家呼吁:李吉林老师的八卷本文集为我们提供了非常难能可贵的材料。从这个宝库中,可以总结出重要的基础性的属于中国自己的基本规律。应当通过学者的团队合作深化情境教育的理论和实证研究;通过行政和民间力量的协同,加强情境教育的区域推广;呼吁成立一个全国性的情境教育研究机构。

七、"情境教育的提升与推广"

会议内容如下:

各位专家在肯定情境教育已取得的成果的基础上,就自己的研究方向为情境教育的下一步发展提出建议。

吴刚教授建议,情境教育向教育流派方向发展,要从三个方面进行深化。首先,在理论上要考虑核心概念、关键命题和学科扩展。已有核心概念"情境"仍需拓展,考虑它与西方情境的异同,内涵要扩展至能够涵盖除语文学科外的所有学科,以及需要考虑情境的形式。其次,实践的支撑有赖于教材的重建,按照情境教育思想编制教材,并且由这个教材培育一支优良的教师队伍。最后,从拓展和流传来看,可以考虑建设一个全国性的学会组织,帮助大家形成经验交流的平台;编一份杂志;编制一本情境教育手册或情境教育关键词,把核心概念理清楚,形成对情境教育的共同理解。

吴康宁认为,学派是学术领域的一个称谓;流派范围广,既可以是实践的,艺术领域的,也可以是理论的。要往流派发展,需要对核心概念再解读;对核心价值的再挖掘、再认识;最后,推广策略再思考,要在理论上进行深化研究,在实践上进行拓展。

鲁洁教授也建议,要对核心概念和核心命题仔细推敲。她对"情境"下了一个定义:可以产生更强的学习动力,可以使人获得更好的学习智慧的一种时空和主客体的条件或者是一种结构。即"情境"能够充分调动人的学习需要、学习动机,使他更好地学习的智慧。同时,情境是动态的构成,是主客体共同建构而成。关于实践推广,她认为我们不能操之过急,教师培训最重要的是共识的形成、核心概念的吃透,从而形成教师创造情境的能力。

其他专家也从各自领域提出了自己的建议。如有专家建议,从教学认识论角度寻找发展新思路,吸纳学者戴尔的三个圈的启示,从学科教学、校园情境的创设、主题大单元真实情境的创设三个方面建设情境教育"三个圈";有专家建议,建构多样化的设计模型,保存李吉林指导下的情境教学的教学录像;有专家建议,在学习、研究、推广和提升情境教育时,要尊重李吉林和情境教育本身,不是帮着李吉林打造一个精致的情境教育,然后告诉中国,告诉世界。

八、李吉林教育思想研讨会——暨《这就是教育家:李吉林和情境教育学派研究》首发式

会议内容如下:

在研讨会上,顾明远、朱小蔓、裴娣娜、顾泠沅等专家作了重要发言,概括了情境教育学派的特点,并展望了学派的发展。

情感性特征是李吉林情境教育学派的最鲜明的特征。顾明远教授认为,育人是情境教育的中心:把儿童培养成有丰富情感、人格健全的人。情感论专家朱小蔓教授认为,李吉林创立的情境教育思想理论和操作实践是教书育人统一观的完美体现,她的教书与育人浑然不分,高度融合。

从情境教学到情境教育再到情境课程,形成了自己的理论体系,与会专家一致认为,情境教育学派的研究具有中华文化脉络传承的本土化特征,其"本土化"主要体现在以下两方面。首先,情境教育学派理论扎根于中国文化。情境教学积蓄了中国的学统,可以追溯到中国关于意境的阐述;情境教育受到《文心雕龙》的启发,根系和脉络很中国化,所以李老师的情境教育是中国的。有专家认为,情境教育中"情境"与西方教育中的"情境"的内涵有区别,以美国为代表的西方"情境认知"或"情境学习"研究流派所指的"情境",关乎"境"而甚少关乎"情",中国情境教育的"情境"之"境"是有"情"之

"境"。其次,情境教育学派实践源起于中国本土。顾明远称情境教育为"具有中国特色的原创的教育思想体系",认为其原创性来自于李吉林作为一线教师的始终拥抱实践的草根性,来自于她扎根自身专业学科教学的实践性,来自于她从事儿童教育的责任心和使命感。顾泠沅称,李吉林和她的情境教育具有独特的原创特点的一个突出原因是,她源起于我国小学语文教学中的问题与出路的真实想法;还有专家认为情境教育是在中国本土上成长的,李吉林把西方先进的教育理论融入到自己的教学实践中,在实践中本土化并予以丰富拓展。

专家们一致认为,把情境教育作为一个学派进行推广具有深远的意义。但是作为一个新兴的学派,如何把根扎得更深,让枝越来越茂,真正成为中国的一个流派,学者们纷纷献计献策。

有学者认为,情境教育有无限的向上拓展和向下延伸的空间,往上可以延伸到哲学层面的情境认识论,此外,情境课程和情境教学论也有很大空间;有学者建议,情境教育学派在核心概念"情境"范畴上要体现特质的东西,要突出自己学派的特性;还有学者进一步建议,学派的发展还应弄清楚其理论基础、本体论、实践论、价值论等。

有学者在研究范畴上建议,情境教育需要从语文走向其他不同学科。其中,数学情境教学、科学情境教学、社会情境教学等还有很大的空间。情境教育还需要从小学走向中学,甚至扩展到幼儿园,需要延伸到课外,摆脱学科的局限,摆脱时间的局限。

有学者在研究方式上建议,情境教育学派今后的发展要继续像原来三十年一样,扎根于"根据地",继续不断地回应当代现实教育中的真实问题。还有学者建议,我们进一步分析时可以运用心理学、社会学的研究方法考虑其关系研究,这种探索将会使原来的操作要义更加丰富扩展。在学派进行推演的时候,可以从研究一堂课来对学派进行关系研究和机制研究。裴娣娜认为,情境教育的发展要把握时代发展新动向,关注学习科学与信息科学新进展,聚焦研究问题并依托学习科学与生命科学,揭示未来学习与发展概念的内涵,探索学生个性差异发展的内在机制。情境教育学派需要进一步研究在学校教育中如何培养学生信息选择、批判、重组、创生的能力,如何实现数字化学习,如何在网络支持下实现多元、共享、交互式的教学文化。朱小蔓教授建议更多地研究情境学习,探索如何处理自然情境,关注个体面临的真实情境,以及如何使这种情境对于个人来说产生教育意义。还有学者认为,教育就是"情境制造"的艺术。今天的教育创新不妨从"情境"的建设与创新着手。

研究发展上,合作的重要性得到了诸多学者的认同。然而,合作是教育科研中最难的层次,因为价值追求不一样,研究习惯不一样,如果这一方面要有所创新,将能取得重大的突破。

裴娣娜认为,情境教育的发展要把握时代发展新动向,关注学习科学与信息科学新进展,聚焦研究问题并依托学习科学与生命科学,揭示未来学习与发展概念的内涵,探索学生个性差异发展的内在机制。情境教育学派需要进一步研究在学校教育中如何培养学生信息选择、批判、重组、创生的能力,如何实现数字化学习,如何在网络支持下实现多元、共享、交互的教学文化。

九、35年改革创新,情境教育成果展示会

会议内容如下:

李吉林在35年实践探索和理论建构的基础上,更进一步向儿童学习的本质问题深入追问、反思、提炼,构建了"儿童情境学习范式"。本次会议专家的评述除了一如既往地肯定情境教育的价值外,主要围绕"情境学习范式"和"教育家"两个方面进行了论述。

专家认为,李吉林的情境学习范式以儿童发展为"根",实现了对"工具论"教学观的批判与超越;关注学生的文化生存环境和活动方式,从而实现学生真实、真正的发展;以实践式、合作式、探究式等多样化的学习方式,重点培养创新精神,从而培育未来社会人才应具备的基本素养。也有专家认为,情境学习范式以"情"为"魂",将知识镶嵌在情境中,知识与情境相互依存,知识与儿童经验结合。有专家指出,李吉林的情境学习方式,让学生在优化的情境中全身心地进行学习,这不仅符合"具身认知"的科学理论,更是进入了"美"的高境界。在情境教育中,无论是教师还是学生,主体都是自由的。情境教育通过提升"学习环境"这个要素,并以"情为纽带"贯穿教学全过程,使得教师和学生的情感相互映照、交融;知识的充实、情感的升华、规律的体现、实践的表达,都融合在一起,成为一个有机的系统。[1]

---

[1] 王亦晴. 聚焦儿童学习,情境教育迈入新阶段——"35年改革创新 情境教育成果展示会"综述[J]. 教育研究,2014,35(03):157.

情境教育始终把"立德树人"作为不渝的追求和务实的实践举措。她为了儿童的全面发展,坚持改革创新35年,表现出高尚的情操和美丽的情怀。有专家从李吉林发表的重要论文中寻找到共性,指出李吉林的文章带着一种温度,这种温度就是对学生的真挚的爱。她的文章体现了一个中心的主题,就是关心、关爱、关注学生的全面发展、主动发展、多样化发展。

李吉林是真正的教育大家。有专家总结了李吉林所具有的八大"教育家成长基因":草根底色、职业认可、挚爱儿童、勇于创新、百折不挠、思考写作、学界互动和文化滋养等。有专家号召广大教育工作者向李吉林学习对儿童的大爱,学习治学精神、治学态度,学习她求真务实的科学精神,持之以恒、永不满足的上进精神以及继承民族优秀文化传统的自觉与热情。

吴刚教授又从学派理论发展方面进行解读。从元理论要求看,主要来源于学习科学、"具身认知"以及创造性理论三个方面。从方法论看,是从实践到理论,来自于准实验、案例研究以及日常的教学活动。从经验层面呈现的是一个实践智慧,主要解决三大问题:实践的易变性、不确定性和特殊性。从操作性要义层面可以从时间、空间、内容以及主体四个方面进行解读。

十、"中国教育学会情境教育研修与推广中心"成立大会暨"情境教育"第一期推广活动

会议内容如下:

本次论坛专家发言主要集中于三个部分。首先是李吉林作为一名教育家的成长给予我们的启示。多位专家盛赞李吉林的创新精神、学习精神、时代精神以及她热爱儿童、热爱学生,忠诚于国家教育事业的奉献精神。杨念鲁会长认为,李吉林保持着小学教师的身份,保持着教育的研究激情,真正符合习近平总书记提出的"四有"好老师的标准,为我们广大中小学教师、教育研究工作者树立了卓越标杆。陶西平会长认为,教育家是在面对时代所提出的挑战中成长起来的。他们不是温室里的花朵,而是迎风斗浪的海燕。李吉林是真正无愧于"教育家"称号的人。刘堂江会长认为,李吉林从小学教师成长为教育家,给我们很大的启示:做教师,需有教育情怀;要乐于学习、勤于学习、善于学习,要根植于中国教育改革实践的沃土,还要善于悟。

吴刚教授进一步完善前面几次会议中关于情境教育学派的建议,做了《情境教育的理论分析及其发展前景》的发言,裴娣娜教授在上次学派发言的基础上,做了《情境教育与课堂教学重构》的发言,着重论述了"快乐高效"的情境课堂的内涵特征,以及重构课堂教学的实践探索等。郝京华教授认为要高度重视真实情境的重要性以及意义。裴新宁认为,李吉林的情境教育课程,构建了指向深度学习并具有可操作性的课程框架,将人的认知性、价值性与主体意愿性做到了有机整合。接下来关键要研究知识和技能获得的情境和情境创新。

胡金波会长认为研究情境教育要聚焦三点:一是聚焦李吉林从一名普通教师到知名教育专家成长过程的研究,为青年教师提供可学习的样本。二是聚焦情境教育过程所揭示的规律研究,为提升教学品质提供可借鉴的路径。三是聚焦情境教育手段的研究,为其推广提供可应用的方法。推广情境教育也要聚力三点:一要聚力作为教育思想的情境教育的推广。二要聚集作为教育实践的情境教育的推广。三要聚焦作为教育方法的情境教育的推广。

十一、中国情境教育儿童学习范式国际研讨会暨儿童情境学习系列丛书(英文版)首发式

会议内容如下:

与会者听取了李吉林《中国情境教育儿童学习范式的构建》的主题报告,参观了"李吉林情境教育展览馆",观摩了儿童情境学习课堂及主题性大单元活动。来自美国、法国、澳大利亚等5位外国专家以及来自国内知名高校及研究机构的30余位国内专家围绕"中国情境教育儿童学习范式"进行了深入的研讨。其中陶西平、顾明远和卓晴君三位知名年长专家通过视频进行讲演,中国科学学院院士李大潜、续梅、潘仲茗、张楚庭以书信的形式进行祝贺和评述,朱小蔓、吴康宁、纪洁芳由于种种原因,人未到场,但发来了述评文章。

此次研讨内容可以概括为几个方面:情境教育儿童学习范式构建的价值、情境教育思想的理论特色、李吉林成长的启示以及情境教育儿童学习范式拓展的前景等。下面将摘其重要的几点,其余内容见刘立德等整理的综述《向世界教育发展贡献中国智

慧——中国情境教育儿童学习范式国际研讨会书评》(发表于《教育研究》)。①

习近平总书记的《在哲学社会科学工作座谈会上的谈话》(2016年5月17日)等重要讲话中强调了继承和发扬中华优秀传统文化资源的重要性,很多专家肯定了情境教育在挖掘民族特性、本土性等方面的意义。

王湛认为,李吉林老师从古代文论中汲取情境教育的理论营养,展示了她对中国优秀传统文化的高度自信,这种自信值得我们学习。朱卫国市长认为,李吉林老师以非凡的学术勇气和坚韧的研究毅力,扎根中国静脉的教育实践沃土,建构情境教育的一整套理论和操作体系,为创建具有中国特色、中国风格和中国气派的教育学派提供了成功范例。学习推广李吉林教育思想,有助于进一步坚定教育文化自信。李东社长认为,李吉林老师创造的情境教育理论和实践体系,丰富了我国教育理论的宝库,体现出了中国特色、中国气派和中国风格。将这一学术成果输送到海外,凸显了中华民族的文化自信、教育自信。顾明远教授认为,李吉林老师很大的特点就是不搬弄西方的教育理论、教育理念,而是自己在学习过程中不断提高、不断总结、不断实践。

很多学者关注到李吉林老师从古代文论中凝练概括出的"真、美、情、思"四大元素,并进行了深入论述。李庆明老师认为,"真美情思"是李吉林情境学习论的主要范畴。叶水涛认为,"美"是情境教育方法论与目的论的统一,"真"是情境教育的价值论,"情"是儿童的感性存到到情境教育理论的本体性建构。王灿明教授团队通过实证研究,证明真美情思是情境教育促进儿童创造性思维发展的内在机制。

也有学者专门对其中的"美"或"情"进行了论述。吴功正、成尚荣、许明等学者不约而同地从美学角度对情境教育进行了解读。成尚容老师认为,李吉林老师以美育美,最终以美育人的教学主张寻找到了并且实现了立德树人的一种方式。李吉林儿童情境学习范式具有源泉美、道德美、融合传统文化中的情感理论的美学特征,集成了中国传统文化中的"童心说"等特征。吴功正教授在追溯情境教育的古典美学渊源后,认为"情境"是一个复合词,包括"情"和"境",和"意境"意义相似,是在创造和欣赏中由作者和接受者共同完成的境界,这个过程离不开想象和情感。许明等认为,情境教学法捕捉到了少儿的审美感知特征,并在实际教学中遵守少儿审美感知的发展规律,一定

---

① 刘立德,张璐. 向世界教育发展贡献中国智慧——中国情境教育儿童学习范式国际研讨会述评[J]. 教育研究,2018,039(002):157—159.

程度上改变了传统结论式的教学方法。在这个过程中,也对少儿的审美感知能力进行了引导与训练,培养了他们多样的审美想象力、透彻的审美理解力和活跃的审美创造力,最终积累了丰富的审美情感。

吴刚教授也从情境与意境的渊源着手,从概念源头探讨情境中"情"之作用。认为,情感是学习的一部分,情感有助于提高学习能力,所以应该创造一个给予学生良好情感体验的学习环境,情感给予大脑新异刺激,学习的社会性要求唤起情感。

此外,专家们还对情境教育思想进行了其他方面的论述。郝京华教授认为,李吉林情境教育的"情境"是一种人化的环境、美化的环境、情化的环境、简化的环境和优化的环境。吴康宁教授认为,李吉林的情境教育思想是既有理论依据,又有相应行动方案,且经过亲身实践验证的教育思想。学生不仅是教师所创构的情境的享受者,也是不断形成、不断丰富、不断优化的师生共同情境的创构者。李吉林情境教育探索不仅含有中国元素、具有中国特色,而且含有人类元素,具有世界意义。刘立德认为,情境教育思想倡导了理论与实践紧密结合的学风,高度重视学生的年龄和生理、心理特点,重视创造性地编写和使用教材,提供了博采众长、综合创新的成功范例。杨九俊认为,情境教育把情感与认知结合在一起,践行着具身学习;择美构境符合具身学习对环境的重视;情境教育实现心灵、身体、环境的相互激荡。

卓晴君等概括了李吉林成长为教育家的启示:李吉林自身具有对儿童教育事业无限执着的崇高教育理想,热爱学习,具有自觉强烈的身份认同,加上中国改革开放、建设中国特色社会主义新时代的时代背景。

十二、40年情境教育创新之路展示交流活动暨中国教育学会情境教育研修与推广第三次培训

会议内容如下:

历经40年的教改探索,李吉林创立了独树一帜的情境教育理论与实践体系,专家们结合改革开放的大潮流,对情境教育的成果进行了回顾总结、提升展望。

杨银付秘书长指出,李吉林老师倾听时代的脚步、勇立改革的潮头,是具有家国情怀与民族责任感的好老师,她的大爱精神、创新精神、学习精神让人由衷敬重。李吉林老师是一位塑造学生品行、品格、品味的"大先生",是一位真正了不起的教育家。朱卫

国副厅长指出,李吉林老师是江苏教育改革创新的一面旗帜;李吉林精神是江苏教育改革创新的一种动力,她的精神突出表现在勇立潮头、敢为人先的创新精神,持之以恒、久久为功的坚守精神,实事求是、精益求精的科学精神,胸怀大爱、奉献祖国的担当精神;李吉林教育思想是江苏基础教育改革创新的一个品牌。

专家们认为,李吉林老师四十年如一日,一以贯之的研究是广大中小学教师的楷模,是教育专家的楷模,她探索的儿童学习的秘密是国内外的宝贵财富,她的探索历程告诉我们,教育完全可以做成为人民服务的伟大事业。也有专家认为,情境教育来自于情感,具有温度;来自于责任,具有高度;来自于智慧,是有深度;来自于态度,具有厚度;来自于意志,具有长度。有专家认为,考察学生能力的 Pisa 考试让中国重新重视情境的重要性,李吉林老师是一个先觉先行者,在 40 年前就洞察到情境的重要性。知识产生于情境,要培养解决问题的能力必须返回到问题产生的情境。情境教育促使学习变得更为有效,是培养核心素养的重要途径。李吉林老师坚持"对学生深切的生命关怀"的初心,具有强烈的"共情"能力。李吉林老师的成长给当今教育家以培养启示,即教师教育也要创造"情境",教师成长最重要的就是要对教育事业的热爱,有了这个"情",才能有动力,有了动力,才会有其他的创造。还有专家认为,李吉林情境教育是经过历史筛选的教育创新百花园中的常青树。情境教育在儿童生命早期播种美好的东西,不仅学习知识,现在收益,而且能成为他以后的价值追求,让他们终身受益,影响他们的家庭,影响他们身边的同事和环境。

有专家认为,情境教育的灵魂正是一以贯之地强调每一个孩子的实际经验过程。李老师始终坚持、倾其心力地苦苦求索"儿童究竟是怎么学习的",引导我们看到儿童个人独特的经验。这正是我们应当充分关注的课程教学改革的基本方向问题。李老师建构的儿童学习范式,不是某种固定、单一的教学模式和教学方法,而是一类方法的总称。它不是固化了教学的过程,不限制教师的教学,而是为教师的教学改革提供了一个深思熟虑的、成熟的结构、类型和范式。

吴刚教授阐述了情境教育的理论意蕴:"情境是唤起、联结和重建概念的经验意义的场景模式,且蕴含知识、实践可能性和意义,符号、语言、声音、图像、视频、空间布陈等都是组成场景模式的一部分。"从学习机制看,优化的"情境"引发教学过程两方面的深刻变化:一是激发了学生的学习投入;二是增进了学生的科学理解。通过优化情境带来的学习变革,从教学的有效性和方法的正确性两方面为学生的可持续发展奠定基础。情境教育的本质在于以情境为纽带进行经验重构,通过对德性人的自我理解,为"立德树人"提供一种教育路径的选择。

情境教育理论已经并且将长久地影响我们对教育现象的理解和解释,拓宽我们关于教育的思想空间。它是一个阶梯,沿着它,我们可以站得更高,走得更远。对于情境教育的未来,专家认为,可以再认识其育人公共,拓展其探索视角,再构建学校生活,再彰显时代特征;进一步将它的操作系统明晰化和丰富化。在信息时代,情境教育可以从三个方面继续发展:在40年情境教育传统中创建信息时代情境教育的新生态;从情境教育经验中提升教育哲学;打造信息时代的情境教育名师团队。我们学习李老师认真严谨的研究精神、不知为难反而为乐的探索精神、开放做科研的合作态度。

后记

感谢我的恩师李吉林先生!

"李吉林"这个名字,对我们来说,不仅是著名儿童教育家、教书育人楷模,更多的是睿智的长者、宽厚的师傅、仁慈的领导。在她身边的八年,是我人生的宝贵财富。忘不了她对我班离异家庭儿童的关心,忘不了她面对特殊学校的聋哑儿童时脸上露出的难过和担忧,忘不了同行路上给我讲的一个个故事和道理……先生正直、善良、高尚的人格激励着我形成正确的价值追求。家里一直留存着先生给我一遍一遍修改的教学设计稿,那豪迈的铅笔字在我眼里具有某种神奇的魔力,总能给我无穷的力量;手机里留存着先生亲手给我做教学道具的照片,照片上的我幸福得像个孩子;脑海里时常会浮现先生和我们共同学习,共同工作的场景,那一沓沓垒起的不断修改的稿纸是无声的告诫:学习不能止步,学术是严谨的……先生对教育的赤诚和学问的孜孜以求是我们终身学习的榜样!

先生于我有提携之恩。硕士毕业后,我带着研究的收获和内心的感动再次走上工作岗位。2011 年,和我无亲无故,仅有几面之缘的她将我借调到了情境教育研究所,我有幸成了她的助手之一。从此以后,我有机会亲历情境教育活动的开展,耳闻情境教育重要观点的形成和变更的过程,目睹情境教育书籍的诞生,成为她文章的第一批读者……尤其是在筹备"李吉林情境教育展览馆"期间,接连几个月翻阅了一屋子的档案资料,获益匪浅。后来,李吉林老师请求学校给我安排实验班,鼓励我在理论研究的同时深入实践,发现我有一定的课堂基础和天赋,开始指导我上公开课。她亲自指导我备课,多次走进我的课堂试听教学设计的效果,帮助我修改教案。最记得第一次参加南通师范学校第二附属小学的课堂教学大赛,凌晨五点还在睡梦中的我接到李吉林老师的电话,告诉我她夜里想到的教学设计的新点子。我的一个校内比赛让每日忙碌的李老师挂念,只担心第一次亮相不成功会给我以后的发展带来阴影,这让我很是感动,更是愧疚。还有一次参加南通市教学比赛,李老师怕我紧张,没有去现场听我的课。下课铃刚打响,活动现场的丁玲(研究所同事)就接到李老师的电话,询问课堂效果。可以想象,在我上课的四十分钟里,李老师是如何的坐立不安!

就这样跟着先生学习、研究、实践,几年后,先生决定收我为徒,我成了李吉林老师的最后一批徒弟!先生见我有几分求知的欲望,便安排我在研究所负责国内教育专家的联系与接待的工作,还悄悄给我暗示:"我这样安排是对的,李老师识人。"每每有区长、市长之类的重要人物来访,李老师总会寻机介绍:"这是我们研究所的小王,是个硕士。"当我考上博士后,更是逢人就说:"这是我们研究所出来的博士啊!"先生由衷的鼓励增强了我的自信,激发了我的内在动力。

如今,恩师已经离开我们好几年了!

"我们再也没有李老师了!"只要想到此,我就会泪如雨下……

感谢我的导师刘次林教授。老师对我有知遇之恩。几年前,他没有嫌弃一位小学教师理论功底的不足,在众多考生中收下了我。博士期间,老师给予了我很多的帮助和指导。每次论文写作过程中遇到了困难、需要求助时,背后默然伫立、不离不弃的他总能及时伸出援助之手;当我被家事缠身,许久不见声响时,他会鸣起警钟,用写满严肃的脸激发我对学术的敬畏;当我焦躁不安、莫名恐慌时,他又用仁厚幽默的语言鼓励我平和前进。老师宽厚仁慈,三年来不辞辛苦,每月开展师门读书交流会,还时常念及长时间离家住校的学生,在节假日、读书会后组织师门聚餐,温暖了在繁华大都市中孤独求学的我们,抚慰了被学业困得苦闷烦躁的颗颗心灵。

感谢华东师范大学高德胜教授、黄向阳教授,上海师范大学陈建华教授、夏正江教授、阎亚军教授参加我论文的开题或预答辩,并于我提出诸多有建设性的建议。感谢原北京开放大学张铁道教授,经常关心我论文的进展情况,时常与我分享对情境教育的新认识与新理解,叮嘱我继续保持研究情境教育的热情!特别感谢南京师范大学吴康宁教授,于繁忙的公务和学术研究中,条分缕析地对我的论文提纲提出了五六百字的建议,鼓励中带有警醒,使我受益匪浅。

感谢那些曾经在学习上给予我帮助的老师们!感谢年轻美丽、让我无比仰慕的毛丹、廖青老师,给我们带来前沿系统的教育研究方法的介绍;感谢胡君进老师认真研读我的论文提纲,并且提出对我具有启发性的见解。感谢将渊博表现于轻松幽默的言语中的陈建华教授,他让教育哲学不再遥不可及、深不可测,变得有温度、富温情,也感谢作为教育系主任的他对我们每位博士生生活、学业上的关爱。感谢夏正江教授!上了夏老师的课后,我成了妥妥的"夏粉",旁听了他执教的三门硕士课,被夏老师的渊博所折服,更被夏老师对教学、对学生、对课堂的认真负责,以及课堂中流露出的一位学者所具有的探究批判的精神所感动。

感谢南通大学的丁锦宏教授、王灿明教授。丁锦宏教授是我就读硕士时的导师,他引荐我走进李吉林老师、研究李吉林老师,十多年来一如既往地给予我关心,并给我的博士论文选题诸多有建设性的建议。王灿明教授不仅学问做得好,而且是一个善于鼓励学生的好老师。这么多年持续给予我关爱,鼓励我撰写论文,并多次帮助我修改论文,常常推荐一些与我研究方法、研究内容相关的文章给我学习,举荐我加入南通大学"情境教育学院",热情邀请我参加南通大学举行的活动。似海的师恩,终身难忘!

感谢江苏情境教育研究所对我研究的支持。感谢李吉林老师曾经的重要助手尹志一、王亦晴、丁玲对研究资料的提供,及与李吉林老师相处细节的仔细回忆。感谢李吉林老师师门中以施建平所长为首的所有师兄师姐们的帮助!

感谢任劳任怨的母亲和婆婆。没有她们帮助我照顾两个孩子的日常,我不可能定下心来学习。感谢我的大女儿钱一诺,她朝六晚十一的中学生活让我把闹钟定在了五点半。感谢我的小女儿钱一言,常常用纯真可爱消散我的烦恼。最后深深地感谢我的丈夫钱军建!他胸怀宽广,宽恕我对家务的疏忽,对家庭工作的懈怠,鼓励我在婚姻中寻找自我。

人往前走,心向后看。往后余生,我会满怀感恩,与你们同行!